吴德刚中国教育问题研究系列

中国农村教育综合改革研究

Study on Comprehensive Reform in China's Rural Education

吴德刚 ◎ 编著

教育科学出版社

·北京·

内容提要

　　本书主要对中共中央关于教育体制改革的决定颁行以来的农村教育工作进行了回顾和总结，特别是对20世纪80年代中期发起的农村教育综合改革工作进行了仔细深入的研究，提出了深化农村教育综合改革的思路。

　　书中收录了作者独立或领导下完成的部分农村教育工作调查、专题研究及典型案例介绍，书后附有农村教育改革的一些重要决策文献和大事记，对了解我国农村教育综合改革思路，指导农村教改工作，具有重大参考意义。本书主要适合于农村教育工作者和教育科研人员阅读。

Abstract

The book makes a review and conclusion on rural education works ever since the publication of Central Committee of CPC's decision on education system reform, especially makes further study on the rural education's comprehensive reform works since the middle of 1980s and points out the path of deepening rural education's comprehensive reform.

The book contains parts of rural education investigations, subject studies and typical cases completed by the author singly or as a leader. The main decision documents and chronicle of events on rural education reform affiliated to the back of the book have great significance on the understanding of China's rural education's comprehensive reform and the leadership on rural education reform, which would be suitable for the readers of rural education workers and education researchers.

丛 书 前 言

20世纪70年代末，伴随着改革开放的脚步，我开始了教育理论的学习、研究和实践，迄今已经整整32年了。

三十多年来，我先后完成了教育学专业本科、硕士七年脱产学习以及博士研究生的四年在职学习；经历了在新疆师范大学、西藏教育厅先后八年的教学工作和教育管理实践；经历了在教育部民族教育司、农村教育综合改革办公室、政策法规司、人事司等多个部门岗位的锻炼。这些经历使自己从一个缺乏系统文化知识学习的插队知青，逐步成长为具有一定理论和实践经验的教育行政工作者。

三十多年来，我常常用陶行知先生"捧着一颗心来，不带半根草去"的精神激励自己。无论是在大学里读书学习，还是在大学里教书育人，也无论是在西藏教育厅管理农牧区基础教育，还是在教育部从事教育宏观政策研究或干部人事管理工作，我自始至终对教育事业抱着神圣而庄重的情怀，并不懈地付出自己的努力，力求使自己成为教育工作的行家里手。

三十多年来，我始终以"把工作当学问做"的科学精神鞭策着自己。尤其是在教育部工作期间，伴随着不同岗位的交流，使得我对民族教育工作的特殊性、农村教育综合改革的艰巨性、政策研究与法制建设迫切性以及人事工作的敏感性与重要性都有了许多切身的感受，对政策和策略是党的生命这一科学论断有了越来越深刻的认识。也因此，每当组织安排新的岗位之后，我总会花较多的时间，对所从事的工作从科学研究层面上进行刻苦的学习、理性的思考和深入的钻研。粗算一下，过去在教育部工作的20年间，我至少把自己一半以上的休息日和节假日用在了学习和理论研究上。我坚信，干部的理论素养主要是在八小时外形成的。

这里，奉献给大家的几本书，就是我在20世纪八九十年代攻读研究生学位期间以及我在教育部工作期间完成的专题研究成果。这些成果既有潜心研究的学术专著，也有凝聚工作研究成果的编著，出版后，有的获得全国教育科学奖，有的获得吴玉章奖，有的还成为海峡两岸高等学校研究生参考书或培训教材。在此我要感谢教育科学出版社的大力支持，使这些成果能够有机会修订再版。

由于本人的水平有限，再加上著作完成的时间都比较早，这些成果仍然有很大的局限性，书中的不足也在所难免。希望广大读者给予批评。

最后，借此机会，衷心感谢所有曾经关心和支持过我的人。我深知，如果没有国家助学金的支持、没有党和人民的培养、没有无数老师们的精心教育和指导，没有中央国家机关良好的工作条件，没有领导和同事们的关心支持，自己无论如何努力也不会取得今天的进步。

吴德刚

2010 年 12 月于北京西单大木仓胡同 35 号

目 录
contents

中国农村教育综合改革研究

Study on China's Rural Education's

Comprehensive reform

第一部分

农村教育综合改革研究报告

农村教育综合改革研究报告*

20世纪80年代以来，在党的十一届三中全会的思想路线指引下，我国政治、经济、科技、文化教育等各个领域都发生了深刻的变革。1987年，国家教委有计划有组织地实施的农村教育综合改革，迄今已经十年。这项由千百万广大教育工作者和亿万农村工作者广泛参与，并且凝聚了大量心血的改革，是建设有中国特色社会主义教育体系的伟大探索和实践，是我国教育改革和农村改革的重要组成部分，是对几千年中国旧教育思想的深刻挑战。从某种意义上说，农村教育综合改革是我国教育史上最深刻的一次教育变革。

回顾十年改革历程，总结农村教育综合改革的成功经验和工作中的教训，分析其中存在的问题与困难，探索进一步深化农村教育综合改革的对策与有效措施，无疑具有重要的理论意义和现实意义。

一、农村教育综合改革提出的背景

（一）农村教育综合改革是农村发展的必然要求

任何一场历史性社会变革，都有其深刻的社会原因，它不以任何个人的思想动机为转移。20世纪70年代末、80年代初，我国经济体制改革率先在广大农村全面展开，形成了不可阻挡的历史潮流。首先，农村改革以包产到户为突破口，冲破了人民公社"三级所有，队为基础"的模式，建立健全起以家庭联产承包为特征的多种形式的生产责任制，扩大了生产者的经营自主权，使亿万农民真正成了农村经济的主人；其次，农村改革促使

---

* 本文写于1998年6月，是为纪念农村教育综合改革而撰写的总结研究报告。

多种经营成分和多种经营方式并存的格局初步形成，加快了劳动力、技术、资金等生产要素的流动；三是农村产业结构调整的速度加快，原先单一经营和城乡分割的结构面临冲击，乡镇企业异军突起，数千万农业劳动力脱离了世代耕耘的土地转向非农产业，使农村经济向多部门经营发展；四是农村经济的传统宏观调控手段开始发生变化。农村经济的上述重大变革，对农村教育事业的发展及其改革，既提供了机遇，又提供了强大的动力。农村经济的改革，呼唤农村教育的改革，因此造就适应农村建设的人才成为时代的迫切需要。

（二）农村教育综合改革是历史发展的必然趋势

进行农村教育综合改革，不仅是农村经济发展提出的现实要求，而且也是社会历史发展的延续。事实上，对农村教育进行改革，在中国已有近一个世纪的历史。农村教育综合改革从思想渊源上可以追溯到 20 世纪初。在 1919 年到 1920 年，"五四"运动时期，李大钊、邓中夏、陈独秀等中国共产党的早期创始人就提出了农民教育、贫民教育机会平等的思想。1921 年中国共产党成立以后，对农民进行文化教育，成为中国共产党的重要革命实践。毛泽东同志在《湖南农民运动考察报告》一文中，对农村教育进行了深刻的论述。在毛泽东等同志的领导下，1926 年，中共湖南省委通过了《农民教育决议案》。在中国革命战争时期，中国共产党还加强了对老解放区农村教育的领导，提出了新民主主义的教育方针，坚持教育与农村生产劳动相结合，与农民的利益相结合。

在 20 世纪二三十年代前后，一批进步知识分子中的有识之士对我国当时农村教育存在的弊端也提出了深刻的见解。如陶行知提出了"乡村教育"理论，主张教育与生活相结合；晏阳初提出了"平民教育"理论，强调教育必须与农民的生产、生活相结合，从根本上解决农民身上存在的愚、穷、弱、私四个病症；黄炎培提出了"富教合一"理论，主张教育与提高人民的生活水平相结合等，并积极倡导了农村改革实验。但是由于没有得到当时政府的支持等原因，改革实验的成效受到了极大的限制。

因此，也可以说，在中国共产党领导下，发端于 20 世纪 80 年代的农村教育综合改革是中国共产党人长期以来农村教育改革思想的进一步发展，也是中国几代知识分子苦苦追求的伟大事业的继续。

（三）农村教育综合改革是农村教育顺应社会经济发展的必然选择

1983 年，中共中央、国务院下发了《关于加强和改革农村学校教育若干问题的通知》，1985 年，《中共中央关于教育体制改革的决定》再次强调要加大教育改革的力度。但是，由于农村教育长期以来形成的办学思想根深蒂固，改革任务不可能轻易完成。

我国人口的近 80% 在农村，全国 2.2 亿在校学生中有 80% 左右也在农村，这一基本国情决定了农村教育在整个农业现代化建设中的重要地位。农村教育能否适应农业和农村经济发展的需要，直接关系到全国农村现代化建设的进程。

新中国成立以来，我国农村教育事业有了很大发展，取得了很大成绩。但是，长期以来，我国农村教育也存在一些弊端。主要表现在：在办学思想上，存在一定的偏差，片面追求升学率、"千军万马挤独木桥"的现象十分严重。党和国家领导人在 20 世纪五六十年代提出的"教育与生产劳动相结合"以及农村建立两种教育制度的思想，在实践中没能切实加以贯彻落实；在结构上，农村基本上是单一的普通学校，教学内容缺乏农村和地方特色，千校一面，万人一书，脱离了当地建设的需要；在农村人才输送渠道上，路子不畅，大中专院校毕业生"下不去，留不住"；等等。这些弊端的存在，使我国广大农村地区产生了一种矛盾的现象：一方面新中国成立后，农村教育的规模有了很大发展，为农村培养了数亿中小学毕业生；另一方面农村各级各类技术人才，尤其中初级技术人才奇缺。大量回到农村的中小学毕业生，只有一般的文化知识，缺乏在农村就业所需的专业技术。其结果是农村吸收和运用科学技术的能力很弱，70% 的农业科技成果，得不到大面积推广、运用，农村经济发展和群众生活改善受到严重制约。同时，也直接影响了广大农村青少年在"四化"建设中积极作用的发挥。党的十一届三中全会以后，随着农村改革的深入，这一矛盾更加突出。

针对上述情况，1987 年国家教委进一步提出了农村教育综合改革的设想，并得到中央领导的支持。

农村教育综合改革的宗旨是：在政府统筹领导下，按照《中共中央关于教育体制改革的决定》提出的"两个必须"（即"教育必须为社会主义建设服务，社会主义建设必须依靠教育"）的要求，在教育外部加强与科技、农业等部门的紧密结合，在教育内部对农村教育的办学方向、教育体制、教育结构、教育管理、教学内容等方面进行综合性的、系统全面的配套改革，使农村教育更好地为当地经济建设与社会全面进步服务。

国家教委提出，农村教育综合改革的指导思想是：在建设有中国特色社会主义理论的指导下，全面贯彻教育方针，使农村教育由过去的片面追求升学率转到主要为当地经济建设和社会发展服务的轨道上来，调动农村干部、群众办学和送子女上学的积极性，提高农村劳动者的素质。农村教育综合改革的主要任务是：落实教育优先发展的战略地位，在各级政府和教育主管部门的领导下，进一步调整和优化农村教育结构，坚持"三教统筹"和"农科教结合"，促进"燎原计划"与"星火计划"、"丰收计划"的有机结合，使农村教育与农村经济、社会协调发展，使农村劳动者素质全面提高，为当地建设培养所需要的中、初级专业人才，逐步形成适应现代化建设需要的农村教育体系。

二、农村教育综合改革的主要历程

十年来，农村教育综合改革工作经历了组织发动、全面实施、深入推进三个主要阶段。

组织发动阶段（1987 年至 1988 年）。1987 年初开始，国家教委在 1986 年对农村教育进行充分调查研究的基础上作出决策，进行农村教育综合改革的试点工作。1987 年 2 月，国家教委与河北省政府商定，率先在河北省阳原、顺平、青龙三县建立农村教育综合改革实验区，并于 2 月 17 日在河北涿州市召开了河北省第一次农村教育综合改革实验区工作会议。涿州会议的召开，标志着我国农村教育综合改革实验的开始。同年，在辽宁海城市召开了"农村教育办学方向研讨会"，在山东平度召开了"教育为农村经济建设服务经验交流会"。

1988 年 8 月，国家教委在河北南宫召开会议，在全国部署实施经国务院正式批准的"燎原计划"。"燎原计划"是与"星火计划"、"丰收计划"相配套的一项社会系统工程，是农村教育综合改革的重要组成部分。七届人大二次会议《政府工作报告》中指出："为广大农村培养中初级科技人才和提高劳动者素质的'燎原计划'是进行农村教育综合改革，促进农村发展的一项具有深远意义的社会工程，各地要抓紧安排实施，努力作出成绩。"

　　按照国家教委当时的部署，"燎原计划"的基本内容有三点：第一，努力做好普及义务教育工作和扫盲工作；第二，开展与农村当地经济建设密切结合的实用技术和管理知识教育与培训；第三，积极配合农业和科技部门，开展以推广当地实用技术为主的实验示范、技术信息服务等多种形式的活动。它的目的在于培养大批有社会主义思想觉悟、有文化、有技术、会经营的新型农民和乡镇企业职工，提高农村劳动者吸收、运用科学技术的能力和管理水平。

　　国家教委1988年5月，向国务院递交的《关于组织实施"燎原计划"的请示》中提出："燎原计划"要立足于提高农业劳动者的素质。要求开展初中后、高中后（以及尚未普及初中的地方的小学后）的职业技术教育与培训，并且还要把为农村劳动力转移而进行的培训任务也纳入"燎原计划"。而后，国家教委又提出，在农村教育综合改革实验区，要建立农村初中教育综合改革联系校，把劳动技术教育同实施"燎原计划"紧密结合起来。国家教委指出，实施"燎原计划"最终目的在于切实依靠教育、科技促进农村发展，使农民致富，使农村经济建设真正地转移到依靠科技进步和劳动者素质的轨道上来。十年来，"燎原计划"的实施，取得了很大成效。

　　全面实施阶段（1989年至1994年9月）。1989年初，为了进一步推动农村教育综合改革，国家教委成立了"农村教育综合改革领导小组"，下设办公室，即国家教委农村教育综合改革办公室。1993年机构改革时，国家教委农村教育综合改革办公室与城市教育综合改革办公室合并为国家教委城市与农村教育综合改革办公室。为了抓好典型，以点带面，1989年国家教委确定了全国116个农村教育综合改革实验县。这一时期，全国各省、市、自治区普遍开展了农村教育综合改革的试点工作，并取得了明显的成效。大部分省、市、自治区还在这一时期成立了由省、市、自治区政府领导或教委主要领导牵头的农村教育综合改革领导小组。这一时期，国家教委坚持每年召开一次全国性的现场经验交流会或工作会议，以推动工作。1989年至1994年9月，国家教委分别在湖南郴县、甘肃庆阳、四川温江和广汉、山东泰安、陕西商洛、江苏昆山等地召开了工作会议和经验交流会。与此同时，还加强了对农村教育综合改革实验县干部的培训工作，先后两次在北京举办全国农村教改实验县县长和各省、自治区、直辖市主管处长培训班。这一时期，除国家教委确定了 116 个国家级实验县之外，各省、市、自治区又设立了 540 个省级实验县，示范乡扩展到 7056 个，分布在 1553 个县。各地都涌现出一批农村教育综合改革的好典型。1994 年 6 月，国家教委又确定了 30 个地（市）级农村教育综合改革联系点。

深入推进阶段（1994 年 9 月至 1997 年）。以 1994 年 9 月国家教委在河北省唐山市召开全国农村教育综合改革工作会议为标志，全国农村教育综合改革进入了一个新阶段。这一时期的工作突出了四个重点：一是按照李岚清副总理在唐山会议上提出的"点上深化，面上推广"的工作指导方针，各地进一步加大了改革力度；二是国家教委加大了分类指导的力度，1995 年 9 月在广西玉林地区举办了南方片农村教改干部培训班。1996 年 9 月，按照李岚清同志指示，在山西吕梁举办了全国农村教改干部现场培训班。1995 年和 1997 年，国家教委还先后两次召开全国农村教育综合改革地区联系点工作会议；三是为了贯彻落实党的十四届五中全会提出的"科教兴国"战略，1995 年 12 月，又实施了"燎原计划百、千、万工程"，旨在加快农村科技的推广与普及；四是进一步加强了农科教结合的力度。1995 年 10 月，国家教委会同农业部、国家科委召开了全国农科教工作经验交流会；同年，在湖南凤凰县举办了民族地区、贫困山区农村教育综合改革现场经验交流会。

十年间，国家教委还下发了《全国农村教育综合改革实验区工作指导纲要（试行）》、《关于深入推进农村教育综合改革的意见》和《关于实施"燎原计划百、千、万工程"的意见》等文件，以指导面上工作。以此为基础，农村教育综合改革获得了深入发展，农村教育综合改革已经成为我国农村改革和整个教育改革中最有特色的一个组成部分。据不完全统计，目前中央和各省、市、自治区确定的农村教育综合改革县（市）达到近千个，全国各地的"燎原计划"示范乡（镇）近万个，分布在全国近 2000 个县（市）内。

三、农村教育综合改革的主要成效

经过十年的改革实验，农村教育综合改革已经取得了明显的成效。

（一）改革促进了农村教育事业的发展

1. 通过改革使教育的战略地位进一步得到落实，农村办学指导思想发生了深刻的变化

通过开展农村教育综合改革和实施"燎原计划"，各级地方党委、政府进一步认识到教育在振兴农业和农村经济中的重要作用，切实将教育发展置于当地经济发展的战略首位。许多省、地、县、乡政府提出了"科教兴省（地、县、乡）"的方针，把教育发展纳入本地经济社会发展的总体规划之中，并列入党政工作的重要议事日程。各级地方党委、政府对于经济建设的战略指导思想也有了转变，已开始由过去就经济抓经济逐步转移到依靠科技进步和劳动者素质的轨道上来。"治穷必须先治愚，富民必须先兴教"的观念逐步深入人心。许多地方形成了"党以重教为先，政以兴教为本，师以从教为乐，民以支教为荣"的良好社会氛围。在农村教育的办学方向上，也由过去的单纯追求升学转向主要为当地经济建设和社会全面进步服务兼顾升学，许多地方提出了"不求人人升学，但求人人成才"的口号，片面追求升学率的现象得到了有力的遏制。

2. 改革使农村教育结构得到优化，职业技术教育进一步加强，农村各类教育协调发展，整体效益得到增强

开展农村教育综合改革和实施"燎原计划"，使教育与当地建设的结合更加紧密，促进了教育结构的优化和布局的合理化，"三教"特别是农村职教和成教得到协调发展。

（1）基础教育得到了巩固和发展，九年制义务教育正在稳步实施。据统计，1997 年全国通过九年制义务教育验收的县（市、区）数已达到 1882个，人口覆盖率达到 65%。116 个全国农村教育综合改革实验县以及 540 个省级实验县中，凡是教改工作搞得比较扎实的地方，都较高标准地通过了"普九"验收。到 1997 年为止，全国 116 个农村教育综合改革实验县（市）中已有 80 个县（市）通过了"两基"验收。最早进行农村教育综合改革的河北阳原、顺平、青龙三县的学龄儿童入学率平均水平已达到 99.96%。与此同时，农村教育综合改革还促进了基础教育的规模效益的不断提高。1996年，全国农村（含县镇）共有在校学生 1.19 亿人，比 1992 年增加 1070 万人，但学校数则减少了 7 万多所。学校布局更加合理，与 1992 年相比，1994 年普通中学在校生增加了 203 万人，学校数则减少了 5768 所。

（2）职业技术教育发展迅速。1997年底，全国已有中等职业学校17180所，当年招生418.35万人，在校学生达1090万人，其招生数和在校生数分别占高中阶段招生和在校生总数的56.27%和56.02%。特别是农村中等职业教育发展迅速，到1997年底，全国农村职业中学已达到6323所，其中职业高中在校生已达到298.8万人，毕业生达到67.56万人，分别比1986年时的136.1万人和31.89万人，增长了2.19倍和2.12倍。近年来，全国有3亿多农民接受了多种形式的培训和文化技术教育。全国多数农村教育综合改革实验县和实验"燎原计划"的县都已办起骨干职业学校，不少地区高中阶段职业教育在校生数已超过普通教育在校生数。河北省探索的职教中心模式，已在全国很多地方普及。与此同时，全国职业中学数虽然有所增加，但学校数却在减少，学校的规模效益也在不断提高。

（3）成人教育也得到大发展，全国农村初步建成了县、乡、村成人培训网络。至"八五"末期，全国已有80%以上的乡镇和40%以上的行政村建立了成人文化技术学校。北京、天津、上海、辽宁、黑龙江、吉林、广东、江苏等省和直辖市100%的乡和95%以下的行政村都建有成人学校。到1997年底，全国已有农民技术培训学校44万所，其中县办农民技术培训学校2823所，乡办农民技术培训学校4.08万所，村办农民文化技术培训学校39.74万所。1990年以来，共培训农民3.2亿人次，大面积提高了农村劳动者的思想道德水平和科学文化素质。广西横县、博白、浦北三个实验县的乡镇农技校普及率达100%，行政村农技校普及率达100%，成人非文盲率达99.2%，几年来共培训劳动者115万人次，推广技术72项。就是在经济、教育基础都较薄弱的青海省，湟中和乐都两个教改实验县的乡镇农技校普及率也已达到100%，劳动力全年培训69980人次，成人非文盲率为92.5%。湖南省怀化地区，1987年有乡镇农技校数192所，其中合格农技校仅有75所；1997年全地区农技校发展到312所，占全地区乡镇总数的93.2%，其中合格农技校217所，占乡镇总数的70%；每年培训农民20多万人，其中半数以上受训农民掌握了一至二项实用技术，10%的农民达到了农民技术员水平。

在农村教育综合改革的推动下，农村三类教育得到了协调发展，长期以来的农村教育普通化倾向得到改观，教育结构正趋于合理，文化教育和职业技术教育两个教育系列正在形成。

3. 改革促进了教育质量的全面提高，为实施素质教育奠定了良好基础，创造了丰富的经验

首先是改革促进了基础教育教学质量稳步提高。以河北阳原县、顺平县、青龙县三个实验县（全为国家级贫困县）为例，1993 年夏，这三个县小学升学全地区统考及格率分别为 95.9％、74.8％、70.94％，比教改实验前的 1986 年分别提高了 29.7、15.9 和 10.44 个百分点；中考及格率分别为 73.58％、57.6％、72.8％，分别比 1986 年提高了 36.14、2.3 和 3.9 个百分点；其次是改革实验地区的基础教育通过"3＋1"、"6＋1"、"3＋X"，初二、高二年级分流以及实行"五四制"等多种形式因地制宜地引进职业教育的内容，使学生既学了文化，又学到一些技术，激发了农村学生的学习热情，受到群众的普遍欢迎。实践证明，农村教育综合改革不仅没有削弱基础教育，而且明显地提高了义务教育阶段的入学率、巩固率，全面促进了基础教育质量的提高；三是职业技术学校在政府统筹下实行联合办学，上挂横联下辐射，教育、教学质量得到促进，发挥了多功能作用。同时成人教育除抓好扫盲，还围绕当地农业和乡镇企业需要推广的项目，开展技术培训，取得了很好的效果。

农村教育综合改革从 20 世纪 80 年代开始就一直提倡端正办学方向，强调在办学指导思想上要由过去单纯地追求升学率转移到主要为当地经济建设服务和提高劳动者素质的轨道上来，坚持"不求人人升学，只求个个成才"，增长农村青少年建设家乡的本领。也正因为如此，农村教育综合改革获得了强大的生命力，充分调动了群众支持政府办学教育的积极性。所有这一切，都为实施素质教育奠定了基础。一些农村教育综合改革实验县还大胆探索，在实施素质教育方面创造了丰富的经验。事实上目前凡是素质教育搞得好的，大多是 20 世纪 80 年代开始进行综合改革的地方。正如当时汨罗市教育局长黄泽南同志亲身体会的那样：没有农村教育综合改革，就没有素质教育。

4. 改革带动了高等学校的教育教学改革

农村教育综合改革一开始，各地就注意组织高等院校、中等专业学校到农村去支持和参与改革。以河北省为例，到 1993 年，高校及科研单位为实验县举办的多种类型的培训班有 2356 期，培训各类人才 198745 人，帮助引进推广实用技术项目 285 个，共增加经济效益 7.6 亿元；支持实验县教学

仪器设备价值 236.14 万元，图书资料 243618 册。此外，清华大学、天津大学、南开大学、北京师范大学、中国农业大学、北京化工学院都积极参与了河北三县实验区的农村教育综合改革，黑龙江农业大学、西北农业大学、安徽农业大学、东北师范大学、南京师范大学、华东师范大学等都积极参与了当地的农村改革和教育改革实验。高校参与农村教育综合改革，使高校为社会主义现代化建设服务落到了实处，同时对高校自身的改革与发展也起到了积极的推动作用。

河北农业大学用"太行山精神"办学育人，近年来培养出一大批教农爱农和学农爱农的干部、教师及毕业生。该校坚持走"太行山道路"，用科技知识帮助山区人民脱贫致富，十多年来共实现经济效益 25 亿元，培训农业科技实用人员 150 万人次。他们首先用这种精神建设领导班子，培养党员和干部，锻炼、培养教师队伍。该校在省内 94 个县、市建立了科技开发基地和"三结合联合体"，与全市 12 个"燎原示范县"建立了技术协作关系，承担了 8 个县的科技扶贫任务。该校还十分注意用"太行山精神"培养新一代大学生，每年安排 500 名学生结合教学、生产实习，同教师一起到山区、农村参加科技推广和服务工作，开展社会调查，使他们在参与农村建设中增强对农村和农民的感情。河北农大开创的"太行山道路"，充分展现了高校参与农村经济改革中的重大作用，在全社会产生了良好的反响。

河南农业大学依据河南省情，紧紧围绕农业搞科研和实用技术开发，积极推广农业科技成果，取得了显著的社会效益和经济效益，被誉为"科教兴农"的排头兵。近十年来，河南农大每年承担国家、省部级和自选科研项目 200 多项。1978 年以来有 162 项科研成果获省部级以上奖励，1988 年至 1991 年科研成果连续 4 年列全国农业高校第一位。河南农大先后承担了通许、许昌、长葛等县的综合示范开发和 2000 多万亩小麦、玉米高产开发任务。经过努力，开发区基本实现了水、土、田、林、路综合治理，农、林、牧、副全面发展，每年直接经济效益比原来增加几千万元。目前，河南农大已在全省 50 多个县建立了三结合点，创造了百亩试验田、千亩示范区，多次被省政府命名为科技扶贫先进单位。河南农大校系两级还建立了30 多个为农民服务的公司和经济实体，在郑州市文化路中段建成了农业科技一条街。

（二）改革促进了农科教的有机结合，加强了"科教兴农"的力度

农业发展靠科技，科技进步靠人才，人才培养靠教育，是现代农业发展的客观需要和规律。在农村教育综合改革中探索出的农科教结合的路子，一经提出就受到基层广大干部群众的欢迎，并显示出强大的生命力。各地政府统筹安排三个部门的科技和培训力量，形成了合力，使中央提出的"科教兴农"的方针变成了广大干部群众的实践。到1997年，全国大部分省、自治区、直辖市和各个单列市成立了农科教结合领导小组或农村教育综合改革领导小组，有18个省（市、区）由党委和政府主要领导任组长。在基层，农科教结合工作进展顺利，全国116个农村教育综合改革实验县，全部成立了农科教结合的领导小组。很多乡建立了农科教综合服务站，或农科教中心。湖南全省60%以上的乡镇（2000多个）建成了农科教中心，怀化地区已达到近80%。安徽省宁回县29个乡镇全部开展了农科教结合工作，有7个乡镇做到了"十有"（即有组织机构、工作规划、推广项目、管理制度、培训目标、教学设施、师资队伍、示范基地、经费来源、经济效益）。全国116个实验县之一的西藏堆龙德庆县，成立了由县委书记、分管农牧和教育的副县长以及教育、农牧、计划、财政、卫生、宣传等部门组成的科教兴农委员会，分别在教育局和农牧局下设两个办公室。堆龙德庆县近年来实施了"二五九工程"（即对2000人进行职业技术培训、扫除青壮年文盲半文盲5000名、适龄儿童入学率达到90%以上），取得了良好的效果。实践证明，实行农科教结合，顺应了广大农民脱贫致富、发展经济的愿望，符合农村经济及科技、教育配套改革与加速发展的客观要求，是落实科学技术是第一生产力思想的具体形式，这对于改革原有农村体制的弊端，改革教育体制，促进农业发展，有着积极的重要作用。

（三）农村教改和"燎原计划"的实施，特别是"燎原计划百、千、万工程"的实施，加快了科学技术的推广、普及，促进了农村经济的发展

农村教育综合改革，特别是通过实施"燎原计划"，动员大批农村中小学、职业技术学校和成人学校积极为发展当地经济贡献力量，提高了农村劳动者素质，有效地扫除了文盲，培养了大批具有较高文化技术素质的新型农民，大面积地推广了科学技术普及实用技术，对农村经济、社会的发

展起到了有力的促进作用。山东省实施"燎原计划"的县 64 个，示范乡 232 个，十多年来通过实施"燎原计划"，培训的劳动者有 8000 多万人次，推广实用技术有 300 项次。江苏省有实施"燎原计划"的县 65 个，示范乡 420 个，十年来培训劳动者 4000 万人次，推广实用技术 1100 项次。东北三省连续 7 年开展"燎原之冬"活动，农民改变以往"猫冬"的习惯，开展大规模实用技术培训，每年冬、春培训的人次以数百万计。农民素质的提高，农业科技的推广，保证了农业的持续稳定增长。黑龙江省实施农村教育综合改革和"燎原计划"以来，已经逐步形成了以大中专院校为龙头，以农业中专、职教中心、农业中学、燎原学校、农民中专为依托，以乡办中学、成职联校、农民文化技术学校以及农村小学为基地的农业科技推广体系。为了推进"燎原计划百、千、万工程"的实施，他们利用学校专业基地和"三田一园"（种子田、实验田、高产示范田和生物园），充分发挥各自的智力、技术、设备优势，主动配合当地农业、科技等部门，送科技下乡进户，把适用技术及时有效地传播到农民手中，取得明显成效。目前，全省 600 多万青壮年农民接受了各类技术培训，占应培训人数的 95%。农村经济增长中，科技进步的因素由原来的 35% 提高到 40%。黑龙江省在连年受灾的情况下，仍然保持了粮食产量年年大幅度增长。据统计，黑龙江省历史上的粮食生产从 100 亿斤提高到 200 亿斤再到 300 亿斤，分别用了 17 年。而 1988 年到 1996 年以来，粮食产量经历了 340 亿斤→460 亿斤→500 亿斤→610 亿斤 4 个阶段，分别只用了 4 年、4 年、2 年，呈现出加速度发展趋势。之所以如此，黑龙江省委、省政府领导认为，农村教育综合改革、农科教结合功不可没。

新疆昌吉回族自治州，近年来在全州范围内开展了"科技之冬"活动，各级农民文化技术学校共举办各类技术培训班 3378 期，培训总人数近 30 万人，占全州总人口的 29.96%，覆盖了 90% 以上的农户。河北省阳原、顺平、青龙三县，十年来举办各类培训班近 2000 期，培训农民 100 多万人次，农村青壮年培训率达到 90%。教育综合改革使这些史称"糊糊川"的贫困县经济有了长足的进展，综合实力大大增强，1996 年三县工农业总产值分别达到 4.5 亿元、9.2 亿元、12.06 亿元，比教改前的 1986 年增长 5 倍、6.3 倍和 7 倍；财政收入达到 4500 万元、3896 万元、5000 万元，比 1986 年增长 9.1 倍、6.1 倍和 7.14 倍；农民人均纯收入 1996 年达 1220 元、1442

元、1669 元，比 1986 年的 121 元、250 元、287 元，分别增长了 10.1 倍、5.8 倍和 5.82 倍。三县综合实力在所在地、市的位次，均由 1986 年的取得初步成效的末位跃为前列。

为了落实"科教兴国"战略，加快科学技术在农村的普及和推广，深入推进农村教育综合改革，促进"燎原计划"的实施，在李岚清同志的支持下，国家教委于 1995 年 12 月在全国部署实施了"燎原计划百、千、万工程"，这项工作的主要内容是，充分利用广大农村现有各级各类学校的条件，通过广播、电视等各种教学手段，在全国上千个乡、上万个村推广上百项农村实用技术。实施两年后，"燎原计划百、千、万工程"的实施工作取得了一定进展，成效较为显著。安徽省在实施"燎原计划百、千、万工程"过程中，选择滁州、黄山两市作为实施"燎原计划百、千、万工程"的试点单位。实施两年中，为了提高农民的科学文化素质，他们加强了实用技术培训和岗位培训，推动科学技术进村入户。滁州市由市教委综改办和农科教办公室牵头，分别在 1996 年春、秋两季举办了 6 期较大规模的"燎原计划百、千、万工程"培训班，直接培训技术骨干 1500 余人次，层层累计培训 30 万人次。同时，他们本着实际、实用、实效的原则，有选择地推广适合当地需要的实用技术。黄山市重点选择了名优茶开发、食用菌生产、种桑养蚕及水产等技术进行培训，1996 年全市生产名优茶 5683.6吨，实现产值达 1.6 亿元，比上年增长 73.9%。滁州市重点选择了"麦、油高产栽培，配方施肥，水稻旱育稀植及抛秧"等技术，1996 年全市共推广水稻旱育稀植技术 210 多万亩，比上年翻了一番多，累计节支增收 2 亿多元。

到 1997 年，天津市实施"燎原计划百、千、万工程"的乡镇已达到127 个，村 1386 个，农户 17057 户，立项 186 个，以项目带动人才培训67391 人次，在实施"燎原计划百、千、万工程"中，国家教委燎原办与中国燎原广播电视学校，共同编制了"燎原计划百、千、万工程"教学包（包括录像带、录音带、简明教材等），覆盖了 1000 多种农业基础知识和实用技术。

（四）改革探索了贫困地区依靠教育和科技发展当地经济，改变贫困面貌的路子

贫困地区的一些农村中小学，在实施教育综合改革的过程中，充分发挥学校所具有的智力和技术优势，主动参与当地经济开发和建设，大胆探索，带动群众走上脱贫致富的道路，涌现了一批"小学校也能为农村建设作出大贡献"的典型。

山西省方山县的圪叉咀是吕梁山上有名的一个穷山村。圪叉咀全村现有34户人家，136口人。20世纪50年代初，村里没有一个人识字，村民年人均收入不到40元。老支书动员群众东拼西凑办起了一所小学校，费尽周折请来一位名叫李健的有志青年上山教书。为了让村民人人能够掌握文化，早日脱贫过上好日子，老支书和李老师把希望寄托在学校身上。30年如一日，费尽心血，终于走出一条成功的办学道路。圪叉咀学校坚持"教、科、劳"相结合，"普教、职教、成教相结合"，使教育显示出了强大的生命力。今天，圪叉咀人不仅有了文化、识了字，而且还懂了科学和技术。全村55个劳力，高中毕业的有8个，初中毕业的有38个；有23人掌握了三门以上的实用技术，有的被业务部门聘为"农民技术员"。与此同时，圪叉咀小学还为高一级学校输送了一批优秀的毕业生。到现在，该校毕业生中先后已经出了1名博士生、7名大专生、8名中专生、25名高中生、90名初中生。教育和科技使圪叉咀老一代人脱贫致富的梦想成真，1997年，全村人均有木林42亩、果林8亩，村民年人均收入达到1700多元。类似圪叉咀学校的事例，全国知名的还有很多，如山西交城县的大陵庄小学、柳林县的前六庄小学、平定县的理家庄小学，河北易县的九源小学，贵州关岭县的乌拉小学等。

（五）"燎原计划"专项贷款取得显著的经济和社会效益，同时积累了教育金融工作的经验

为了推动"燎原计划"的实施，经国务院批准设立了"燎原计划"专项贷款。"燎原计划"贷款由于在使用中结合了对劳动者的技术培训，注意采用新的技术成果，因而取得了明显的经济效益和社会效益。1988—1991年，发放贷款2.17亿元，调动了地方的配套资金5.94亿元，支持了2000多个项目，新增总产值13.78亿元，新增利税1.95亿元，投入产出比在1:6以上，各地通过贷款项目，培训农民达2159万人次，推广的技术有11239项次，带动了群众致富。

内蒙古赤峰市郊区的兴发集团，由几百万元燎原贷款饲养肉鸡起步，已发展成为饲料生产、良种培育、饲养、加工、销售一条龙的大型企业集团。到 1996 年底，总资产达到 3 亿元，总产值 3.3 亿元，利税 4500 万元，产品远销日本、德国、俄罗斯等 7 个国家和地区，带动了 11 个区县的饲养业，被誉为"燎原明珠"。

广西横县职业中学针对本县蚕桑资源丰富的特点，贷款 260 万元办起了"燎原缫丝厂"。1991 年初，第一期工程投产后，当年就实现产值 410 万元，利税 60 万元，质量完全符合国家标准。1992 年，实现利税 127 万元。至今年，生产规模扩大了 3 倍，产销两旺。配合这个项目，县教委组织建立了县、乡、村三级农民成人文化技术培训网络，每年培训农民种桑养蚕技术超过 5 万人次，种桑面积迅速扩大到近 3 万亩。蚕桑产业，已成为全县新崛起的支柱产业，每年给农民带来的经济效益达 6750 万元。

燎原贷款是国家教育行政部门设立的第一笔专项贷款。实施以来，"燎原计划"贷款不仅取得了明显的社会效益和经济效益，而且为教育金融工作的开展积累了经验、锻炼了队伍，为全面开展教育金融工作，打下了良好的基础。利用贷款支持与发展教育，已得到全社会的共识，并作为一条成功经验写入《中华人民共和国教育法》和《中国教育改革和发展纲要》。

（六）改革促进了农村精神文明建设

在进行农村教改和实施"燎原计划"过程中，许多农民群众不仅学到了致富的技术本领，增强了学文化、学科学的积极性，而且改变了许多不良的旧风气，赌博、打架、迷信、邻里纠纷、偷盗等现象正在逐步减少。互助互爱、讲文明、讲礼貌、讲上进的文明新风正在兴起，许多乡村出现了无文盲、无超生、无赌博、无偷盗、无打架斗殴、无迷信活动的好局面。同时，一种学习文化知识、科技致富、健康文明的新风尚在广大农村广泛兴起。特别是在综合改革和"燎原计划"示范乡和示范村，涌现出了一大批经济建设与精神文明建设全面进步的好典型。如：黑龙江省龙江县的八村、辽宁省海城市的王家堡和东房身村、河北省获鹿县的栈道村和安一县的北郭村、山西省方山县的圪叉咀和柳林县的前元庄、陕西省榆林市的张滩村、广西横县的马山乡等，都是党支部建设、计划生育、社会治安、教育和经济全面发展的"五个好"的典型。

在农村教改过程中，一些大型企业与教改实验区的贫困乡村建立了文明共建的友好关系。企业支持了乡村发展教育，并以乡村作为职工思想教育基地，促进企业文明与乡村文明的相互渗透。如首汽集团帮助河北省顺一县杨家合乡革命老区建立"首汽燎原小学"，中国机械设备进出口公司在青龙满族自治县建设的"中设燎原小学"等，都促进了企业和乡村精神文明建设。

（七）改革促进了我国教育科学事业的发展

十年来，农村教育综合改革的理论研究不断深入，涌现了一批较高质量、理论与实践影响都较大的科研成果。如由王明达同志牵头完成的国家哲学、社会科学"八五"规划重点课题《农村教育综合改革与社会全面进步》，历时近五年时间，坚持从实践中来到实践中去，把理论与实践紧密相结合，经过数百名参与者的共同努力，形成并出版了《中国农村教育的战略抉择》等涉及理论与实践方面的八项成果，专家们认为，这项成果具有相当高的理论与实践价值。再比如"七五"期间由中央教科所专家牵头完成的《农村教育整体改革研究》课题，较早地对我国农村教改的理论问题进行了系统的探讨。此外由四川省教委主任王可植、乐山市教委主任赵家骥承担的《农村教育综合改革研究——构建农村大教育的探索与实践》课题，立足于一个地区，对我国农村教育综合改革理论与实践中的一系列重大问题，进行了长期的、深入的并且是十分可贵的探索，产生了一些很有价值的成果。各地编辑出版的各种专著、文集近300种，为农村教改编写的教材有1200多种。特别值得指出的是，全国教育科学规划领导小组及其办公室对于农村教育综合改革的科学理论研究，无论是立项前还在立项后的指导上，都给予了很大的支持和帮助。

（八）改革造就了一支适应现代化建设的教育管理队伍

农村教育综合改革，立足为农村经济建设这一中心任务服务，在教育内部涉及农村各类教育，在教育外部涉及农业、科技以及社会其他部门，因而无论是国家教委，还是在地方教育部门，在实践中造就了一批全局观念较强，既懂教育，又懂经济的教育行政管理干部，在教育改革中发挥了重要作用。

（九）改革产生了一定的国际影响，促进了国际交流

我国是世界上人口最多的发展中国家。1987 年以来的农村教育综合改革引起了国际上的关注。1992 年，由联合国教科文、联合国开发署等国际组织和机构支持，在我国山东泰安召开的农村教育国际研讨会，对我国农村教育改革取得的成就给予了很高的评价。会议的总报告中指出："农村学校作为经济生产能力和社会进步的源泉这一概念，在中国创造了最了不起的奇迹。"会后，许多发展中国家建议能在中国设立一个农村教育的国际培训机构。联合国教科文组织对此项工作很重视。1993 年，联合国教科文组织第 27 届大会正式通过决议，在中国河北省保定市建立"国际农村教育研究与培训中心"，该中心的任务是：1. 促进农村教育思想、方法和技术的国际研究；2. 促进会员国之间对农村地区人力资源开发政策和战略的磋商与合作；3. 建立各国专家交流农村教育学术和技术情报的广泛网络；4. 协调合作研究活动，为国际专家提供研究实习场所和设施；5. 组织专题的国际培训讲习班、研讨会，为国际研究人员提供助学金；6. 出版散发中心各项研究项目成果的出版物和材料。这为我国农村教育的国际交流开辟了广阔的前景。自 1994 年 11 月，该中心正式落成以后，先后为亚太地区发展中国家举办了多次农村教育改革培训班和研讨会，提高了我国农村教育综合改革经验的国际价值，使之发挥了更大的社会作用。

（十）改革形成了一套行之有效的工作思路和管理方法

为了加强对全国农村教育综合改革工作的指导，1989 年，国家教委成立了"农村教育综合改革领导小组办公室"，该办公室还同时负责指导"燎原计划"的组织实施，亦称"燎原计划办公室"。此后，各省、市、自治区教委陆续建立了相对应的农村教育综合改革办公室。近十年来，国家教委和省、市、自治区农村教育综合改革管理部门不仅积累了丰富的农村教改工作的经验，还形成了一套行之有效的工作方法。回顾近十年的工作历程，国家教委在农村教育综合改革工作指导中形成的主要方法集中体现在以下方面。

1. 抓"综合"，以综合统揽全局工作。国家教委农村教育综合改革（燎原计划）办公室成立以来，在党组及领导小组领导下，抓住"综合"二

字不放，与有关司局搞好农村教育的"三教统筹"；与农业部、国家科委、林业部和中国农业银行等部委搞好协作，积极实行农科教结合，推动各地的实验县、实施"燎原计划"的县和示范乡，认真转变教育观念，搞好教育综合改革，积极实施"燎原计划"，将当地的经济建设转到依靠科技进步和提高劳动者素质的轨道上来；并将教育改革与教育发展紧密结合起来，推动各地逐步实现经济发展和教育发展的良性循环。

2. 抓典型示范，以点带面。1989 年夏，确定了全国农村教育综合改革实验县 116 个；各地又设立了 540 个省级实验县；示范乡已扩展到 8000 多个，分布在 1600 多个县中。1994 年又确定了 30 个地区级教改实验联系点。1989 年至 1997 年 9 月，国家教委分别在湖南郴县、四川温江和广汉、山东泰安、陕西商洛、江苏昆山、河北唐山、湖南怀化、湖南凤凰、山西吕梁、广西玉林、甘肃张掖、黑龙江大庆等地召开了工作会议或经验交流会，取得了良好的效果。

3. 抓干部培训，促进观念转变。十年来国家教委先后举办了 5 期农村教改实验县县长和各省、自治区、直辖市主管处长培训班；同时还推动各省（区、市）自行举办培训班，除西藏外，各省（区、市）都已开展过干部培训。国家教委还组织 6 个出国考察团组，帮助有关省、地、县领导扩大视野，转变观念。

4. 坚持因地制宜，抓分类指导。近十年来，在综合改革工作的指导中，根据各地发展不平衡的特点，始终坚持了因地制宜、分类指导的原则。特别为了加强对贫困地区的农村教育综合改革工作，曾先后在陕西省商洛地区、湖南省凤凰县、山西省吕梁地区和甘肃省张掖地区召开了全国贫困地区、少数民族贫困山区以及农村教育综合改革地区联系点的有关工作会议，促进了贫困地区农村教育综合改革工作的进一步深化。对此，国家教委主任朱开轩同志在 1997 年度工作总结中给予了充分肯定。与此同时，国家教委还加强了对发达地区（城郊型地区）的农村教育综合改革。1991 年以来，先后在天津、北京、上海、宁波等地 5 次组织了由直辖市和计划单列市等参加的全国城郊型农村教育综合改革研讨会。1998 年 6 月拟定在沈阳市召开第六次研讨会。

5. 抓宣传和科学研究。近十年来，与天津市教卫委共同创办了《中国燎原信息报》并公开发行，与河北省教委合作联办了《农村实用科技》杂志已公开发行 60 多期（按照新闻出版署要求，从 1997 年起国家教委已不再参与《中国燎原信息报》和《农村实用科技》杂志的主办）。此外，还与农村教育研究会联办了《农村教育》杂志（内部发行 45 期）。结合日常工作编辑"燎原丛书"15 种，编辑"燎原简报"139 期。在近十年的农村教育综合改革工作中，还十分重视农村教改的科学理论研究。"八五"期间，参与组织了《农村教育综合改革与社会全面进步》重大课题的研究。"九五"期间，又组织了《中国实施"燎原计划"的理论与实践研究》的课题研究工作。

此外，国家教委在工作中长年坚持不懈地深入实验，还开展调查研究。据不完全统计，当时全国 116 个实验农村教改实验县，国家教委参与综合改革实验工作的同志进行过实地考察的近 110 个，占 90% 以上。有些实验县，如河北的阳原、青龙、顺平等，国家教委前去考察过的同志上百人次。

四、农村教育综合改革的基本经验

十年的实践和探索为进一步改革和发展我国农村教育积累了宝贵的经验，归纳起来，主要有以下几点。

（一）推动农村教育综合改革工作的关键是各级党委和政府重视，并切实加强领导

农村教育综合改革不仅涉及教育内部各类教育，也和农村经济、科技等各方面有密切关系。要使改革取得实效，必须紧密依靠各级党委、政府加强领导。只有加强党委和政府领导，才能打破条块分割的局面，促进各部门配合，真正落实中央提出的"科教兴国（农）"战略。推动农村教育改革，在教育内部遇到的困难也很多，教育部门的主要负责同志要亲自抓，加强教育内部各方面的协调，才能有效地克服各种困难，统一各方面认识，扎扎实实地推动农村教改深入发展。

（二）进行农村教育综合改革的重点，是转变教育观念，明确农村教育办学方向

农村教改的最根本任务是端正办学思想，使农村教育由单纯的升学教育，转到主要为当地建设服务同时兼顾升学的轨道上来。教改实践证明，要实现办学方向的转轨，关键是要明确发展农村教育，只有一般的文化教育是不完全的，是不能适应现代社会生产和生活需要的，必须要在一定的文化基础上进行多种形式的职业技术教育。这就需要调整农村教育结构，大力发展职业教育和成人教育；普通中小学要因地制宜，在适当阶段开设一些生产劳动的职业技术课程；小学后、初中后、高中后实行三级分流，贫困地区的农村要早期进行职业技术教育。只有转变了这些观念，农村教改才能逐步深入发展。

（三）进行农村教育综合改革、提高农村教育内部整体效益的重要内容是实行"三教统筹"

目前我国农村教育主要是中等和中等以下的基础教育、职业教育和成人教育，对这三类教育实行统筹，是近年来我国农村教改实践中群众创造的重要经验。"三教统筹"的主要内容是：三类教育农村都需要，都应当认真抓好；三类教育各有其特点和作用，要根据其特点和当地的社会发展水平，使三类教育结构合理，协调发展；三类教育要在办学条件、教学设施、师资等方面因地制宜，互相沟通。各地从当地实际出发，创造了许多实行"三教统筹"的形式，有效地促进了农村教育结构的调整，显著地提高了农村教育的综合效益。实践表明，要加快实现"两基"目标，就必须抓好"三教统筹"。实行"三教统筹"，当前难度最大的是办好农村职业技术教育，这也是农村教育综合改革的难点。

（四）进行农村教育综合改革、促进教育为农村建设服务的基本途径，是积极推进农科教结合

这是整个农村教育综合改革进程中广大干部群众创造的重要经验。农科教结合以促进农业和农村经济发展为目标，以推广科学技术为手段，以加强农村教育特别是职业技术教育、提高农民的科技与文化素质为基础，通过富有成效的组织，充分利用各方面的人、财、物等条件，实现"科教兴农"的战略，促进农村全面进步。因此，农科教结合是落实"科教兴农"，促进农业发展的必然要求，也是振兴农村经济，促进农村社会全面进步的必由之路。实践证明，农科教结合，既是农村教育综合改革的一项重要内容，也是教育为农村经济和社会发展服务的基本途径。从某种意义上说，农科教结合是对现有经济管理体制的又一次突破，其实质是改变农业经济的增长方式，把农业增长建立在科技这一"第一生产力"以及教育的基础之上；其核心是通过对农民的教育，使之成为农业现代化的载体与实现者。实践还表明，实施农科教结合，使农村教育显示了强大的生命力。只有在努力搞好农科教结合中，农村教育才能得到农村经济、科技等部门和广大农民群众应有的支持，也才能真正发挥自身的作用。

（五）推进农村教育综合改革的重要措施，是认真实施"燎原计划"，搞好"燎原计划"和"星火计划"、"丰收计划"的结合

"燎原计划"是加快促进农村教育综合改革的一项重要措施，其主要内容是：以乡为基础，在加强基础教育的基础上，充分利用农村各级各类教育的基础设施和相对智力优势，以推广农村实用技术为抓手，通过各种形式的教育和培训，提高农村劳动者的素质，增强农民吸收和运用科学技术的能力，加快农村科学技术和生产经营管理知识的普及与推广，从而使科技的星星之火，形成燎原之势。近年来通过建立大批"燎原计划"示范乡和实施"燎原计划百、千、万工程"，把"燎原"、"星火"、"丰收"计划结合起来，加快了实用技术的推广，对农村经济的发展和精神文明建设，起到了重要的作用。

（六）广泛动员高校和教育科研院所参与，是提高农村教育综合改革效益，促进高校科研院所自身改革的有效方式

国家教委从进行农村教改实验开始，就组织了清华大学、天津大学、南开大学、北京师范大学、中央教育科学研究所等单位参加实验县工作。高校通过帮助各县制定经济社会发展总体规划，提出教育改革发展的实施方案，培训各类师资，帮助建立县级职业学校，提供专业建设和基地建设指导，进行"五四"学制试验，派科技副县长挂职，引进开发项目，帮助改造县办工业，发展"两高一优"（高产、高效、优质）农业，引进新品种，改造低产品等多种形式，促进了农村教改和科技发展。参与教改的高校与科研单位也把实验县作为社会实践基地，对学校和科研单位自身的改革和建设起到了促进作用。

（七）从实际出发，因地制宜，分类指导，是农村教育综合改革稳步健康发展的保证

我国农村幅员辽阔，突出的特点是发展不平衡，各地差异大。在推进农村教育综合改革工作中，必须坚持从各地实际出发，分类指导，不搞一刀切，不一哄而上。近几年来，国家教委一是按照经济发展水平，重点对贫困地区和民族地区的农村教育综合改革进行了现场指导和交流经验；同时还召开了经济发达地区农村教育综合改革研讨会；另外按南、北方差异举办了干部培训班，效果比较明显。

（八）重视宣传和科学研究，抓点带面，典型推动，是促进农村教育综合改革工作的重要方法

农村教改十年来，国家教委坚持抓好实验，注重调查研究，推广典型经验，以点带面，逐步推进，在实践中探索，在实践中提高认识。国家教委近些年来坚持每年召开现场会议，利用典型推动面上工作，先后在六个大区不同经济水平的十多个县召开现场会，推广先进典型，取得了较好的效果，保证了农村教改稳步健康的发展。

五、农村教育综合改革的理论启示

农村教育综合改革十年所取得的成绩和经验对我们有深刻的启示。

（一）农村教育综合改革的成功，证明了教育改革发展的历史必然性

党的十一届三中全会以后，随着全党工作重点的转移，农村经济改革发生了举世瞩目的变化。农村经济的改革，迫切要求科技和教育事业的相应发展与改革。正是在这样一个伟大的时代背景下，产生了农村教育综合改革的构想与实践。实践证明，农村教育综合改革是改革开放的产物，是历史发展的必然趋势，是不以个人意志为转移的历史潮流，应该坚定信心、坚定不移、坚持不懈地把这项工作推动下去。恩格斯曾指出，社会需要比十所大学更能推动社会的进步。我们必须从历史唯物主义观点看待农村教育综合改革，增强改革的自觉性。在实际工作中，一些人只为应付领导而取舍工作重点的做法是短视的，必然会给农村教育综合改革事业带来损失。

（二）农村教育综合改革成功的经验说明，农村教育是落实科教兴国、科教兴农战略的一项重要措施，也是一项复杂而宏大的社会系统工程

农村教育综合改革，从根本上讲是在我国这样一个农业大国探索教育与经济发展良性循环、相互促进道路的重要实践，因而农村教育综合改革对于实现党中央提出的两个根本性转变具有特殊的重要意义。我国农村现有9亿多人口，从发展趋势看，这些人口的流动比例最终不会很大，多数农村劳动力只能在农村就地消化。如果通过农村教育改革，大面积提高农村劳动者的科学文化水平，培养他们生产和生活所需要的职业技能，进而使庞大的人口负担变成人力资源，将会极大地加快我国农村现代化建设的步伐。另一方面，农村人口的数量决定了我国教育的一个突出特点是重头和难点在农村，因而农村教育的结构、布局及其投入的效益，直接影响整个国家教育事业的整体效益。而实践证明，农村教育综合改革是提高农村教育整体效益的成功之路。

（三）农村教育综合改革的实践表明，改革只有综合地进行才能真正取得成效

十年农村教育综合改革成功的经验启示我们，进行教育改革必须综合进行，走整体改革的路子。任何单项的改革，都不能解决根本性的问题。在改革的运行过程中，必须把教育内部与教育外部因素结合起来，把教育内部的各个部分与教育事业的整体结合起来。这是实现教育工作的两个根本性转变的重要条件。另一方面，"燎原计划"的实施，借用的是工程管理的模式，它的成功使用，对于农村教育综合改革在一定的时间、范围内完成既定的目标，产生了积极的作用。

（四）农村教育综合改革的实践，验证了我国农村教育综合改革方向的正确性

农村教育综合改革，在实践中一直坚持"农村教育要从片面追求升学率转移到主要为当地经济建设和社会发展服务的轨道上来"的方向。实践证明，这一思想符合我国教育和农村的实际。一方面，它指出了长期以来我国农村教育片面追求升学，忽略了学生的全面发展需要和农村经济社会发展需要这一主要弊端；另一方面，它指明了农村的教育改革要围绕主要为当地经济建设和社会发展服务这一总的方向。"农村教育要从片面追求升学率转移到主要为当地经济建设和社会发展服务的轨道上来"的改革方向，不仅符合我国社会主义初级阶段的国情，同时与《中共中央关于教育体制改革的决定》提出的"教育必须为社会主义建设服务，社会主义建设必须依靠教育"的方针也是高度一致的。特别是对于落实"科教兴国"战略具有重要的现实作用。这一点，当前不容动摇。

（五）现行教育理论体系需要改革，农村教育综合改革对建立有中国特色的社会主义教育理论体系进行了系统的探索，提供了丰富的实践经验，其成果值得重视并加以理论上的总结

我国农村教育综合改革的伟大实践，在许多方面填补了教育改革发展史上的空白，在建立有中国特色社会主义教育体系方面进行了积极的探索。我国农村教育综合改革的进一步深入，有赖于农村教育理论的不断深化。农村教育综合改革所创造的丰富的实践经验，只有概括上升到理论，才能更好地指导实践。我国现行的教育学理论体系中，缺乏农村教育的内容，无论是传统的或者是目前新编写的教育学教科书，大多由教育概论（原理）、教学论、德育论、教育行政管理四大块构成，而缺乏对农村教育理论的论述。这一状况与我国这样一个农业大国并且具有世界上最庞大的农村教育体系的现状来看，非常不相适应。这就需要对现行的教育学理论体系进行改革和完善，同时需要更多的教育理论工作者尽快地投身到农村教育综合改革的时代潮流中，与改革实践第一线的工作者相结合，在改革实践中总结理论、丰富理论，进而逐步形成能够真正反映我国国情，具有中国特色的教育学著作来。

（六）农村教育综合改革中提出的"相对智力和技术优势"理论，对深刻认识贫困地区的脱贫致富具有重要意义

我国地域辽阔，社会经济发展很不平衡，文化教育的发展亦如此。在许多贫困地区的农村教育综合改革过程中，人们发现一个普遍的现象：即农村中小学在智力和技术方面具有比其他部门相对较强的优势，当地经济发展、社会生活对学校的智力和技术需求也比较直接。这一现象在县以下的乡村学校尤其表现突出。农村教改中，贫困地区农村的广大教育工作者充分利用了学校的这种智力和技术优势，为当地经济发展和社会进步作出了很大的贡献，出现了一批学校带动乡村致富的典型。农村教改中的这一实践证明，学校教育的作用在生产、生活中是多方面的，同时也是潜力很大的，因客观环境、条件的不同，作用的发挥也有所不同。对于农村来说，当地的乡村学校就是其最高学府，是知识和智力密集的地方，其作用不可低估。这就启示我们，在广大的贫困地区，要善于发挥农村中小学校的现实作用，农村中小学校也要增强为当地生产和群众生活服务的主动性。

（七）农村教育综合改革的实践还启示我们，农村教育既要加大投入，更要讲求效益

我国办了世界上最大的教育，其大头在农村。各级政府和群众为发展教育每年的投入是巨大的。随着事业的发展，教育普及程度的提高，各方面的投入还将需要进一步加强。但投入只是办教育的一个重要条件，仅有了投入还不够，还需要解决怎样办好教育，使投入产生最佳效益的问题。对于广大农村来说，最根本的是要解决办学方向和教育的结构问题。如果办学路子对了，结构合理了，满足了农村生产和生活的需要，教育就会产生出巨大的效益。反之，则会造成教育投入上的浪费。

（八）农村教育综合改革的实践证明，人民群众在改革实践中的创造力是无限的，而且也是最富有献身精神的

我国农村教育综合改革实验，从时间上看，经历了十年历程；从范围上讲，覆盖了近亿人口的地区；从内容上讲，不仅涉及了教育内部的各个方面，而且涉及农业、科技、文化各个领域，可以说是我国教育史上涉及面最大的一次改革实践。十年来，中央和地方的广大干部和群众为之付出了大量的心血，进行了艰苦的探索，创造了宝贵的经验，极大地丰富了有中国社会主义特色的教育理论和实践的内容。仅以"燎原计划"的提出为例，国家教委提出实施"燎原计划"这一措施后，各地围绕工作需求，先后创造了"燎原广播电视学校"、"燎原热线电话（咨询农业技术）"、"燎原科技大篷车"、"燎原示范乡"、"燎原示范村"等多种生动的名称和活动形式，加快了"燎原计划"的实施。很多干部和群众十多年如一日，潜心于"燎原"事业，还有的实践第一线的同志，甚至付出了生命的代价，这种对理想的追求和奉献精神是十分可贵的。总之，农村教育综合改革的成功，来之十分不易，必须百倍珍惜所取得的成果。

六、农村教育综合改革存在的问题

当前我国农村教育综合改革虽然已经取得了显著成绩，但也存在不少问题，与社会主义市场经济条件下，农村经济和社会全面发展的需要不相适应。

（一）农村教育综合改革的发展很不平衡

从全国来看，多数实验区、县和一些进行农村教改的地方，由于领导重视，措施有力，改革的进展较快，效果明显。但也有不少地方，包括少数实验县，变化不大，基本还没有动起来。有的地方领导还没有跳出就经济抓经济、就教育抓教育的误区。有些领导仍然以"升学率"为唯一标准，评价学校与教育部门的工作，这是造成这些地方农村教育改革缓慢的主要原因。与此同时，在一些教改开展较好的地方，对经验的总结也还不够，许多做法还没有形成制度，已有的成果不巩固。因此，要实现国家教委提出的"点上深化，面上推广"的任务还十分艰巨。

（二）不少地方学校的办学思想还不适应农村小康建设的要求，为农村经济发展服务的主动性还不够

社会上有很多人对农村教育改革的重要性和迫切性缺乏足够的认识，几千年形成的旧教育观念和习惯势力根深蒂固，"学而优则仕"、"读书做官"等思想还普遍存在。

还有相当一些农村普通中小学仍然以应试教育为主，致使大多数不能升学的农村学生缺乏建设农村的思想准备和劳动生产技能。据统计，我国每年回到农村的"三后生"约1100万（小学毕业生400万，初中毕业生600万，高中毕业生100万），他们虽有一些文化知识，但普遍缺乏生产技能，不适应农村小康建设的需要。也有的地方，虽然注意到了在中小学教育中引进职教因素，但由于职业技术教育的师资缺乏，或因农业技术教育的实习基地无保障，效果并不理想。

（三）从总体上看，我国农村教育现状特别是职业教育薄弱的状况，远远不适应农村经济迅速发展、社会全面进步的要求

一是农村小康建设迫切需要大面积提高农村劳动者的整体文化素质与当前农村教育普及程度不高的矛盾十分突出。根据国家统计局1994年的抽样调查分析，目前我国农村劳动力中，文化程度在小学以下的占61.24%左右，其中文盲半文盲率高达22.57%，初中文化程度不到32%，高中以上文化程度者只占7.33%（其中中专大专文化程度只有0.52%）。特别是在一些贫困山区、民族地区，普及教育的难度很大；二是当前相当一部分农村教育结构单一，与农村产业结构和技术结构的不断变化不相适应。第二、第三产业的发展，特别是各种类型的乡镇企业的迅速崛起，需要大批专业技术人才和一定的管理人员，而大多数农村目前缺乏足够的培养能力。

（四）我国现有高中等农业专业教育的规模和专业设置与农村小康建设的要求不适应

表现在：一是农林专业人才通向农村的渠道不畅，相当多的专业人才下不去，或下去了留不住。长期以来，农林高等院校培养了100多万毕业生，但其中只有40%仍在农业系统工作，在乡村工作的就更少；二是当前农村的农口职业学校招生有一定困难，生源不足，缺少激励措施；三是地、县特别是贫困地区和边疆地区尚未形成全面为当地培养农业专业人才的能力。

（五）教育经费投入不足

特别是经济欠发达地区，财政困难，农村教育主要靠群众集资办学，加重了农民负担。还有的地区教师工资拖欠，都在不同程度上影响了农村教育的改革与发展。此外，由于专业师资队伍薄弱，基地没有保障，影响了农村教改，特别是农村职业技术教育（农口专业）的健康发展。

（六）部门统筹与协调有待进一步加强

由于历史上形成的部门之间的分割，影响了农科教结合运行机制的建立和完善，有的部门受利益驱动，对开展农科教结合积极性不高，影响了教育、农业、科技部门的有机结合。有关农村教育发展的政策，教育部门内部也不同程度存在着统筹协调不够的问题。

此外，对农村教育综合改革的指导、督促和评估工作以及农村教育综合改革工作的管理机构有待进一步加强。

七、深化农村教育综合改革的思考

党的十五大确定，我国将在相当长的一个历史时期内处于社会主义的初级阶段。党中央一贯强调："农业是国民经济的基础，必须把加强农业放在首位，全面振兴农村经济。"农业不仅关系到整个国民经济发展的速度和规模，而且也关系到全国的稳定。"没有农村的稳定和全面进步，就不可能有整个社会的稳定和全面进步；没有农民的小康，就不可能有全国人民的小康；没有农业的现代化，就不可能有整个国民经济的现代化。"我国农村人口占大多数的格局在短期内难以改变，提高农村人口、特别是青少年的素质，将是摆在我们面前艰巨而又长期的任务。邓小平同志早就指出，科学技术是第一生产力，农业问题最终要靠科学技术来解决。江泽民同志在党的十五大报告中指出："培养同现代化要求相适应的数以亿计高素质的劳动者和数以千万计的专门人才，发挥我国巨大人力资源的优势，关系 21 世纪社会主义事业的全局。"我们要站在历史的高度，认真贯彻党的十五大提出的战略方针，切实加大农村教育综合改革的力度。

（一）提高认识，切实把发展农村教育综合改革摆在重要战略位置。加大各级政府对农村教育综合改革的统筹力度

江泽民同志曾指出："有个大道理，农村的孩子要大部分留在农村，现行的教育要改革。"江泽民同志在 1998 年中央农村工作会议上再次强调指出："人的因素是最根本的……，关键是要结合农村教育结构的调整和改革，把一批小学、初中、高中毕业生通过各种职业、专业培训，使之成为当前农村所急需的各类初中级管理人才，经营人才，技术人才。"农村教育改革关系到我国农村"两个转变"和"两个文明"建设。现代化和农民致富奔小康，都越来越迫切地需求大量有理想、有文化、有技术的专门人才。我国不能继续升学的"三后"生，其绝大多数在农村。此外，我国农村还有为数不少的文盲半文盲。广大农村劳动者农民的整体文化素质如何，不

仅直接影响农村的物质生产，而且还会影响到农村中婚姻生育、宗教信仰、社会治安等精神文明建设。各级党委和政府的领导及广大教育工作者，应站在历史的战略高度，切实抓好农村教育综合改革工作。

（二）不断探索社会主义初级阶段在建立社会主义市场经济体制的过程中，农村教育面临的新问题和解决的新办法

建立社会主义市场经济，使农村教育的社会环境发生了一定的变化。同时，农村生产方式的变革，农业产业化的兴起，都对农村教育的质量提出了更高的要求，这反映在对劳动力素质的要求上。而且，作为农民自身来讲，家庭对孩子受教育的投入成本的考虑比以往更多，这就对农村教育办学方向有了更明确、具体的要求，这些对农村教育改革本身就是更加严峻的挑战。此外，农村教育经费不足、城乡教育差距拉大等问题，也是在市场经济条件下，农村教育面临的长期困难，都必须给予充分重视。

（三）继续搞好"三教统筹"，大力发展农村职业技术教育

1. 要在提高认识的基础上，进一步加强对基础教育、职业教育和成人教育的统筹规划。基础教育是我国 20 世纪 90 年代教育发展的重中之重，是提高整个中华民族素质的基础性工程，要给予高度重视。要在办好基础教育的同时，积极发展各种形式的职业教育和成人教育。当前特别要重视进一步转变观念，在全社会创造有利于职业教育特别是农村职业教育发展的思想氛围。《国务院关于大力发展职业技术教育的决定》提出："到本世纪末要逐步建立起有中国特色的，从初级到高级、行业配套、结构合理、形式多样，又能与其他教育相互沟通、协调发展的职业教育体系的基本框架。"各地要按照这个总体目标要求，把农村职教放在更加突出的战略位置，纳入当地国民经济和社会发展的总体规划之中。江泽民同志指出："调整教育结构的关键环节，是要多办一些各类职业学校，培养大量的各种初级中级人才。这既有利于学生的分流，又能满足当前经济社会发展的多方面的需要。"各地要从经济社会发展不平衡的实际出发，制定与自身经济社会发展水平和需求相适应的农村职教发展的具体目标，注意发挥优势，突出特色，保证重点。

2. 要不断完善农村职教的领导管理体制和办学体制。要尽快建立起统一领导、地方为主，统筹规划、分工负责，分级管理、协调配合的农村职教领导管理体制。

3. 按照《中国教育改革和发展纲要》有关改革办学体制的规定精神，进一步放开农村职教的办学主体、办学模式，扩大职校的办学自主权。

4. 要进行与发展农村职教事业密切相关的其他配套制度的改革，包括职业资格认定和技术等级考核制度、人事管理制度，改革城、乡分割的户籍管理制度。

大力发展成人教育和搞好农村扫盲工作，是建设我国终身教育体系和培养亿万农村高素质劳动者的重要保证。在进一步深化农村教育综合改革过程中，要加强农村成人教育、扫盲工作与基础教育、职业教育的有机结合。

（四）加强农科教结合，提高农村工作的整体效益

农科教结合，政府统筹是关键，必须强化政府行为。各级政府应树立总揽全局的思想，加强对农业、农村经济与科技、教育事业发展的统筹规划，合理利用农村现有的各方面的资金和技术力量，提高农村发展的整体效益。教育部门应在农科教结合中发挥积极作用，主动了解和掌握当地农业、科技的发展对各类人才的需求，做好培养和培训工作。高等院校、职业学校和成人学校，都要利用自身人才和技术的相对优势，为农村经济与科技的发展服务。

（五）加大力度，进一步实施好"燎原计划"和"燎原计划百、千、万工程"

"燎原计划"作为推动农村教育综合改革的重要措施，经国务院批准实施以来，效果显著，各地应继续加强对"燎原计划"工作的实施力度。一是要进一步扩大"燎原计划"示范乡的数量，提高示范乡的建设标准；二是要搞好"燎原计划百、千、万工程"的组织实施工作，加快农村科学技术推广的步伐；三是要继续争取"燎原计划"专项贷款对农村教育改革工作支持的力度。

（六）广开渠道，加大对农村教育事业的投入

在中央和地方各级财政性教育拨款规模中，应加大用于农村教育的比

例，各地要保证农村教育费附加的足额征收。尽快启动"燎原计划"专项贷款项目，不断扩大、推动农村教育综合改革和"燎原计划"的实施。继续提倡和鼓励厂矿企业、事业单位、社会团体和公民个人，根据自愿、量力原则捐资助学，集资办学。欢迎港澳台同胞、海外侨胞、外籍团体和友好人士对农村教育提供专项资助和捐赠。继续争取世界银行贷款；运用金融信贷优惠政策，发展校办产业和勤工俭学，并适当减免税收，以促进农村学校特别是职校自我积累、滚动发展；进一步放开非义务教育阶段收费，允许一些农村职校收取委托培训费，实行"有偿分配"，以及举办各种短期培训班，以短养长。试行从特殊消费环节和项目中，节约资金，或征收税费，用于农村教育事业。

各地应当合理规划农村学校的规模、结构和布局，避免职教投入的结构性浪费，确保农村职教各项投入的使用效益和效率。

（七）加强管理，不断提高农村教育的办学质量

按照懂业务、会管理、事业心强的标准，选配好各类农村学校的领导班子，以全面质量管理、全员质量管理、全程质量管理为目标，建立健全职校内部的各项规章制度。

各类学校都要进一步端正办学方向，改进教学方法，更好地为当地经济建设服务。农村基础教育要在搞好文化基础课教学的同时，适当引进职教因素，加强教育与生产劳动相结合，促进学生的全面发展。农村职业学校在教学中注意"宽、实、活"，即专业覆盖面要宽，课程内容实际实用，学制要活；成人教育要注意"短、平、快"，即培训时间要短，学习内容要符合当地农村生产力水平、教育对象接受水平和运用时所需的经济承受水平，运用后能较快获得经济效益。

教育主管部门要加强对各类学校教学质量管理的检查评比，及时总结经验，解决问题，改进工作，不断提高农村学校的办学质量。

（八）因地制宜，优化农村教改的相关条件

加强师资队伍建设。应重点建设一批面向农村的职业师资。同时应充分利用社会各方特别是企事业单位的一些专家和能工巧匠，组成一支专兼结合的师资队伍。

要切实解决好农村教师工资拖欠问题，尽可能安排好农村教师的住房，以稳定现有农村教师队伍。对在边远贫困地区农村工作的教师，应当采取优惠的待遇给予鼓励。在不少地方，农村代课教师已成为继民办教师问题之后的又一项难题，困扰着许多农村教育行政管理部门，当前必须给予高度重视。

加强教材建设。逐步形成既有统一规格，又有地方特色，质量较高，系列配套的农村教材体系。国家应组织力量，重点编好农村职业学校的公共课和通用专业课教材。

加强基地建设。农村学校，可通过乡村划拨、挂村联户、自我开辟等办法，建设教学与实习基地；以二、三产业教学为主的职业学校，可与当地企业分工合作，互惠互利，解决实习基地和实验设施问题；县、乡、村还可用"三教统筹"的办法，建立综合型的农村学校教学、实习基地。

加强农村教育研究，提高改革的科学性。农村教育改革发展，需要有正确的科学理论加以指导。广大农村教育工作者在改革实践中积累的丰富经验，也需要进行理论上的总结、提炼和概括，这就需要加强对农村教育改革工作的理论研究。当前一是要加强农村教育改革研究队伍的建设，二是各级教育科研部门，特别是县（市）级教育研究部门，要把科研工作重心放在如何促进农村教育的改革和发展的问题上，要逐步改变只研究对付升学办法的科研倾向。

（九）全面贯彻教育方针，充分发挥农村教育在农村社会主义文化建设中的作用

一是农村教育要在农村的精神文明建设中担负起光荣而艰巨的历史使命，各级各类农村学校都要为培养农村建设的"四有"新人作贡献；二是农村各级各类学校要积极传播现代文明和改革的思想观念，积极推动农村社会变革中的作用，加快农村社会主义精神文明建设的步伐。

（十）总结经验，进一步加大农村教育综合改革指导的力度

各地要在总结十年改革经验的基础上，进行新的部署，采取更加有力的措施，推动农村教改的不断深入：一是要加强对农村教育改革的分类指导，特别应当进一步深入研究和探讨西部贫困地区农村教育的改革经验；

二是要进一步探索依法治教、依法促进农村教育改革的路子，并在此基础上加强督导和评估；三是要进一步将农村教育综合改革的已有经验逐步规范化、制度化，并建立健全相应的评估指标体系；四是要继续加强农村教育改革工作的管理机构和队伍建设。

为了更好地推动全国农村教育综合改革工作，我们将继续坚持"点上深化，面上扩展"的工作方针，积极稳步地开展工作。

1. 深入开展调查研究，不断总结经验，研究和探索新形势下农村教育适应两个根本性转变的改革思路和措施。

2. 继续推进"燎原计划"的组织实施，召开经验交流会和研讨会，全面总结实施"燎原计划"以来的基本经验，开展表彰和宣传工作。协助有关部门，进一步做好"燎原计划"专项贷款的管理工作。

3. 进一步加大"燎原计划百、千、万工程"的指导力度，搞好示范基地的建设。

4. 按照因地制宜，分类指导的原则，举办北方片农村教育综合改革干部培训班；召开第六次部分经济发达城市农村教育综合改革研讨会。

5. 继续加强与农业部、国家科委等部门的积极合作，加强对农科教结合示范区的联系和工作指导，推进农科教结合工作。

6. 贯彻《国家八七扶贫攻坚计划》和《中共中央国务院关于尽快解决农村贫困人口温饱问题的决定》，进一步动员教育部内司局和有关高等院校，加强对河北省阳原、顺平、青龙三个贫困县的定点扶贫工作。

7. 开展农村教育综合改革的科学研究和理论宣传工作，办好《燎原简报》。

结束语

农村教育的改革与发展是十分重要的基础性工程，我们必须坚定信心，坚持不懈，坚定不移，不断加大农村教育综合改革的力度，促进农村教改工作的不断深化。

我们相信，经过广大教育工作者的共同努力，农村教育综合改革的星星之火，一定会在祖国农村大地上形成更加强大的燎原之势。我们的信心来自于党中央对农村工作的和教育工作的一贯重视和正确领导；来自于广大热心农村教育综合改革的一大批干部和群众；来自于十年来已取得的成

功而又丰富的大量经验；也来自于农村社会经济发展对农村教育综合改革
的迫切需要，这种需要将不以个人意志为转移地为农村教育综合改革提供
强大的动力。

中国农村教育综合改革研究

Study on China's Rural Education's
Comprehensive reform

第二部分

农村教育综合改革调查

一

关于深化农村教育综合改革，
大力发展职业教育的调查报告[*]

我国总人口和在校学生总数的 80% 左右在农村，每年约有 1100 万小学、初中、高中毕业的"三后生"回到农村。这一基本国情，决定了农村教育特别是农村职业教育，不仅是一个关系到农村改革、发展和稳定的重大问题，同时也是一个关系到中华民族整体素质和前途命运的重大问题。为了总结农村教育综合改革和发展职业教育的成功经验，着重探讨在发展基础教育和成人教育的同时，进一步发展农村职业教育必须采取的政策措施，我们按照中央政策研究室领导的要求，组织力量，于 1997 年 4 月至 8 月，先后到北京、山东、广东、四川、甘肃、辽宁、新疆等 15 个省、市、自治区进行了调查，并听取了中央有关部门的意见。从调查情况看，农村教改和职教发展的形势是比较好的，但也存在不少困难和问题，亟须采取新的有效措施，加大改革力度，加快发展步伐，迎头赶上农村经济和社会发展的需要。现将有关情况报告如下。

我国农村教育综合改革和职业教育发展的形势

回顾十多年来，在邓小平理论指导下，我国农村教育综合改革和职业教育，冲破长期形成的重重阻力，克服种种困难，不断发展，取得了可喜成绩，积累了宝贵经验，有了一个良好的开端。1985 年，中央作出《关于教育体制改革的决定》（以下简称《决定》）。1987 年，国家教委按照《决

* 本报告写于 1997 年 11 月，由中央政策研究室农村组牵头完成，中央政研室农村局原局长张从明同志主持了调研工作，并组织撰写了调研报告。教育部综改办配合中央政研室进行了调研工作，作者参与了调研及报告的撰写工作。

定》精神，提出了农村教育综合改革的设想，并开始试点。次年，又在总结经验的基础上，经国务院批准在全国实施了旨在推广普及农村实用技术的"燎原计划"。1993年党中央、国务院颁布《中国教育改革和发展纲要》后，1994年国家教委召开了全国农村教育综合改革工作会议，系统总结了农村教改和发展职教的经验。1995年《中华人民共和国教育法》、1996年《中华人民共和国职业教育法》颁布实施后，农村教育开始走上法制化轨道。

通过改革，农村办学指导思想发生了深刻变化，教育优先发展的战略地位逐步加强，教育结构单一的局面初步被打破。"三教统筹"，农科教结合，职业教育迅速发展，教育质量全面提高。据统计，到1996年底，全国拥有各类中等职业学校10781所，专业门类较为齐全；当年招生383万人，在校生达1010万人，分别占高中阶段招生总数和在校生总数的57.4%和56.8%。其中农村职业高中在校生为208万人，毕业生64万人，分别比1986年增长了65.4%和49.9%。"八五"以来，各地农村中小学纷纷增加了职业教育的内容，全国还有3亿多农民接受了各种形式的专业技术培训和文化教育。原先主要由国家办职教的局面发生了很大变化，出现了行业、部门、集体、联合、私人等多种社会力量办学的可喜景象，初步形成了县、乡、村职业教育和成人教育网络。到1996年底，全国县以下农村职业中学已有6503所、农民技术培训学校43万所，其中县办农民技术培训学校4893所，乡办农民技术培训学校4.2万所，村办农民技术培训学校38万多所。与此同时，各级各类学校的教学方式和教学内容也更加贴近农村经济社会发展的实际。培养了大批具有较高素质的新型农民，对农村经济社会的发展起了有力的推动作用。调查表明，凡是农村教育改革和职教搞得好的地方，不仅经济发展快，农民收入增长多，计划生育率提高，而且盲目外流人口减少，青少年犯罪率降低，封建迷信活动及赌博、偷盗等丑恶现象较少，社会正气上升，精神文明建设的成效也十分明显。

各地在实践中，摸索到了一系列经验：转变教育观念，端正办学方向，是进行农村教改、发展职教的前提；加强各级党委、政府的领导，是推动农村教改、发展职教的关键；实行"三教统筹"，大力发展农村职教，是农村教改的重点；实行农科教结合，是农村教育为当地建设服务的基本途径；广泛动员高校和科研院所参与，是提高农村教改和职教效益，促进高校和科研院所自身改革的有效方式；因地制宜，分类指导，是保证农村教改和职教健康发展的重要原则等。这些成绩和经验来之不易，尤为可贵，为继续深化农村教改和发展职业教育打下了良好基础，给人们以鼓舞和希望。

但是，对成绩不能估计过高，更不能盲目乐观，在看到好形势的同时，绝不能忽视问题与困难。要战胜几千年形成的全社会强大的旧教育观念和习惯势力，要达到我国"四化"建设的要求，农村教改和职教的成绩，仅仅是个开始，它面临的问题还很多，困难还很大，要走的路还很长。目前尚无全国统一的统计、评价资料，但据调查中一部分省、区领导同志估计，他们那里农村职教发展比较好的占 20% ~30%，一般的占 50% ~60%，还有 20% ~30% 基本没搞。全国情况也大体如此，发展很不平衡，东部沿海经济发达地区和大城市郊区发展较快，中西部多数地方发展缓慢，有些地方甚至还是空白。而且由于近两年就业困难、工作力度跟不上、普高升学率上升等原因，职校生源减少，职教出现滑坡现象。实际上，旧的教育观还在顽强地表现自己，旧的办学方式还没有根本转变，教育与经济社会发展脱节，片面追求升学率，千军万马挤独木桥的现象仍很严重。占同龄人95% 以上的升不上大学的回乡知识青年，大部分只学些一般的文化知识，没有受到必要的职业教育，不具备脱贫致富奔小康的本领，正像有的农民说的那样："种田不如老子，做饭不如嫂子。"农村急需的大量初中级技术人才和管理人才得不到培养，缺乏来源。"三后生"学的那点书本知识几年不用，也忘得差不多了。由于缺乏致富能力，又不安心农村劳动，于是他们中间许多人或者无所事事，或者盲目流动，有的甚至被黑社会、非法宗教、民族分裂分子等所利用，严重影响社会稳定和经济发展。

总的来看，我国农村教改和职业教育的发展，目前正处在一个关键时期：搞得好，可继续深入发展；搞不好，将停滞与滑坡。两种可能性都存在。前途究竟如何，关键在全社会特别是各级党委、政府如何对待。

深化农村教育综合改革，大力发展职业教育需要解决的几个问题

通过大量调查，深化农村教改，发展职业教育，当前存在的主要问题，一是全社会对农村教育改革的重要性和紧迫性缺乏足够的认识，"学而优则仕"、鄙薄职业教育的陈旧观念还相当流行，特别是有些领导同志还没有真

正把职业教育摆在突出的位置上，仍然以"升学率"为唯一标准，指挥和评价学校与教育部门的工作，决定校长、教师和教育部门领导干部的奖惩与升降；二是农村教育的领导体制和管理体制还没有完全理顺，部门分割、相互掣肘的现象比较普遍；三是对农村职教的投入严重不足。中央财政城乡职业中学专款每年仅 5000 万元，银行职教贷款规模 2000 万元，杯水车薪，其中用于农村职教的微乎其微。地方，特别是经济欠发达地区，财政困难，主要靠群众集资办学，加重了农民负担。许多职校办学条件特别是实验、实习等基础条件很差，只能在"黑板上种田，作业本里开机器"；四是师资特别是专业师资力量薄弱，不适应职教发展的要求；五是农村职教的科研工作亟待加强，评估、督导和决策支持体系尚不健全。

针对上述存在问题，按照十五大精神，建议在当前和今后一个时期，着重抓好以下几方面的工作。

一、以邓小平理论为指导，进一步提高认识，真正把深化农村教改，发展职业教育，摆在突出的战略位置

邓小平和中央领导同志一贯重视教育和科技工作。邓小平同志强调指出："建设现代化，科技是关键，教育是基础。我们要全面地正确地执行党的教育方针，端正方向，真正搞好教育改革，使教育事业有一个大的发展，大的提高。"江泽民同志在党的十五大报告中指出："培养同现代化要求相适应的数以亿计高素质的劳动者和数以千万计的专门人才，发挥我国巨大人力资源的优势，关系 21 世纪社会主义事业的全局。"江泽民同志还指出："有个大道理，农村的孩子要大部分留在农村工作，因此，现行的农村教育要改革。"并且一再强调："调整教育结构的关键环节，是要多办一些各类职业学校，培养大量的各种初级中级人才。这既有利于学生的分流，又能满足当前经济社会发展的多方面需要。"李鹏同志指示："要研究农村教育如何适应农村的特点，使学生学了有用。"李岚清同志也反复强调农村教改和职教的重要性，并多次深入基层，具体指导。我国在今后一个相当长的时期内，仍然是世界上以农村人口为主体的人口大国。广大农村人口特别是青少年的素质，决定着中华民族的素质与希望。深入进行农村教育综合改革，大力发展职业教育，是推进社会主义文化建设、提高广大农民素质的内在要求，是推进农业产业化、加快农村经济社会发展的内在要求，是

经济体制和经济增长方式实行根本性转变的内在要求，是高举邓小平理论伟大旗帜，把建设有中国特色社会主义宏伟事业全面推向 21 世纪，在激烈的国际竞争中把我国建设成世界强国的内在要求。我们调查所到之处，广大干部、群众和学生都热切地期望党和政府进一步加强对农村教育工作的领导，加大支持力度，把农村教改和职教的发展推向一个新阶段。这也是中国共产党人光荣伟大的时代使命。

各级党政领导，包括教育部门的领导同志，要认真学习、深刻认识农村教改的"大道理"，认真贯彻《中华人民共和国教育法》和《中华人民共和国职业教育法》，真正把思想观念扭转到全面贯彻党的教育方针上来，坚持"县以下的教育事业应当面向农村，为农村的各项建设事业服务"的正确方向，充分重视农村教改和职教工作。由于职教是农村教育的薄弱环节，应当花更大的力气把它抓好。同时，全社会要为农村职教事业发展创造有利的氛围：一是教育部门应将职业教育视为基础教育的有机组成部分，列为重要教学内容，安排教学计划；二是要树立正确的人才观，改变单纯把学历高低作为界定人才标准的做法，逐步做到以是否具有职业理想、道德、知识、技能和实际贡献来衡量是否成才，"不求人人升学，但求个个成才"；三是要树立正确的就业观，破除只有"跳农门"、端"铁饭碗"才算就业的旧观念，形成职业培训、资格认定、竞争上岗、勤劳致富、行行光荣的社会择业观；四是要树立正确的教育质量观，改变单纯以升学率高低来评价教育工作的错误做法，真正把学生的全面发展和对社会的贡献作为评价教育工作的主要标准，使"三后生"起码能够掌握一些基本知识和技能，成为具有较高素质的劳动者；五是改变目前助长竞相攀比升学率的高考报名、招生办法，减轻对当地党政领导和学校师生的精神压力。

在提高认识、转变观念的基础上，各级党委、政府特别是主要负责同志，要进一步加强对农村教改和职教工作的领导，坚持依法治教，真正把农村教育摆在优先发展的战略位置，纳入当地经济社会发展规划和年度计划，列入重要议事日程，加大工作力度，切实抓紧抓好。要注意从实际出发，分类指导，根据各地经济社会发展的水平和人才市场的需求，确定合理的发展目标。要建立相应的工作责任制，把农村教育对当地经济社会发展的贡献和科技兴县、兴乡、兴村的成绩列为考核县、乡主要负责同志的一项重要内容。

二、深化改革，完善农村教改的领导管理体制和办学体制

我国农村办学体制已有明确规定，但要进一步落实和完善。

（一）理顺领导体制，搞好农科教结合和"三教统筹"

各级农村教改领导小组，应由党委或政府主要负责同志任组长，加强领导，彻底扭转目前一些地方部门分割，无力协调，工作难以开展的局面。教育部门是农村教育的执法主体，要切实加强督导工作。在教育部门内部，要理顺"三教"之间的关系，在充分重视基础教育的同时，把农村职业教育和成人教育摆在应有的位置，使农村各类教育相互渗透，职前教育和职后教育相互衔接。

（二）确立职教统筹管理原则

农村各类职校，原则上实行谁办学、谁管理，但要加强地方统筹。统筹的重心，一般放在县一级。有条件的地方，应更多地考虑在地（市）或更大的范围内合理配置资源，优化布局与结构，突出专业特色，提高规模效益和整体效益。统筹的基本原则和内容应当是：1. 统一规划，合理布局，明确各学校的办学任务、专业结构和规模；2. 统一职教经费的筹措、使用和管理办法；3. 统一师资的调配、培训、考核、奖惩；4. 统一进行人才需求预测，安排招生、就业计划；5. 统一教学管理及毕业证书的核发；6. 统一组织资格考试、认定工作，颁发相应的资格证书。

（三）放活办学主体

公立和民办学校同时发展，是世界各国的普遍做法，并取得广泛成功。现阶段我们国家无力也没有必要包揽全部职业教育，要在大力发展国家办学的同时，积极开辟多种经济成分办职教的新路子。农业特别是种植专业为主的农村职校，目前仍应以国家办学为主，鼓励社会力量参与。对各种社会力量兴办农村职教，继续采取积极鼓励、大力支持、正确引导、加强管理的方针。有条件的地方，可借鉴经济领域的做法，通过产权多元化的方式，允许以土地、设备、资金等入股，试办校董事会管理下的各种民办和民办公助农村职校。对那些国家出资一小部分、社会各方出资一大部分

兴办起来的农村职校，应明晰产权，明确各方权、责、利。各种社会力量兴办农村职教，应按公益事业解决用地问题。政府应当在办学方向、教育质量等方面加强对各类职校的监督管理与指导，但要充分保障其依法办学的自主权。

（四）改进办学模式

农村职校要"上挂、横联、下辐射"，加强与高等院校、科研机构、有关部门及乡镇企业和广大农民的联系，大胆创造各种与社会主义市场经济发展要求相适应的职教模式。在改革实践中创造的普教与职教相结合的"渗透型"，普教与职教并存的"分流型"，普教与职教对接的"X＋1型"，职教与成教合一的"复合型"，三教一体的"多功能型"等模式，都具有一定的科学性和适用性，在农村教改和职教发展中发挥了良好作用，应当继续坚持并不断完善。

（五）深化配套制度改革

1. 坚持实行"先培训，后就业"的劳动就业制度，同时尽快建立统一的职业资格认定和技术等级考核制度。在保证质量的前提下，实行职校毕业生"两证"全国通用制度，以改变目前一些地方存在的相互排斥、重复培训、重复发证和乱收费的混乱状况。

2. 对回乡的职校毕业生，当地应在土地承包租赁、银行贷款、兴办企业、信息提供等方面给予优先权。

3. 农林等高等院校，可扩大在农村职校对口招生，拓宽职校毕业生深造的渠道。

4. 要加快高等职业教育的发展，为农村职教提供急需的专业师资力量。

5. 改革不利于农村职校毕业生的有关人事管理制度和城乡分割的户籍管理制度，建立健全养老、失业、医疗保险等项社会保障制度，为农村职教发展营造良好的社会环境。

三、广开渠道，加大对农村教育特别是职教的投入

（一）各级财政应加大对农村特别是欠发达地区农村职教的投入

教育事业投入多，周期长，作用大，影响深远。邓小平同志指出："我

们要千方百计在别的方面忍耐一些，甚至于牺牲一点速度，把教育问题解决好。"江泽民同志指出："百年树人，教育为本。对教育的任何忽视，都是一种短视和危险行为。"党的十五大再次强调把教育放在优先发展的战略地位。职教比基础教育投入大，花钱多。世界上许多国家特别是发达国家，都把职业教育作为公益性事业对待，除投入大量资金兴办各类职业教育机构外，对职校学生的学习和生活费用也给予许多补贴，有的甚至全部包下来。我国是发展中国家，财力有限，不可能一步做到发达国家那样，但对农村教育特别是农村职教投资过少的情况应当改变。国家要调整投资结构，"在别的方面忍耐一些"，增加教育投入。作为第一步，要尽快将国家财政教育经费支出占国民生产总值的比重，由当前的2.4%提高到《中国教育改革和发展纲要》要求的4%，并明确一定的比例用于发展农村职教。各级地方财政也应当积极增加农村职教经费。一些地方拨专款用于农村职教的做法，值得提倡。中央和地方的财政投入，应重点向经济欠发达地区倾斜。同时，根据各地不同情况，农村教育费附加中，也要拿出一定比例用于农村职校建设。要按照国务院决定，尽快组建国家教育银行，在其贷款规模中，划出一块专门用于扶持农村职教。

（二）广泛吸收内外投资

继续提倡和鼓励厂矿企业、事业单位、社会团体和公民个人根据自愿、量力原则捐资助学，集资办学；欢迎港澳台同胞、海外侨胞、外籍团体和友好人士对农村职教提供资助和捐赠，并继续争取世界银行对职教的贷款及其他国际组织资助。

（三）充分挖掘潜力，增强自我发展能力

提倡依托现有学校和培训场所，兴办职校或集"三教"于一身的综合性学校，以充分挖掘各种资源的潜力，节约投入。把农村职校纳入各地农村与城镇校舍改造规划，统一安排校改资金。许多部门和单位在各地兴建的所谓"培训中心"，除暑期短时间用于旅游度假外，常年不用，国家可考虑统筹利用，改办职校或其他培训机构。积极发展校办产业和勤工俭学，促进农村职校自我积累、滚动发展，国家在财政金融方面给予适当优惠。

（四）从高消费项目中征收税费，建立农村职教发展基金

如从小轿车购置、使用汽油、豪华住宅建设和购买、高档筵席等高消费项目中征收一定比例的税费，用几年时间积累一二百亿元作为农村职教发展基金。开设特别税目，解决特殊经费问题的做法，在国际上也不少见。

在增加投入的同时，要严格管理，提高效益。

四、因地制宜，不断改善农村职教办学条件

（一）师资问题

1. 要下决心在现有的一些高校内，增设职教师资系（科、专业），或开设培训班，承担培训农村职教师资的任务。

2. 以国家和主管部门投资为主，重点建设一些职业技术师范院校，作为师资培训、进修和科研基地。

3. 根据职教专业复杂、机动性强、批量小等特点，充分利用社会各方专业技术人员和能工巧匠，组成一支专兼结合的师资队伍，以县或地市为单位，对社会师资力量进行调查摸底、登记、考核、发证、聘用，并给予合理报酬。各地还可动员退休教师、科技人员，在自愿的原则下，帮助发展农村教育。

4. 利用多种途径，加强对农村职教师资的进修培训，不断提高现有教师队伍的思想素质和业务水平。

5. 根据职教特点，建立农村职教职称评聘制度，尽快解决有的专业因不好归口而无法评定职称的问题。

6. 在解决教师住房、工资福利、提职评优等问题时，对从事职业教育的教师要一视同仁，并对农村从事条件艰苦专业的教师予以优先照顾。

（二）教材问题

1. 国家教委要继续组织力量，重点编好公共课和通用专业课教材。

2. 各地可从实际需要出发，组织编写乡土教材。

3. 各类教材尤其是专业教材，要跟踪科技发展步伐，及时更新，保持先进性和适用性。

4. 要充分利用电视、广播、电脑网络等各种现代传媒，改进农村职教

教学手段。

5. 现有教学设备主要是为普教设计和生产的，政府有关部门要组织好农村职教必需的各种专用设备的生产与供应。

（三）基地问题

各地政府要帮助解决农村职校的教学实习基地的问题。

1. 以农学为主的职校，可通过行政划拨、承包、租赁、挂村联户、自我开发等办法，建设教学与实习基地。

2. 以二、三产业教学为主的职校，可借鉴德国"双元制"形式，解决实习问题。

3. 县、乡、村还可用"三教统筹"的办法，建立综合型的农村职教教学、实习基地。

五、加强管理，不断提高农村职教的办学质量

（一）引入市场竞争机制，争创名牌学校

除农学等需国家特别扶持的专业外，其他投入回报率较高的专业，可考虑适当放开收费标准，鼓励公平竞争和自我约束，自我发展。这样做可鼓励先进，抑制落后，优化资源配置，提高质量，加快发展步伐。在校内教师与管理人员中，也要充分体现公平竞争、优胜劣汰的原则，确保职校充满生机与活力，培养出与市场需求相适应的各类合格人才。

（二）进一步端正办学方向，改进教学方式

加强对学生的思想品德、职业理想、职业道德教育，搞好职业指导。坚持教育主要为当地建设服务，突出实践性教学环节，根据实际需要设置专业、课程，调整学制。可借鉴一些地方的经验，正规职校在教学中注意"宽、实、活"，即专业覆盖面宽，课程内容实际、实用，学制灵活；成人职业教育要注意"短、平、快"，即培训时间短，学习内容符合当地农村生产力水平、教育对象接受水平和运用时所需的经济承受水平，运用后能较快获得经济效益。在具体教学过程中，可采取"一体化"、"模块式"等多种形式，做到时空协调、方便灵活、学用结合。

(三) 建立健全督导机制，保证农村职教健康有序发展

尽快建立健全农村职教督导评估体系，加强对政府、教育部门和学校工作的督导。进一步加大科研工作力度。使农村职教逐步走上规范化、科学化的轨道。教育主管部门要加强对各类农村职校的教学管理，及时总结经验，解决存在问题，改进工作，不断提高农村职教的办学质量。

山东烟台市农村教育综合改革调查报告[*]

1996 年 4 月 14～19 日，城市农村教育综合改革办公室、基础教育司、中国教育报社组成联合调研组，对烟台市的农村教育综合改革及"五四"学制改革情况进行了为期一周的调研。先后考察了蓬莱、龙口、莱州、招远、栖霞、牟平 6 个县市区的 20 多所不同类型的学校，听取了各县市有关农村教育改革工作的介绍，召开了农业局、科委、计委等部门参加的座谈会。

总的印象是：①烟台市各级政府对农村教育的综合改革工作比较重视，工作有成效。特别是 6 个县市区中的莱州作为国家教育综合改革实验县，从农科教部门的协调力度、"三教统筹"的力度及实际工作的成效等方面，都显示出了教改实验县的成果，出现了小草沟等一些有说服力的科技致富的典型。②烟台的"五四"学制改革实验表明，"五四"学制较"五三"和"六三"学制在教育资源的利用和教育教学质量的提高上有明显优越性。③烟台市农村教育综合改革工作各地进展不平衡，"五四"学制改革的成功经验有待进一步总结和推广，有些问题需要进一步研究。

一、开展农村教育综合改革的主要成效及经验

烟台是我国首批 14 个沿海开放城市之一，现辖 4 区、3 县和 5 个县级市，面积 1.35 万平方公里，总人口 631 万，其中农村人口 531 万。1984 年被确定为国家和省级教育改革实验区，1990 年 10 月烟台市被确定为教育综合改革实验城市。近十年来烟台市重视实施农村教育的综合改革，采取了

　＊ 本文写于 1996 年 5 月。此次调研工作由作者主持，雷克啸、张玉兰、许丰、赵雅琴等同志参与。

一系列措施，取得了明显成效。

（一）改革和发展基础教育，发挥基础教育在农村教育综合改革中的基础性作用

1. 认真组织实施九年义务教育，为普及高中一级教育奠定基础。烟台市有比较好的教育基础，1983 年就普及了小学五年教育，成为全国第一个普及小学五年教育的地区。学前一年教育的普及率当时达到了 80%。烟台列为国家教改实验区后，为贯彻落实《中共中央关于教育体制改革的决定》，经过多年的努力，到 1995 年，烟台市 13 个县市区的"两基"工作已全部通过了省级验收，我们考察的 6 个县市区中，招远和蓬莱名列国家首批公布的"普九"验收的县市区，莱州和牟平区列入第二批公布的名单。全市适龄幼儿的入园率为 88%，适龄儿童入学率 99.7%，巩固率 99.2%；初中入学率 99%，巩固率 97.8%；高中阶段入学率为 70%，城区已经普及了高中段教育。全市学前教育 3 岁以上幼儿入园率，城市和农村分别为 90% 和 85%。

2. 重视全面进行教育教学改革，不断提高教育教学工作的质量。在普及了九年义务教育的基础上，近年来进行了学校规范化建设，加强了教育教学的管理，提出了向素质教育转轨的思想，进行了一系列的改革探索。如蓬莱的农村小学在加强各科教学改革的同时，还实行了音体美巡回教学制度，有效地解决了农村音体美教学长期不到位的问题。具体做法是：采取以完小所辖学区为单位，将教师编制的每班配备 1.4 人压缩为 1 人，将村小剩余编制集中在完小设音体美专职教师，由完小统一编排全学区村小的课程表，教师进行巡回教学，教学成绩由所教班级综合评定。这一措施的实施，使得蓬莱小学音体美开课率由 10% 提高到了 98%，促进了农村小学素质教育的全面实施，这项改革目前已在烟台市全面推广。龙口市实验小学进行了"大量阅读，双轨运行"的小学语文教学的改革实验，很有成效和特色。"大量阅读"就是在国家课程计划规定的教学时间内最大限度地扩大学生的阅读总量，"双轨运行"就是将国家课程计划规定的语文教学时间分为课堂教学和自由阅读"双轨"。在龙口实验小学我们看到有小学低年级和高年级分设的阅读室，配备适合各年龄段学生阅读的图书，学生一面阅读一面做读书笔记或写读书心得，大量的阅读激发了学生的兴趣，发展了学生的个性，弥补了课堂教学的不足。招远市对中考招生制度进行了改革，通过对乡镇各学校全面评估，将高中招生名额分配到乡镇，变以升学率为评价标准为以办学水平为评价标准，有效地抵制了片面追求升学率的倾向。在有些县市区的中小学，比较注重计算机和外语的教学，有的乡镇中学和成人教育中心配备了语音室和微机室，这对培养跨世纪人才打下了较好的基础。

3. 围绕着教育如何为当地经济建设和社会进步服务，开展基础教育学制的改革。烟台市从 1984 年起进行了"五四"学制的改革试点工作，1995年已全部改制完毕。在改制的基础上加强了职业教育的内容。具体表现为以下几个方面：①将中小学的劳技课作为基础教育的薄弱环节之一予以重视，注重教材和教师队伍建设；②进行了初中课程结构的改革和初中分流的改革实验，摸索出了在初中实行必修课、选修课、活动课"三板块"课程结构，并在理科教学中渗透"科学、技术、社会"的因素。进行了初四和高三分流的改革，采取在学校分班教学或依托职业中专、成人教育中心进行分流，使部分不能升学的学生接受一定的职业技术训练；③在有的乡镇初中附设了职业高中班，学制 2～3 年，利用乡镇初中现有的教师、图书、校舍等条件，充分发挥乡镇初中作用，使基础教育与当地的经济建设结合起来。

（二）围绕为当地经济建设服务，不断完善教育结构，大力发展职业和成人教育

早在 1984 年，烟台市委、市政府就作出了《关于发展农村职业教育的决定》。1989 年，烟台市教育局又下发了《大力发展职业技术教育，为当地经济建设服务》的意见。近年来，烟台市的职业教育发展较快。目前，全市有各类中等职业技术学校（含职业学校、技工学校、普通中专）108 所，每万人中拥有职业中专（高中）在校生 75 人，居山东省第一位，平均每个县市区有近 4 所职业中专（高中）。

1. 坚持"一主两翼"办学格局，面向农村经济主战场培养人才。"一主"是指由县市区办职业中专（高中），共有 46 所，已全部达到省定标准，在校生 4.4 万人，已有 10 个县市区建立了地方职业教育中专。"两翼"一是指城区的行业、企业单位和社会力量办职业学校。目前烟台市有 30 多个企业办的职业学校和 384 处民办学校（班）；二是指乡镇和发达的村办企业办职业学校。目前全市各县市区都有 3～5 个乡镇或村举办了职业学校，在校生达 8000 多人。乡镇、村办职业教育有 4 种模式：一种是由乡镇办职业中专，这类职业中专既有学历教育的长班，也有适时举办面向当地经济的短期培训班；一种是乡镇成人教育中心学校办职业班，这类职业班有的是上挂县市区职业中专，有的是初四年级分流的职业教育班依托到成人教育中心学校；一种是乡镇初中设职业高中部，即综合初中；一种是由发达的村办企业办学，以龙口市南山村办集团为代表。南山集团的前身是一个只有 200 多户人家的小村庄，而今是一个有固定资产 8 个亿、流动资金 2.16 个亿，集产、供、销、科、工、贸于一体的企业集团。集团在发展经济的同时，成立了教育中心，办起了幼儿园、小学、初中、职业中专，现在正在兴建烟台职业培训学院。

2. 坚持"教育教学、技术服务、生产经营"三结合的教学体制。为使职业教育紧密配合市场经济和烟台外向型经济的发展，烟台的职业学校基本形成了"教育教学、技术服务、生产经营"三结合的教学体制，专业设置面向当地，各有特色。如栖霞职业中专面向企业和农村灵活招生、灵活设置专业，与实施"燎原计划"紧密结合，实行"联乡、联村、联户"的技术服务制度，建立了技术服务网点，突出了为当地经济建设服务。大多数职业学校招生直接面向用人单位，据介绍，1994 年全市职业学校招生 1.8 万人，其中 70% 是委培和自费，市、区职业学校完全实现了委托培养。烟台市根据水产业在农村经济中有举足轻重的地位的现状，还适时设立了 4 所水产职业学校，已培养毕业生 5000 多人。

3. 实施重点带动战略。为使职业技术教育上水平，烟台市政府决定实施重点带动战略。他们计划到 20 世纪末，各类中等职业学校在校生将占高中阶段在校生的 70%，并基本形成初等、中等、高等学校的行业配套、结构合理、形式多样，与社会经济水平相适应、与各类教育相沟通的职业教育框架。

4. 广泛开展成人教育，抓好四支队伍建设。以市成人中专为龙头，形成了县（市、区）、乡镇、村四个层次成人教育网络，烟台市 199 个乡镇已经全部办起了乡镇成人教育中心学校，村农民文化技术学校办学面达到了100%。利用成人教育中心和职业学校，广泛开展成人教育，提出了重点抓四支队伍的建设：①企业家队伍，使其提高现代化管理和参与国际竞争的能力，并争取达到大专以上水平；②科技队伍，使其掌握高新技术，提高研究开发新产品、新技术的能力；③企业职工队伍，提高其文化技术水平和操作技能，以适应生产需要；④农民队伍，开展以实用技术为主的农民系列化教育，使其掌握农业新技术，适应市场经济发展。为适应对外开放形势，他们还依托重点职业学校成立了全市性的计算机、旅游、城乡建设等专业的人才培训中心，专门培养工农业和第三产业急需的紧缺人才。

（三）大力实施"燎原计划"，依托乡镇成人教育中心学校、职业学校，大力开展人才培训和实用技术推广

1. 加强领导，明确目标。1991年，烟台市委、市政府提出了"科教兴烟"的战略，他们把实施"燎原计划"，进行农村教育综合改革作为"科教兴烟"的重要措施来抓。并连续三年召开了3次现场会，使"燎原计划"和农村教育综合改革在全市全面展开，广大教育工作者明确了农村教育综合改革的目标和任务，进一步端正了农村办学的指导思想。1992年，市里成立了由教育、科技两个部门组成的协调领导小组，印发了《关于实施"燎原计划"，推动科教兴农的意见》，各县市区也成立相应机构，并采取抓点带面、分类指导的原则，确立了莱州、招远、栖霞3个"燎原计划"实验县、62个示范乡镇和14所示范学校。同时确立了25个欠发达乡镇为农业综合开发的重点乡镇，予以扶持。具体措施是对这类乡镇大力开展实用技术培训，在职、成学校的招生中实行倾斜，增加招生数量、定向培养，并在师资和经费上给予支持等。几年来为这类乡镇分配了大中专毕业生932人。

在莱州我们了解到，"燎原计划"与农村教育改革领导小组由市长任组长，农林、科技、教育、计划、劳动等15个部门组成。各乡镇以党委、政府主要负责人为核心成立相应机构，示范村以党支部书记为组长建立领导小组。与此同时在教委设立农科教办公室负责日常工作。市领导小组每年召开两次例会、一次总结大会，紧紧抓住六个统筹不放，即做到了统筹安排社会各项事业、统筹预测人才需求、统筹人才培训、统筹安排办学经费、统筹使用师资和高中级专业技术人才，各行业技术人员承担学校兼职教师的，单位不得阻拦。

2. 重视实用技术推广。烟台市十分重视依托乡镇职业学校、乡镇成人教育中心及农民文化技术学校举办各种形式的短期培训班，对农民进行实用技术的培训，全市每年面向社会举办各种短期实用技术培训班 18000 期，培训农村科技骨干 80 多万人。同时开展了实用技术的推广服务活动，几年来共推广实用技术达 200 多项，取得经济效益 7.9 亿元，为农民直接增加经济收入 8000 多万元。莱州在农科教结合上，以开发先进科技项目为突破口，由农科教等部门对发展农村经济的科技开发项目立项研究，协作攻关，几年来他们先后确立了三大攻关、十大开发项目，取得了明显成效。如 11.6 万亩吨粮田开发亩产达到了 1011.3 公斤。玉米良种开发，仅 1992 年就为全国提供玉米良种 5000 万公斤，推广玉米种植面积 9600 万亩，增产粮食 1.5 亿公斤。7 年累计推广 3.2 亿亩，增产粮食 180 亿公斤。"燎原计划"的实施和实行农科教结合，还带动了莱州民营科技的发展，出现了一大批民营科技的企业家和科技工作者，莱州市现有民用科技人员 1.7 万多人。

3. 促进了农村两个文明建设。"燎原计划"的实施在农村两个文明建设中发挥了重大作用。莱州市平里店镇小草沟，自然条件非常一般，1987 年人均收入仅有 100 元。实施"燎原计划"以来，他们以林果和吨粮田开发为主，利用农民文化技术学校进行培训，使家家都有了技术人才，如今那里的果树科学育苗和红富士苹果培育已引起关注，农民尝到了科技致富的甜头，1995 年农民人均纯收入达到了 4000 元（4000 元为分配数，实际收入人均上万元），全村公共积累已达 1800 万元。小草沟人意识到了科技是致富的根本，1991 年他们投资 150 万元，在原来的农民文化技术学校的基础上，建成了一座集教学、科研于一体的大楼，在科技推广初见成效的基础上，向农、果业的深层研究发展。招远市玲珑镇成人教育中心，内设成人教育中专班，8 名专职教师，对全镇 40 岁以下的青壮年和回乡的知识青年，分期分批进行实用技术培训，针对当地林果业发达的实际，实行专业教师联系村，成立了农科教讲师团，划定技术服务范围，定期提供技术服务，充分发挥了"燎原计划"主战场的作用，在农村经济发展中起到了应有的作用。牟平区在农民文化技术学校的基础上，创办了家政学校，围绕家庭致富、家庭文化、家庭道德、家庭法制四项内容，以提高致富本领为主对农民实施全面教育，每年 5 月开展的"家庭文化节"分别以"科技进万家"和"唱起来，跳起来"等不同内容为主题，促进了农村精神文明的建设。

二、关于"五四"学制的改革情况

烟台市从 1984 年开始进行了"五四"学制的改革实验，到 1995 年 9 月，历时 11 年，13 个县市区全部改为"五四"学制。

烟台市学制改革的主要背景：一是在学前教育普及率高和基本普及小学教育的基础上进行的；二是以"五三"学制（只有招远为"六三"制）为前提的；三是烟台经济的增长为改制提供了必要的条件保障。

烟台市的"五四"改制是在专家论证的基础上有步骤进行的。改革之初，确定了依据教育发展需求确定改革的内容和进度，依靠实验研究解答改革中的难题，实验先导，改革开路，边改边研，边破边立，分项突破，逐渐配套的策略。制定了长远规划，分步推进的方针。改革共分三步：第一步从 1984 年 9 月至 1987 年 4 月为抓点实验、论证决策阶段。通过实验得出了四年制初中毕业生比三年制毕业生，知识结构更加完整，继续学习能力和就业适应能力更强，社会责任心、身体素质和道德也都比较好的结论；第二步从 1987 年 4 月至 1990 年 7 月为以点带面、规模实验阶段；第三步从 1990 年 7 月至 1995 年 9 月为全面推广阶段。

学制改革是一项复杂的系统工程，烟台市在改革的过程中进行了长期的理论探索，内容包括办学标准、师资配备、课程设置、办学模式、教育教学管理等方面，从而为改革提供了理论指导，使改制工作能够按照预定目标逐步实施，有条不紊。同时为了保证改革的顺利进行，还进行了配套建设与改革，主要包括：①调整初中布局和建设正规化初中，先后投资 7 个亿进行了持久地大规模地改善办学条件。加强幼儿园建设，到 1995 年，3 岁以上的幼儿入园率，城市和农村分别达到了 90％和 85％。②加强师资队伍建设。从 1984 年至 1995 年先后投资 1 亿元加强了市教育学院和 4 所中等师范的建设，各县市区加强教师进修学校建设，建立乡镇师资培训站。并根据改制需要，从 1987 年始与省内外部分高等重点师范院校进行合作，委托培养初中教师 5000 人，使初中教师的学历达标率由 1984 年的 6.8％迅速上升到了 57.8％，没有达标的也已通过电、函授等途径进入达标进修。进行学校内部管理体制改革，对教师进行师德和业务过关培训。③改革课程结构，完善教材体系。在国家没有统一的"五四"制课程、教材、教学计划的情况下，补充了原有三年制初中课程计划和教材，参与了北师大"五四"制课程教材的编制研究。目前的教材是以北师大编制的"五四"制教材为主，针对其薄弱环节，辅之以人教社的教材。加强了劳动技术、艺术教育、实验教学、图书阅览等薄弱环节的工作。④引进职业教育因素，实施分流教育。烟台市将"四年制初中课程结构改革与分流教育"作为一项研究课题，并进行了实验，探索出了依托社区，依托乡镇企业，依托劳动技术教育，依托校办工厂、农场和依托职业学校、乡镇成人学校进行初四分流的办学模式，即学生升入初四后便分为准备升学的普通班和不能升学的专业班。专业班有两种模式，一种是在原学校，一种是挂到职业中专（高中）或乡镇成人教育中心学习，这部分学生除学习初四文化课外，主要学习职业技术教育内容，初中毕业时参加主要学科的文化课考试，领取义务教育证书，然后可以就业或升入职业学校学习。目前烟台市三分之一的初中不同程度地实施了分流教育。⑤加强管理。"办规范加特色学校，育合格加特长学生"成为学校管理的基本指导思想，作为配套改革的一个方面，对中考招生制度进行了改革。

经过十多年的实践，烟台市改制的结论是："五四"学制在教育资源的利用和教育教学质量上明显优于"六三"制，也优于"五三"制，它有利于解决现代青少年智能成熟落后于体能发育、心理成熟落后于智能成熟的状况，缓解了教学任务重、教师素质差的矛盾；有利于分散学习负荷和学习难点，防止恶性分化，提高教育质量；有利于渗透职教因素，使学生掌握一技之长；有利于基础教育由应试教育向素质教育的转变。在改制的实践中烟台市的经验表明：改制的难点在经费和师资两方面，条件不具备的地方宁肯等一等，等条件具备再改，不宜搞一刀切。

三、问题及建议

（一）关于充分利用教育资源的问题

在调研的过程中，烟台市和所属几个县市都提到随着经济发展对高层次人才需求的不断增长，要求自办高等教育，希望国家教委能够放宽对地方高校的审批权限。这一要求反映了经济较为发达地区对人才需求层次在提高，也反映了基础教育普及以后群众对接受更高层次教育的现实要求。解决这一问题可以是通过增办新的大学，但我们认为首先应当立足于充分利用现有的高等教育资源，做好挖潜工作。烟台现有高校 7 所，1994 年普通高中升入高校比例为 64.5%，怎样利用现有高校的力量，挖掘潜力，为经济建设培养人才，是值得研究的问题。

（二）关于农科教统筹的问题

烟台市作为国家教委教育改革实验区，涌现了一些好典型，但同时农村教改工作的进展仍不平衡。烟台市目前应尽早成立由农业、科技、教育部门参加的农科教统筹领导小组，以推动农科教工作的深入发展。

（三）关于职校为农服务的问题

莱州和烟台农校的经验表明，乡镇职校和农校只要坚持为农服务的办学路子就会办出好的效益。莱州西由镇的一大批民营企业家和民营科技工作者，大都是西由农校（现西由职业中专的前身）近几十年来的毕业生，产生了像李登海等一批有突出贡献的农民科学家。此外，烟台农校也以面向农业，推广"两优一高"农业，开发引进农业新品种为办学宗旨，办学充满了生机与活力。莱州职业中专和烟台农校坚持大胆改革探索，立足当地农业经济，产生了良好的经济和社会效益。鉴于此，乡镇办的职业学校如何面向农业发挥作用的问题值得深入研究，莱州西由镇职业学校的经验首先应在烟台市各县市区进行推广。

（四）关于教育思想转变的问题

一些地方在实行"五四"学制以后，还存在教育思想如何进一步转变，专业教师如何培养，职业因素的渗透如何真正落实，教材、课程计划如何进一步完善，如何切实改变劳动技术教育课"有表无课"的状况等需要进一步解决和落实的问题。

（五）关于教育现代化问题

烟台的一些县市提出了实现教育的现代化，但从有关材料和汇报的情况看，对教育的现代化内涵不十分明确，目前全国其他一些地方也提出了教育的现代化问题，但对教育现代化的理解不能只停留在办学条件上，对教育现代化应完整地、全面地加以理解。

（六）关于"242"工程问题

为使职业技术教育上档次、上规模、上水平，烟台市委、市政府提出用 3 ~ 5 年时间每个县市区建设一所占地 200 亩、建筑面积 4 万平方米、在校生 2000 人的县级高级职业学校。据了解，烟台提出"242"工程有与其他地方攀比的心理。我们认为烟台市不宜在每个县市区都搞统一的"242"模式，建议各个县市区应从实际出发，在科学论证的基础上，建设适度规模，适应当地需要的职业学校。

甘肃省张掖地区农村教育综合改革调查*

张掖地区位于河西走廊中部，全区辖5县1市，总人口为123万人。1996年全区国内生产总值达到50亿元，人均4052元，工农业总产值为45.63亿元，农民人均纯收入达到2156元，是甘肃省经济条件比较好的一个地区，素有"金张掖"的美称。张掖地区的农村教育综合改革工作近年来也取得了显著成绩。1997年7月，作者陪同中央政策研究室农村组领导参观考察了张掖地区的农村教育综合改革情况。

张掖地区目前有普通中小学915所，在校学生19.77万人；中等职业学校16所，其中有6所综合性的县级职教中心。1996年全区各类中等职业学校招收学生3606人，在校生达到8955人，分别占高中阶段招生和在校生总数的52%和52.4%，成人教育在巩固扫盲成果的同时，着重抓了乡村农科教培训中心的建设。

张掖地区农村教育综合改革工作的成效主要体现在以下三个大的方面。

一、加强领导，确保投入，教育发展的战略地位得到进一步落实

1994年张掖被确定为全国农村教育综合改革联系点以后，地委、行署领导非常重视，立即成立了以地委、行署主管领导为组长，宣传、教育、农业、科技、人事、财政、劳动、计划、妇联、共青团等部门主要领导为成员的农村教育综合改革领导小组，并制定下发了《全国农村教育综合改革张掖实验区实施意见》。各县市、乡（区）也成立了相应的机构，全面负

---

* 本文写于1997年7月。

责本地的农村教育综合改革工作。张掖地区还普遍建立了党政一把手抓教育的制度和教育工作目标管理责任制，实行了各级领导联系学校的制度和各级领导定期研究教育工作的制度。县、乡党委和政府都把教育事业发展纳入了当地经济和社会事业发展的总体规划之中。1994 年 12 月，张掖地委、行署召开了地、县、乡三级党政一把手和地直各主要部门负责同志 200多人参加的全区教育工作会议，由行署和各县市签订了三年教育目标责任书，明确各县市办好教育的职责、任务及奖罚措施。各县市也与乡镇签订了教育目标责任书。通过层层签订责任书，把农村教育综合改革作为干部任期目标和政绩考核的重要内容确定下来。

张掖地区深化农村教育综合改革的总体思路是：坚持两个统筹（普、职、成教统筹，农、科、教统筹），在继续抓好"两基"工作，确保 1997年全区实现"两基"的基础上，把工作重点放到大力发展职业技术教育上。经过两三年的努力，实现县（市）有职业技术教育中心，乡（区）、村有农科教中心（乡、村农民文化技术学校），形成两个体系（文化教育体系和技术培训体系）完善，教育功能（普、职、成三教）齐全，规模适度，结构合理的教育网络，提高教育的整体效益，使之更主动更有效地为农村小康建设服务。因此，他们按照"点上深化，面上扩展"的要求，在全区实施了"1113"工程，即抓好 1 县（临泽农村教育综合改革示范县）、1 区（民乐县"燎原计划"六坝实验区）、10 乡（张掖市上秦乡等 10 个农村教育综合改革示范乡）、3 校（张掖市、山丹县和高台县职教中心）15 个示范点的工作。为了保障农村教育综合改革的顺利进行，张掖地区千方百计拓宽教育经费筹措的渠道，努力增加对教育的投入，基本做到了"三个增长"。地委、行署规定，从 1994 年起，地县财政每年要安排一定数量的资金用于职教中心建设；农村教育费附加按上年农民人均纯收入的 2% 足额征收，近两年，全区的征收率均在 94% 以上。1996 年全区多渠道筹措教育经费 3453 万元，其中职工教育集资 609 万元，社会个人捐资 1912 万元，勤工俭学收入421 万元。

二、坚持"三教统筹"，教育的整体水平不断提高

（一）突出"重中之重"，稳步推进"两基"工作

近年来张掖地区始终把"两基"作为农村教育综合改革的重点，坚持

一手抓普及，一手抓提高，使全区整个基础教育的水平有了明显提高。一是重点抓了教育结构和学校布局的调整。按照每10万人左右办一所高中的要求，各县市对完全中学都进行了调整，使完全中学由1993年的22所精减为12所，校均学生由900人增加到1200多人。每乡集中力量办好"三校一园"（即1所初中、1所中心小学、1所农民文化技术学校、1所幼儿园），农村八年制学校由1993年的38所减少到25所。二是为确保适龄儿童按时入学，全区实行了适龄儿童入学通知书制度和流失生报告制度，实行"四率"承包制度（乡村包入学率和普及率，校长、班主任包巩固率，任课教师包合格率）。到1996年底，全区6个县市中，有5个已实现"两基"目标，其人口占全区总人口的97.5%，今年肃南裕固族自治县也将实现"两基"，到时，全区全部实现"两基"，比1986年制定的《张掖地区实施九年制义务教育规划》确定的目标提前了3年。目前，全区初中的入学率已经达到94%，15周岁人口中的文盲率为0.76%，17周岁人口中初中教育完成率为90.01%。4～6周岁学龄前儿童入园（班）率达到41.2%。三是狠抓学校内部管理。从1992年开始，全区各级各类学校都逐步推行了"校长选任负责制、教师定编聘任制、教育岗位责任制、考核奖惩制"为主要内容的管理体制改革，使学校管理工作上了一个新台阶。

（二）切实加强职业教育发展

近年来张掖地委、行署把大力发展职业技术教育作为深化农村教育综合改革的突破口来抓，地委主要领导要求各级党政领导把县级职教中心的建设作为全区小康工程的一项重要内容，抓好落实。在地委、行署的带动下，各县市党政一把手亲自抓职教，把职教中心建设工程列为"县市长工程"，当做"特事"来"特办"。从1995年开始，全区各县市通过广泛深入的宣传发动，多方筹措资金，在全区形成了大办职业教育的热潮。张掖市、临泽县和山丹县分别投资2000多万元、1050万元和350多万元建起了职教中心。1995年1月下旬至4月初，高台县13万干部群众连续奋战，每人平均完成1立方土，建起了县职教中心，在当地传为佳话。到1996年底，全区6个县市共筹资3448万元，全部建起了职教中心并投入使用。职教中心都成立了管理委员会，主任由县长或县委书记兼任，并按照"长短结合，以短为主；产教结合，以产养教；因需施教，吸引生源；发挥优势，培养骨干"的原则办学，对专业进行调整和改造，提高了办学效益。

（三）加强乡村农科教培训中心建设

张掖各县市狠抓乡村农科教培训中心（成人文化技术学校）的建设。目前，已基本形成了以县级职教中心为龙头，以乡农科教培训中心为骨干，服务于各行各业的多层次、多形式、多规格的办学网络，在培训各级各类专业技术人才和推广实用技术方面发挥了重要作用。他们采取的主要措施，一是充分利用农校、农广校、农职中、农函大等教育阵地，培训乡村干部和农技人才；二是以乡村农科教培训中心为依托，对现有劳力和后备劳力进行实用技术培训；三是围绕项目开发搞培训。全区每年开办专业技术短期培训班 500 多期，培训技术骨干 20000 多人。通过培训，使广大农民掌握了实用技术，促进了杂交水稻、棉花、大棚蔬菜、规模养殖等一批支柱产业的发展。1996 年，全区乡级农科教培训中心举办成人技术培训班 2543期，培训人员 12.6 万人次，分别比上年增加 82% 和 85%。农村初中开设"3＋1"职业班 233 个，参加学习的有 7289 人，占初中毕业生总数的 85.2%。

三、农村教育改革推动了农村经济建设

张掖地区通过深化农村教育综合改革，开展多渠道培训，提高了农民的科技素质，增强了农村吸收和应用科学技术的能力，加快了农业科技的转化进程，有力地推动和促进了农村经济的快速发展，促进了农村小康建设。全区农业科技成果的应用率和普及率已分别达到 84.2% 和 85%，科技进步在农业生产中的贡献率达到 48% 以上，基本做到了发展一个项目、培养一批人才、致富一方群众，促进了全区经济的"两个根本性转变"。据统计，10 个农村教育综合改革示范乡和民乐县六坝"燎原计划"示范区的 3个乡，1996 年农民人均纯收入最低的达到 2310 元，最高的达到 2646 元，都超过了小康乡的标准。

张掖地区作为全国农村教育综合改革联系点之一，教育改革和发展能够取得突出的成效，是地委、行署的领导重视、改革思路明确、全区从上到下积极参与的结果。

四

四川省乐山市农村教育综合
改革实验的特色与启示*

乐山市的农村教育综合改革实验工作及其理论研究起步早、范围广、时间长，并已达到较高的水平，在我国中西部地区具有较强的代表性，其经验值得重视。

一、乐山市农村教育综合改革的主要特色

（一）起步早，时间长

乐山市的农村教育改革起步较早。早在 1983 年乐山市就开始了农村教育管理体制改革，并曾上书当时的教育部呼吁进行管理体制改革。1984 年起，又创造性地实施了"县为主体，乡为基础，分级办学，分级管理"的体制，明确了中央和地方办学的责任，调动了县、乡、村各级办学的积极性，为农村教育发展注入了生机和活力。这一改革举措在全国引起重大的反响，为《中共中央关于教育体制改革的决定》中有关政策的出台、实施起到了积极的促进和示范作用。迄今为止，乐山市的农村教育改革已持续了 15 年之久。

（二）覆盖面广，社会参与广泛

乐山市在农村教育综合改革过程中，把所属的 17 个县级单位全部纳入

＊ 本文写于1997年7月。应全国教育科学规划领导小组办公室的邀请，1997 年 5 月 30 日至 6 月 1 日参加了由四川省教委主任王可植、乐山市教委主任赵家骧负责完成的《农村教育综合改革实验研究》鉴定会暨现场会。会议期间，听取了乐山市关于农村教育改革实验成果的报告，实地考察了二县一市的 8 所学校和两个农村教改基地。

改革实验区范围，注意点、面结合。而且参与改革实验和理论研究的人员十分广泛，从省到市、县、乡、镇的各级党政领导干部和教育工作者都不同程度地参与了农村教育综合改革实验和研究。据不完全统计，近年来参与改革实验的人员已撰写的实验总结及研究论文有3000多篇，形成100多本论文集和专著。这种参与的广泛程度，恐怕在全国也不多见。

（三）改革指导思想明确，特点鲜明

乐山市农村教育综合改革始终坚持"农村教育主要为当地经济建设和社会发展服务"的指导思想，20世纪80年代初就提出了"为农村服务，为农业服务，为农民服务"的"三农"观点以及"实际、实用、实效"的"三实"原则，并长期坚持。乐山市农村教育综合改革实验的鲜明特点在于他们始终在"综合"二字上下工夫。在教育内部，他们长期坚持"一个统筹"，即统筹基础教育、职业教育、成人教育，充分发挥教育的整体功能；在与教育外部的关系上，乐山市长期倡导"两个参与"，即主动参与农科教结合，主动参与农村精神文明建设，直接服务当地。

（四）改革的效果显著，具有较强的理论和实践价值

乐山市的农村教育改革实验和理论研究长达15年之久，成效显著：1. 乐山市的农村教育改革实验和理论研究为当地教育的整体改革与决策提供了扎实可靠的科学依据，促进了乐山市各级各类教育事业的健康协调发展；2. 乐山市在农村教育综合改革过程中提出了一系列有创造性的思想，如关于"兴教促富"的思想，关于农村教育必须构建"三环体系"的思想，建立农村成人教育"短平快"模式、建立农村职业教育"宽实活"模式的思想以及农村素质教育要以"三会"为主，即"使学生学会学习、学会做事、学会做人"等，这些都丰富了我国农村教育改革的理论与实践；3. 乐山市的农村教育综合改革为四川省乃至全国提供了鲜活的典型经验。此次会议汇报和参观的40多个典型，非常生动，说服力强，充分显示了农村教育综合改革在农村经济发展和社会主义精神文明建设中的重大作用；4. 乐山市作为一个地级市，他们立足一个区域，以全国的农业和农村现代化建设为宏观背景，积极探索了农村教育综合改革中的一系列重大理论和实践问题，精神十分可佳，树立了教育改革实验与教育科学理论相结合的成功

典范。

此次参加会议的代表一致认为，乐山市的农村教育综合改革实验和研究在全国同类地区和实验中居领先水平，为我国农村教育改革作出了积极的贡献。

二、几点启示

（一）要加强对省级实验区的关注并总结其经验

乐山市是四川省教委确定的农村教育改革实验区，虽然不是国家教委的实验点，但乐山市党政领导和广大教育工作者对农村教育综合改革抱以极大的热情，十几年如一日，进行全面而又扎实的改革实验，花费了大量的心血，取得了十分可喜的成绩。这就启示我们，在今后的工作中，不仅要注意推动国家教委的联系点和实验县的工作，还需要注意发现和推广像乐山市这样的非实验地区、县的好典型和好经验，真正做到"点上深化，面上推广"。

（二）要进一步加强分类指导

全国各地差异很大，东、中、西各部发展很不平衡。乐山市立足从实验出发，建立适合当地经济、社会发展的农村教育体系，并取得了成功。这也启示我们，在今后的农村教育综合改革工作中仍需要进一步加强分类指导。

（三）要加强经验的分类总结和研究，加大经验推广力度

乐山市在农村教育综合改革过程中走出了一条"小面积实验→学术研究和经验交流→较大面积实验→总结交流→大面积推广"的改革之路。从全国的农村教改工作来看，国家教委过去也是按照上述思路部署工作的，但在具体组织环节上还不够严密，特别是经验的分类总结和研究还不够，一些好经验的推广力度还有待于进一步加强。

山东省淄博等地农村教育综合改革调查[*]

1998 年 3 月 8 日至 14 日，教育部调研组对淄博市（全国农村教育综合改革联系点）、青州市（"燎原计划百、千、万工程"试点市）、平度市（农村教育综合改革实验县和农村双元制典型）进行了为期一周的调研。一周内共深入到 3 市的 3 个区（县）、10 个乡（镇）和 3 所职业中专校。调查中受到许多启示，并深刻感受到，自 1987 年起国家教委在全国广大农村开展农村教育综合改革实验和实施"燎原计划"，是完全符合党的十五大提出的"三个有利于"精神的，是对"农业、农村、农民"的一大贡献。

一、淄博市农村教育综合改革的主要做法

淄博地处鲁中，有着 3000 多年的发展史，是齐文化的发祥地。淄博也是一个新兴的工业城市，是国务院批准的山东半岛经济开放区城市，齐鲁石化是该市的支柱国有大企业。全市辖 5 区 3 县和一个国家级科学技术产业开发区，总人口 399 万，属较大城市。1992 年跨入全国城市综合实力 50 强行列。近些年，他们紧紧抓住综合改革的机遇，围绕"实施十大工程，建设教育强市"的总体目标，结合本地实际，转变教育观念，加强政府统筹，对教育实行了全面、系统、综合性的一系列改革，取得了较为明显的成效，促进了全市经济和社会事业的全面发展。1997 年，全市国内生产总值 498.8 亿元，比 1992 年增长 87%，年均增长 13.3%；地方财政收入达 16.9 亿元，比 1992 年增长 2.69 倍，年均增长 21%；1997 年农民人均纯收入达 2671 元。淄博市重视教育工作，1995 年荣获"全国科教兴市先进城市"的称号，

---

* 本文写于 1998 年 3 月。参加调研的还有张玉兰等同志。

1996 年实现了教育"两基"达标。淄博市的农村教育综合改革呈现出勃勃生机的景象，主要做法有以下几方面。

（一）强化政府行为，强化"综合"意识，强化协作精神

为加强农村教育综合改革的统筹协调，淄博市早在 1993 年，就以市委、市政府名义下发了《关于成立淄博市教育综合改革领导小组的通知》，成立了以市长、分管副书记为组长，16 个政府职能部门主要负责人为成员的专门领导机构；中央教科所研究农村教改的 7 位专家和研究人员等，到淄博讲座、指导或作顾问，共同开展实验研究，并正式挂牌"中央教科所淄博教育实验中心"。1992 年以来，淄博先后考察了江苏省、浙江省、河北省、湖南省、北京市等省市的近 20 多个县市的教育综合改革情况，先后参加了多次综改会议，广泛学习外地经验，完善本市综合改革规划。从 1994 年起，在教育内部广泛开展教育观念转变、端正办学方向和办学思想的大讨论，认真学习江总书记提出的实现教育工作的"两个重要转变"的讲话精神。为彻底纠正片面追求升学率，把农村教育真正转向主要为当地经济建设服务兼顾升学的农村教育综合改革思路上来，作了大量工作，从而使教育部门及各级各类学校领导和教师树立了为经济建设服务的意识，主动与经济部门加强横向联系，冲破了就教育论教育、为升学办教育的陈旧观念；在教育外部，也广作宣传，使农村教育综合改革思路和科教兴市、科研兴教的观念传播到各行各界，甚至家喻户晓，从而形成开展农村教育综合改革良好的氛围和较好的思想基础。由于淄博市抓住提高认识、明确综改指导思想和主要任务这些根本环节，市、区（县）、乡各级领导都强化了政府行为，强化了"综合"意识，强化了协作精神。

（二）以建立"教育强市"为目标，从强化区域教育的原则出发，使教育彻底转向为当地经济和社会发展服务

淄博市领导把建立"教育强市"作为战略目标，按照"内强素质，外树形象，规范管理，提高质量"的指导方针，对教育实行了全面、系统、综合性的一系列改革。一是努力增加教育投入，大力改善办学条件，切实落实"两基"重中之重的各项任务。10 年来，累计投资 10 亿元，各级各类教育的窗口学校如雨后春笋般遍及城乡，1995 年已通过国家教委的"两基"

达标验收。二是大力调整教育布局，优化教育资源配置，努力提高办学效益。调整后的小学由 1990 年的 2509 处减少到 1997 年的 1200 处，减少了 52.17%；初中由 259 处减少到 205 处，减少了 20%，从而大大提高了规模效益。三是认真实施"三教统筹，农科教结合"，积极实施"燎原计划"，大力发展职业教育和成人教育。目前，全市各类中等职业教育学校发展到 86 所，在校生 5.5 万人，85% 的毕业生实现了"双证离校"。"燎原计划百、千、万工程"全面实施，回乡的初高中毕业生，不仅有一定的科学文化知识，同时也有一技之长，成为淄博市经济建设中的新型劳动者。在全市 5 区 3 县已有 7 个区县建立起了综合性、多功能的成人中等学校。111 处乡镇全部建立了乡镇成教中心校。其中，56 处达到省、市级示范学校标准。村办农民文化技术学校办学面达 100%。四是深化管理体制改革，强化督导评估机制，启动学校办学活力。在改革过程中，明确了教育强市、强区（县）、强乡（镇）的具体标准，从而使各级政府和各类学校有了奋斗的目标，全市教育教学质量取得可喜的成绩。五是建设一支素质优良、结构合理的师资队伍，为促进农村教育综合改革的深化提供了重要保证。在"教师之本，师德为主"的师资队伍建设过程中，引导教师迈好"入门、合格、骨干、带头人、专家"五大步，从而较大幅度地提高了教师的素质。小学、初中、高中教师合格率比 1992 年分别提高了 12、36、33 个百分点，1997 年分别达到 98.7%、82.2%、72.7%。一大批师德高尚的教师脱颖而出，教育教学质量大大提高。六是学制体制改革迈出较大步伐，初步形成"以政府办学为主体，社会各界多方参与办学、联合办学"的新格局，全市民办教育已发展到 160 多处，覆盖了各类教育的各个领域。一个比较适应社会主义市场经济及农村经济、社会发展需要，规模适当、结构合理、功能完善、质量效益较高、各类教育互相沟通和相互衔接，并且紧紧贴近淄博实际需要的现代化教育体系框架已具雏形。

二、青州市大力实施"燎原计划"，加快农业产业化进程

青州市自 1995 年高标准实现"两基"达标后，迅速把农村教育工作重点从扫除青壮年文盲转到"实施燎原计划，提高农村劳动者科技素质，紧密为农村经济发展服务"的轨道上来，以实施"燎原计划百、千、万工程"为突破口，加快了科学技术转化为现实生产力的速度，推进了农业产业化

进程。为了保障"燎原计划"的实施，全市重点抓了三项建设。

（一） 基地建设

1996 年以来，市政府投资 500 万元，在市燎原学校新建了 5000 平方米的综合电教楼和 1200 平方米的学员宿舍楼，投资 18 万元购进了先进的电教设备用于农业科技节目制作。全市 16 个乡镇新建、扩建了镇村燎原学校，充实了学校内部设施。各乡镇政府分别为燎校划拨了 5～10 亩的实验示范基地，市科委为部分乡镇燎校分别划拨了 5000 元的项目实验启动经费。全市 1072 个行政村全部建立了农民文化技术学校，90% 的村配备了电视机、放像机和实用技术录像带，全市实施"燎原计划"实现了教学设施、仪器设备、实验基地"三配套"。

（二） 师资队伍建设

聘请 17 个高等院校、农校、职校和科研单位的 56 名专家教授定期到青州市授课指导，市、乡两级燎校教师的专业知识和专业技能大大提高，提高了燎校的教育教学和实验能力。

（三） 教材建设

各类教材的种类和数量基本满足了市、乡两级实施"燎原计划"项目的需要。

为加快农业产业化进程，该市自 1997 年以实施"花卉、瓜菜、果品、肉蛋鸡、牛羊、猪"为重点的"六龙"腾飞战略。黄楼镇以万红花卉公司为示范基地，培养了一大批花卉种植能手，培育了一批示范乡、示范户，使全镇花卉种植面积达 4500 亩，专业户 800 多家，创办花卉公司 5 个，建成 8 个专业村、8 个示范园区。谭坊镇燎原学校积极进行了高温大棚瓜菜种植管理技术的推广和无公害蔬菜栽培示范及以色列滴灌技术的引进，建起了 7 个农业科技示范园，使高温大棚瓜菜种植技术得以迅速推广，全镇 82995 亩耕地，已有 69930 亩建起了大棚。一个白色农业产业化工程在该镇形成致富摇篮。"六龙"腾飞战略使青州市农村经济迅速崛起，一个农业产业化的青州正在腾飞。青州考察，使我们看到"燎原计划"给农业、农村、农民（三农）带来的希望和利益，从中我们也备受鼓舞。青州从"燎原计划"实施中尝到了甜头,他们实施"燎原计划百、千、万工程"的势头令人振奋,为全国树立了一个典范。

三、平度市积极推广实施"双元制"职教办学模式成效显著

平度市是全国 116 个农村教育综合改革实验县之一,对全国农村教育综合改革推广,曾起到了示范作用。1991 年,国家教委把全国唯一一个农村双元制试点放到了平度。平度市政府把实施"双元制"作为一种政府行为,给予高度重视。他们的具体做法如下。

(一) 领导高度重视

成立以市委书记为组长、市委副书记和副市长任副组长、市直有关业务部门和有关企业的负责人为成员的"双元制"工作领导小组,1996 年又成立了平度的市经科教结合职业教育领导小组和"双元制"工作委员会,下设办公室,并聘法国长期驻平度专家任顾问,加强了对各阶段推广工作的部署、指导和检查,保证了推广工作的顺利进行。

(二) 在政策和物质方面予以倾斜

市政府先后颁发了《关于进一步加强职业高中联合办学的工作意见》等一系列文件,同时加大"双元制"项目投入。近几年已连续投资 1400 万元,为项目的阶段工程的顺利实施打下了坚实的物质基础。

(三) 加大企业参与力度

目前,已有 33 家企业作为"双元制"及全市职业学校的实习基地,在市政府统筹下,企业参与办学的积极性不断提高,从而保证了"双元制"教学的顺利进行。

(四) 加强宏观指导,不断规范"双元制"教学

为了使"双元制"职教模式在全市推广,市府和市教委加强了宏观指导和规范化管理的探索工作,在全市加强了"双元制"师资队伍和教材建设,加强了教育教法改革,充分发挥了"双元制"培训中心的辐射和带动作用,使"双元制"教学日趋规范化,保证了"双元制"教学质量不断提高。

（五）加强对"双元制"教育的科研工作

为走出一条适合当地经济、社会发展需要的农村"双元制"职教新路，平度市成立了农村"双元制"职业教育课题研究组，就有关"双元制"师资队伍建设、教材编写、企校合作方法等问题作了深入细致的研究，编写了10多万字的教学论文。《关于农村借鉴法国"双元制"职业教育办学模式理论与实践的研究》已被列为山东省"九五"期间重点教育研究课题。

平度创办"双元制"职教中心的4年中，培养长短班技术人才2700多名，校企收入1995、1996连续两年突破100万元，为平度市培养了一大批实践技能强、综合素质高的技术人才，全市职业学校毕业生被各行各业竞相聘用，全国处于滑坡境地的"农"字专业人才，也出现供不应求的局面。平度"双元制"职业教育在全国享有盛誉，为职业教育的发展探索了一条新路。

四、问题及建议

淄博、青州、平度三市的农村教育综合改革虽然取得了显著的成绩，但仍然存在一定的问题。

一是传统教育观念依然根深蒂固，制约着农村教育综合改革的深入开展。一些地方仍然存在着重普教、轻职业教育和成人教育的现象；二是长期以来受计划经济影响，部门的分割现象还较严重，农科教的真正有效结合还有一定的难度；三是各地的经验还需要进一步宣传，要进一步加大推广力度。

建议教育部要进一步加强对农村教育综合改革的领导力度，并把这项工作纳入科教兴国领导小组的工作系列，从而保证农村教育充分发挥为"农业、农村、农民"服务的功能，真正实现"教促富，富促教"的良性循环。

附：

青州市黄楼镇实施"燎原计划百、千、万工程"加快花卉专业镇建设的做法

黄楼镇地处青州市东郊，胶济铁路和济青公路横贯东西，属平原地区，是一个农业大镇。现有 50 个行政村，人口 4.1 万，面积 54 平方公里，耕地 4.3 万亩，土地肥沃，交通便利，发展经济有着得天独厚的优越条件。近几年来，镇党委、政府在发展农村经济中，积极落实"燎原计划"，大力实施"科教兴花"战略，使先进的科学技术得到了大面积的推广和应用。在开展"燎原计划百、千、万"工程活动中，立足实际，发挥优势，选准结合点，大力推广花卉生产新技术、新成果，实施花卉产业"百千万"工程（即建设百亩市场、组织千户经营、发展万亩基地）。目前，花卉专业村 8 个，花卉专业公司 5 个，建成了黄楼、辛庄、芦李等 8 个高科技示范园。花卉种类有盆花、盆景、观赏植物、绿化苗木、花盆五个大类，220 个品种，1997 年实现产值突破 1.5 亿元。已初步形成了市场牵龙头、龙头带基地、基地联农户的产业化格局，建成了占地百亩的花卉批发交易市场和南北花卉集散中心——青州东方花市。"科教兴花"战略的实施，极大地推动了农村经济的快速发展。1997 年全镇实现农业总收入 3.76 亿元，比上年增长 24%，农民人均纯收入达到 3656 元，比 1996 年增加 432 元。

他们的先进经验可概括为以下几点。

一、大力推进农科教结合，实施"六龙"腾飞战略

围绕市政府提出的重点发展花卉、无公害蔬菜、干鲜果品、商品鸡、肉食牛羊、生猪生产六大产业的"六龙"腾飞战略，黄楼镇把实施"燎原计划"，搞好农科教结合，作为实现"建设百亩花卉市场，组织千户生产经营，发展万亩花卉基地，建设花卉专业镇"的重要措施。镇政府加强了对农科教结合工作的领导和统筹，充实和调整了镇农科教结合领导小组，进一步明确了农业、科技、教育部门的职责。农业部门根据发展万亩基地的要求，结合资源优势和市场导向，确立了花卉开发项目、发展规模、规划

示范基地的区域，提出了生产管理技术和培训的要求。科协和花卉研究所负责提供生产管理技术、搜集信息、引进花卉新品种和新技术。教育部门利用镇村两级农民文化技术培训阵地发挥智力优势，配合农技、科研所搞好人才培训和技术推广。全镇上下形成了农业部门出题目，科技部门立项目，教育部门育人才，有关部门密切配合，全力以赴建设花卉专业镇的良好局面。在实施"科教兴花"战略中，充分发挥了各有关部门为农服务的优势，进一步克服了部门工作相互脱节的现象，做到了扬长避短，优势互补，充分利用和合理组织各方面的人力、物力、财力，最大限度地提高了"科教兴花"战略的整体效益，加快了花卉生产产业化、现代化的步伐，为黄楼镇花卉产业百千万工程作出了积极贡献。

二、加大资金投入，建立三级成人教育培训网络

为实施"科教兴花"战略，黄楼镇充分发挥三级培训网络的主体作用，促进花卉产业的健康、稳步发展，加大资金投入，加快成人教育培训网络的建设，努力改善成人教育办学条件。其主要从以下几方面着手：（一）统筹解决了实施"科教兴花"活动经费，专项经费来源主要是教育费附加和多渠道筹措，保证了科技推广、实验、示范经费的正常开支。镇政府先后投入 50 万元，为成教中心安装了卫星地面接收系统，增添了录像机、电视机等电教器材，使成教中心校的基础设施建设和内部仪器配备基本达到了国家级乡镇成教中心校的标准。（二）加强了村级农技校的建设。全镇 50个行政村，村村建立了农民技术学校，并为其配备了专或兼职教师，为示范校购置了录放像设备、科技录像带、图书等，提高了科技推广能力。另外，镇上还依托农技站成立了科技推广中心，在全镇五个管区设立了推广点，使成人教育形成了以科技推广中心和成教中心为主要阵地的镇、管区、村三级成人教育培训网络，为我镇花卉产业百千万工程的全面实施创造了良好条件。

三、坚持"三个结合"，搞好花卉产业科技培训

与传统的农业比较，花卉是精致农业，科技含量高，科技开发和推广工作尤为重要，特别是一些名贵花种，更需要生产者掌握较高的科学生产技术。黄楼镇坚持"培训人才，推广技术，为经济建设服务"的宗旨，认

真搞好"三个结合"，积极培训花卉生产技术人才。

一是以镇科技推广中心和成教中心为阵地，坚持举办花卉专业长班和短期培训班。长班主要是为花卉专业公司和专业村培养具有较高花卉生产技术的生产者和管理人才。短训班主要是为花卉专业户介绍养花知识和推广一般的生产技术，针对生产过程中出现的问题，做指导性技术处理。近几年来，先后举办花卉专业中专班 2 个，短期培训 18 期，培养花卉管理人员和花卉生产技术员 1200 名。

二是坚持请进来教与走出去学相结合。为使花卉生产者学到较高的科学种养知识，掌握一定的实践生产技术，先后从泰安、莱阳、潍坊农校等大中专院校聘请了 8 名专家、教授来镇科技推广中心和成人教育中心担任花卉生产技术顾问，较好地解决了花卉异地栽培出现的花期短、成活率低等许多疑难问题，建起了四季控温室，为西洋杜鹃等名贵花种创造了适宜的生产环境，一改过去那种只养不种的传统生产方式。同时，还组织花卉生产者到丹东、广州、云南等地参观学习。从丹东引进了西洋杜鹃；从广州引进了台湾发财树、巴西木等热带观赏苗木；从云南引进了茶花、火棘等北方稀有花卉品种。通过走出去学，开阔了花农的视野，丰富了种花知识，使花卉生产者了解了国内花卉市场行情。

三是坚持课堂传授与现场指导相结合。花卉品种的不断引进和生产技术的不断更新，不仅使花卉品种丰富多彩，也创造了较高效益。然而，一些名贵花种和那些受自然条件限制的观赏苗木的生产技术，只靠课堂传授是解决不了问题的。要使花卉生产者既学到较高的花卉理论知识，又要掌握一定的实践生产经验，最好的办法就是理论联系实际，搞示范指导。为此，已成功建成 8 处高科技示范园，建立了示范服务基地。镇科技推广中心和成人教育中心以示范园为实验基地进行现场示范指导，传授花卉生产新技术，推广新成果。

四、搞好花卉科研，推广新技术、新成果

在搞好花卉科技培训的同时，黄楼镇还成立了全省首家乡镇级花卉协会，成立了花卉产业化办公室，依托花卉公司成立了花卉研究所，镇成人教育中心成立了花卉科研攻关小组，还与中国农科院、中国林科院建立了长期稳定的合作关系，不断研究、实验、推广花卉生产新技术、新成果。

几年来，先后研究成功了 20 多项花卉生产新技术、新成果，其中两项已获国家专利。技术进步对花卉生产起到了巨大的推动作用，加快了黄楼镇花卉产业"百千万"工程的步伐。

花卉产业的发展大幅度增加了农民群众的经济收入，提高了黄楼的知名度，也带来了显著的社会效益。花卉产业发展前景广阔，随着全社会两个文明建设的推进和发展，它必将成为有较强活力的产业。

上海市"燎原计划"实施情况调查报告[*]

经国务院批准，1988 年原国家教委组织实施了"燎原计划"，迄今已经十年时间。为了总结"燎原计划"十年来所取得的成就，研究存在的问题和今后工作的思路，3 月 9 日至 20 日，调研组赴上海市进行了调研。我们感到，上海市近十年来在实施"燎原计划"工作方面取得的成效显著，经验非常宝贵。

一、显著的成效

上海市 1989 年初开始布置实施"燎原计划"。到 1997 年底，全市实施"燎原计划"的示范乡镇已达到 100 个，占全市 209 个乡镇的 47.8%；实施"燎原计划百、千、万工程"的乡镇 132 个，占全市乡镇总数的 63%；实施"燎原计划百、千、万工程"的村和企业达到 726 个。

（一）有力地推动了农村教育综合改革

十年来，凡是列入实施"燎原计划"示范县和示范乡镇的，在实行农科教结合和普教、职教、成教统筹方面的成果都较明显，教育与经济、科技部门、乡镇乃至村的联系得到加强。

（二）加快了农村科技成果转化为现实生产力的速度

特别是通过"上挂—横联—下辐射"，促进了新技术的推广和普及，使"科教兴农"直接落实到了基层。

＊ 1998 年 4 月，作者率调研组赴上海考察"燎原计划"实施情况，并撰写了这篇调查报告。

（三）培训了农民，提高了农民的整体素质，增强了农户吸收、消化、运用、转化科技成果的能力

据统计，近十年来，上海市培训农民997万人次，嘉定、青浦两个区县仅就结合"燎原计划"项目，累计培训农民达到228650人次。

（四）通过实施"燎原计划"，直接促进了经济发展，增加了农民的收入

1997年，上海市农民人均收入达到5277元，嘉定实验区高达6548元。青浦县沈巷镇成校和科协在张马村实施"优质高产茭白"燎原项目，使农民人均年收入达到6000元以上。

（五）通过实施"燎原计划"，培育农村经济发展新的增长点，为解决农村剩余劳动力开辟了新的途径，促进了社会稳定

嘉定区马陆镇通过扶持"七小"经济（小果园、小菜园、小工厂、小花圃、小鱼塘、小三产、小牧场）为主的"家家富工程"，短短一年多时间就使800多名乡镇企业下岗人员走上再就业之路，占全镇下岗人员的三分之二。

二、宝贵的经验

上海市在实施"燎原计划"的近十年里，积累了许多宝贵的经验。

（一）领导重视，机构保证

1988年底，国家教委在河北南宫市召开会议，部署"燎原计划"工作。会后不久，上海市在调查研究的基础上，召开了实施"燎原计划"工作会议，15个委、办、局、行联合颁发了《上海市实施燎原计划方案》，确定了2个实施燎原计划示范县、12个示范乡、24所示范校，同时决定建立上海市燎原计划办公室（简称"燎原办"）。1990年6月，上海市人民政府办公厅发文明确了上海市燎原计划办公室的职能。1995年2月，上海教育系统进行机构改革，继续保留了上海市燎原计划办公室，并调整了人员，加强了力量。燎原办原有经费渠道不变，每年10万元办公经费仍然单列，由市

府拨款设立的 500 万元燎原计划专项资金仍由燎原办管理。为方便工作人员下乡，给燎原办配备了工作用车。

十年来，上海市委和市政府的领导对"燎原计划"工作给予了高度重视和具体指导。朱镕基同志任上海市市长时，在市政府工作报告中明确指出："农村教育要积极实施'燎原计划'，为农村经济发展培养各类人才。"分管教育的市领导以及市教卫办和市教委的主要领导也经常深入农村调查研究，对"燎原计划"的实施提出具体的指导意见。各区、县和实施"燎原计划"的示范乡镇，大多数都成立了由党政主要领导挂帅的"燎原计划"工作领导小组。近年来，上海市还把实施"燎原计划"、推广农村科技纳入了各级政府工作评估的内容之中。

（二）紧密结合经济社会发展目标，确定"燎原计划"的具体方案

党的十四大以后，围绕把上海建设成为国际经济、金融、贸易中心的长远发展目标，上海市委、市政府向郊区提出了依托"龙头优势"和独特的条件，城乡一体，加速辐射，加快建成全国一流农业、一流乡镇工业、一流第三产业、一流社会主义新农村、一流农民生活的奋斗目标。按照上述指导思想，上海市在"燎原计划"的具体实施过程中，始终紧紧围绕经济和社会发展的各种需求，根据市郊各区、县、乡镇的分类定位情况确定实施"燎原计划"的具体方案，从而使"燎原计划"工作落到了实处。许多区、县、乡镇提出了通过一个或多个"燎原计划"项目振兴乡、村经济的目标。不少乡村形成了生产、加工、销售一条龙，建立了"一乡一村兴一品，一品富一乡一村"的良性循环机制，使"燎原计划"的实施与当地经济建设的主导产业找到了结合点，提高了效益。

（三）重视典型示范，以点带面，高标准地实施"燎原计划"

近十年来，上海市十分重视对"燎原计划"工作先进典型的推广和宣传，以点带面。1995 年 10 月，市教委会同市农委召开了上海市实施"燎原计划"经验交流会，表彰了 11 个优秀"燎原计划"项目。1996 年 11 月又召开了现场会，推广嘉定区经科教结合、实施"燎原计划"的经验。为了使工作保持连续性，针对近两年上海郊区乡（镇）领导变动较大的情况，1997 年 7 月，市教委与市农委联合对分管"燎原计划"工作的乡（镇）长

进行了培训。今年夏季还计划在崇明县召开"燎原计划"项目培训现场会。

上海市在推广"燎原计划"的先进典型过程中，一是注重典型的示范性，所推广的典型水平要高，具有说服力。二是把政府行政管理和指导与新闻媒体的宣传结合起来，有声势，感染力很强。

（四）以燎原项目为龙头，采取多种形式，带动新兴产业，促进农村经济发展

上海市把搞好燎原项目作为实施"燎原计划"的一个重要抓手。除了国家下达的"燎原计划"专项贷款外，在市财政支持下还设立 500 万元专项资金以扶持燎原项目的实施。

1. 运用教育部门和科技部门的优势，推广新技术，改造传统生产方式，增加产品的科技含量和附加值，使其成为新的经济增长点。如青浦县赵屯镇文化职业技术学校和镇科协、农业公司联合，与上海农科院合作，引进草莓新品种，推广栽培新技术，使草莓产量增加，品质提高，成为上海市场上的畅销货。1997 年，全镇种植草莓 6000 多亩，建草莓大棚 3900 个，4500 多农户平均每户草莓年收入在万元以上，农民称草莓生产是"摇钱树"。

2. 通过燎原项目培训，对下岗职工和农民进行再就业培训，吸纳农村剩余劳动力，促进社会稳定。嘉定区南翔镇在产业结构调整和企业转制过程中，有 2500 余名乡镇企业职工下岗。镇成人学校和农科站配合，根据市场需求，推广"三香"（即香葱、香菜、香丝瓜）种植，先后发放资料 300 份，上门辅导 30 多户，集中培训 310 人（其中妇女占 55%），带动近千名下岗职工从事"三香"种植。1997 年全镇种植香葱 400 亩、香丝瓜 700 多亩、香菜 150 亩，全年产值 600 多万元。

上海市郊区开展"燎原计划"项目教育的实践证明，"开发一个项目，培训一批人才，推广一项技术，形成一个产业，致富一方农民"，是非常适合农村经济开发的成功经验，是促进科学成果转化为现实生产力的有力抓手，也是转移和吸纳农村剩余劳动力的一条有效途径。燎原项目教育已成为继岗位培训后适应市场经济要求的一种新的培训模式。

（五）因地制宜，统筹实施"燎原计划十、百、千工程"

原国家教委《关于实施"燎原计划百、千、万工程"的意见》颁发后，市教委从上海实际出发，于 1996 年 5 月决定在郊区组织实施"燎原计划十、百、千工程"，即在上百个乡镇（约占全市 1/2 乡镇），上千个村（占全市 1/3 村），推广数十项农村实用技术和科技成果。

为了形成合力，统筹社会各方面的力量，推动相关工作的开展，上海市教委在工程实施过程中先后提出了八个结合，即实施"燎原计划十、百、千工程"要与实施市农委制定的《上海市科教兴农"九五"规划》结合，与妇女"双学双比"竞赛活动结合，与回乡初、高中生培训结合，与"绿色证书"和等级工培训结合，与扫盲后的巩固提高结合，与市民功能性扫盲结合，与乡镇企业下岗职工再就业培训结合，与"燎原计划"示范乡镇建设结合。

据上海市教育部门不完全统计，1996 年和 1997 年，上海市郊区围绕"燎原计划百、千、万工程"的实施，进行农村实用技术培训 989843 人次，"绿色证书"培训 23383 人，其中培训回乡初、高中生 14240 人，计算机应用能力培训 134768 人，中级工培训 61136 人，高级工培训 3460 人。

（六）重视实施"燎原计划"的科学理论研究

十年来，上海市在实施"燎原计划"过程中，重视把教育科研同教育决策、教育实践紧密结合起来，多次开展了较大规模的调查研究，确定了《上海市农业系统人才培养规划》，制定了《上海市实施燎原计划示范乡评估手册（试行）》，形成了《实施燎原计划的回顾和展望》、《燎原计划与上海农村教育综合改革的研究》等优秀成果，分别获得上海市哲学社会科学和上海市教育科学研究成果优秀奖项。"八五"期间，上海市教委还牵头完成了全国教育科学"八五"规划国家教委重点课题《燎原计划与农村教育综合改革的理论与实践研究》项目，其成果受到原国家教委主要领导和有关专家的较高评价。为了推动理论研究，上海市教委除在政策上积极鼓励，还先后划拨数十万元给予经费上的支持。

三、有益的启示

上海市实施"燎原计划"工作的经验和成效，对我们进一步搞好全国的"燎原计划"工作具有深刻的启示。

（一）"燎原计划"是实现科教兴农（兴县、兴乡）的有力措施，在实践中产生了良好效果，充分显示了在推动农业和农村经济中的威力，受到了广大农村群众的热烈欢迎，被群众誉为富民计划。各级党政领导，应该给予高度重视并进一步加大实施的力度。特别是在当前贯彻落实"科教兴国"（科教兴农）战略的大背景下，搞好"燎原计划"对于把"科教兴国"（科教兴农）战略落实到农村最基层，落实到农户，无疑具有重要的现实意义。目前在我国农村，特别是贫困地区农村，农民群众还不可能完全自发地掌握现代农业科学技术，需要通过教育和培训来实现，农村的学校必须发挥这方面的作用。

（二）上海市的基本经验证明，要搞好"燎原计划"的组织实施，领导重视是关键，机构健全，经费落实是基本保证条件。从全国的情况看，1993年政府机构改革后绝大多数省市自治区教委已不再保留"燎原计划"办公室的机构，即使少数几个省市保留了机构，但人员、专项经费没有保障，工作难以深化。在这种背景下，作为经济较为发达、农村人口比重较少的上海市，仍坚持工作的连续性、开拓性、坚定不移、坚持不懈、坚韧不拔地高度重视"燎原计划"工作，其精神和经验尤为可贵。

（三）上海市的经验还表明，实施"燎原计划"必须贴紧农村经济建设和农民致富的需要。上海市把"燎原计划"项目的布局与县、区、乡（镇）在经济建设中的产业结构分类定位紧密结合起来，从而使"燎原计划"显示了强大的生命力。

（四）上海市在实施"燎原计划百、千、万工程"过程中，不仅形式多样，创造了"家家富工程"等新鲜经验，而且较早地注意到把这项工作与城市和乡镇下岗人员的再就业培训相结合，这在当前具有重要的现实意义。另外，在工程实施过程中，坚持八个结合的要求，也充分体现了"燎原计划"主动为经济和社会发展服务的精神，有较强的示范性。

四、问题及建议

（一）问题

上海市在实施"燎原计划"的过程中，也反映出一些困难和问题。有些问题在全国具有普遍性，需要引起重视。

1. "燎原计划"的资金等支持体系薄弱。近年来，中央对"燎原计划"的实施没有专项资金支持，经国务院批准的、为数很少的"燎原专项贷款"已中断多年，影响了"燎原计划"的"面上推广"和深层次开发。

2. 在实施"燎原计划"工作过程中，农科教等部门结合的力度还有待于进一步加强。一些地方的政府统筹、协调还不够，农业、科技部门的积极性还未充分调动起来，教育部门的观念还有待进一步转变，农村教育为当地经济发展和社会全面进步服务的意识需要进一步强化。

3. 实施"燎原计划"，在面上发展还不平衡，有些地方积极性还不高。

4. 上海市在实施"燎原计划"过程中，成人教育参与较为积极，而职业教育、基础教育的参与相对较少。

（二）建议

在调研中，上海市教委及一些区县教育行政部门的干部就进一步推进"燎原计划"工作，提出了一些具有建设性的意见。

1. 希望机构改革后的教育部，加大对"燎原计划"和农村教育综合改革工作的领导力度，体现对这一规模宏大的改革工程在领导管理上的连续性和发展性。

2. 建议中央提供相关的条件，包括一定的资金和政策支持。一些同志认为，"燎原计划"既然是社会系统工程，就应当有经费和其他政策上的支持和保障，不能只靠基层教育工作者的热情。基层同志普遍感到，与农业部组织实施的"丰收计划"和科委组织的"星火计划"相比较，原国家教委对实施"燎原计划"扶持力度不强。

3. 建议教育部对于长期从事"燎原计划"工作的基层教育部门和工作人员，要有奖励和表彰，以利于提高一线上同志们实施"科教兴农"战略的工作积极性。

4. 建议教育部加强对新形势下全国实施"燎原计划"工作的理论和政策研究。

附：

嘉定区马陆镇立足经济发展，
实施"燎原计划"的做法

马陆镇政府坚持一靠政策，二靠科技，三靠投入，四靠改革的方针，1997 年全镇社会总产值达到 80.7 亿元，比上年增长 30%，其中农业产值达到 7376 万元，仍保持上年增长数 13.8%；果蔬产值达 2010 万元，比上年增长 6.72%。全面完成了农、副、果业各项任务。马陆是葡萄之乡，其葡萄栽种有"二多"：一是面积多，全镇栽种葡萄 6000 多亩，占全镇耕地的五分之一；二是品种多，除巨峰系列外，还汇集了大颗粒的藤稔、酿酒用的法国白尼龙，以及紫珍香、维纳斯等国内外名品。前些年，由于品种老化、栽培技术陈旧、销售渠道不畅，在一定程度上制约了葡萄生产的发展。为了让葡萄生产走上产业化道路，提高农业的经济效益，近年来马陆镇采取了以下做法。

一、组建"葡萄栽培、加工（酿酒）、销售一条龙基地"，并把其立为燎原项目实施

一是优化巨峰葡萄，形成品牌。马陆地处嘉定腹地，离上海市区仅 28 公里，具有典型的发达地区城郊型特点。嘉定的巨峰葡萄产量居全国第一，被人们誉为"葡萄王国"，而王国中的精品在马陆。几年来，葡萄已成为马陆农副产品中的当家品种，除集体果园大面积栽种外，还成了家家户户庭院经济的重要组成部分。马陆镇政府下决心改变葡萄品种老化、栽培技术陈旧、销售渠道不畅情况，适时地更新品种，传播先进栽培技术，拓宽产品销售渠道，向广大果农提出压低产量，提高葡萄品质，以优质打进市场，以优价不减经济效益的要求，技术上努力实施"合理留梢，减少结果，巧施水肥，增大颗粒，严防病虫害，保其色泽"等各项措施。经过努力，巨峰葡萄的品质有了明显的提高，葡萄颗粒均重在 10 克左右，可口甘甜，水分足，表面光滑，无黑点黑斑，颜色鲜艳，颗粒晶莹红紫，形成了马陆葡萄的品牌。

二是引进酿酒品种，进行深度开发。随着葡萄种植面积骤增，竞争越来越激烈，要提高葡萄生产效益，必须从马陆的实际出发，寻找新的增长点，从1997年开始，马陆镇引进法国白尼龙等酿酒葡萄，总结了第一年试栽失败的教训，艰苦试种，第三年获得了成功，推翻了"上海地区潮湿，日照少，不能种植酿酒葡萄"的结论，同时为中法合作生产高档葡萄酒奠定了基础。中法合资申马酿酒有限公司成立后，公司与成校及时组织对该公司员工进行培训，让他们掌握酿酒制造法。1997年该公司以国外引进800多亩葡萄新品种为生产基地，年收葡萄25万公斤，生产各类葡萄酒100万瓶，"后皇轩"牌在香港回归时作为宴用酒，深受中外人士的欢迎，销售收入2400万元，为农业产业化探出了新路。

三是建立销售市场，沟通产销渠道。马陆与市区可谓近在咫尺，但葡萄生产分散在马陆32平方公里的集体林果场和庭院中，收获时节无法及时流向市区大市场。于是马陆镇政府在1993年投资，由镇蔬果公司会同工商、税务等部门组建葡萄交易市场，在葡萄收获季节让广大果农就近进行交易，同时吸引市区各水果公司、个体商贩前来贩运。马陆交易市场的发育，沟通了产销渠道，同时完善了马陆葡萄产、供、销、加工一条龙格局，促进了马陆葡萄的再生产。"葡萄栽培——葡萄酿酒系列工程"1995年被评为上海市"燎原计划"优秀项目。

四是实施葡萄"352"工程，加强激励机制，实行村投户营推广模式。马陆镇的葡萄是全市有名的特色品种，要依靠科技，进一步提高特色品种的品位，提高经济效益，努力探索产、加、销一条龙的致富新路。葡萄实施"352"工程，立足点放在农户。镇政府投入50万元，已完成80亩规模的葡萄设施栽培艺场建设。由镇葡萄研究所承担品种改良，技术更新任务，鼓励采用村投户营的推广模式，努力完成葡萄50%的改造任务。1997年底全镇葡萄设施面积确保800多亩，争取1000亩。1998年的任务是全面发展，完成6000亩巨峰葡萄的年改造任务，品种调整为3－5－2结构，集体田园设施栽培面积平均达到50%以上，村级示范设施栽培面积平均达到60%。农户普及率达到80%，设施栽培的葡萄每亩纯收入在1万元以上，争取葡萄总产值2000万元的基础上，再翻两番达到8000万元。

二、以"七小"为抓手的"家家富"工程，进一步推动"燎原计划"的成效

马陆镇是上海市郊乡镇工业和城乡联营工业兴起最早的地区之一。在面向市场的企业转制改革和结构调整中，相继有1200多名农民职工下岗，人均仅1亩耕地的马陆镇，安置这些富余人员面临难题。他们采取措施，一方面，让外资企业与城市大工业落户企业来吸纳下岗农民职工，另一方面推出富有农村特色的"家家富"工程，为下岗农民职工再就业辟出新路。马陆镇政府在1996年初提出以"七小"为主要抓手"家家富"工程，开拓农民收益渠道。镇政府建立"家家富"工程领导班子，书记、镇长挂帅，分管农业镇长负责具体工作，农委负责技术指导和服务工作，各村相继建立领导小组，村书记挂帅，农业村长、妇代会、共青团、民兵、老协等组织共同协调推动庭院经济的发展。镇政府通过八项举措推动这一项工程的开展。

（一）镇财政拨出专款25.5万元，为下岗农民职工发展"七小"经济提供贴息补助。

（二）重新调整土地承包结构，逐步清退原来由外来承包户承种的土地，再分配给下岗农民职工承包经营。

（三）与外商合作开发"高优高"产品，1996年辟地110亩，开发"圣女果""洋香瓜"等新品种，获得成功，亩产值近万元，净利超5000元。1997年又划出300多亩土地，开发蔬果、花卉新品种。

（四）镇政府投资兴办小商品市场和大型农副产品批发交易市场。鼓励剩余人员开设家庭小工厂，办个体小商业等，优先为下岗农民职工提供摊位。镇政府还利用初具规模的"希望经济城"为下岗农民职工提供厂房、组织贷款，扶持他们合股兴办"小工厂"。

（五）对剩余人员进行实用技术培训，增强从事"七小"的能力。"家家富"工程成了马陆下岗人员再创业的致富之路。马陆镇张家村生产队印耀芳同志向困难挑战，与希望共存，创办了"希望养殖场"，逐步探索出一种从母猪、苗猪、饲料、饲养直至销售的一条龙模式，减少许多中间环节，经济效益明显提高。陆家村此塘生产队钱小珍不畏艰难，一人承包22亩土地，平均亩产全村第一，单小麦净收入7000多元，通过承包粮田，尝到了

致富的甜头。印村吴漕生产队单月芳种植花草面积 1.5 亩，品种有桂花、月季花、君子兰等 20 多种，还种植橘子树、梨树、葡萄等果树 100 多棵，同时培植盆景、种植草坪，全年收入 2.5 万元。全镇 1200 名下岗农民职工，有 800 名职工实现了再就业。下岗农民职工兴办小果园、小菜园、小花圃近 200 个，家庭小工厂 142 家，家庭经营小三产百余家。还有数十个小鱼塘，小牧场，人均年收入 8000—10000 元不等。

（六）加强服务意识，抓好项目教育。实现农村生产方式转变，培育农村经济新的增长点，必须对农村富余劳动力就近就地有序转移，鼓励发展种植圣女果。镇燎原计划办公室、镇农委、成校组织 57 户种植户，根据圣女果生长特点，分三个时期进行集中培训。成校负责项目教育课程的设置，教材的选编，教师的聘请，并对项目教育的特点进行认真分析，总结经验。

为了解决职工再就业问题，把庭院经济作为分流人员的一个有效途径，1998 年 2 月政府投入经费，镇妇联、劳务所、成校联合举办园林花卉班，有 45 名下岗职工参加，结业后，由劳务所推荐到企业工作。

（七）加强实践指导，重视实用技术培训。在加快葡萄"352"工程的改造时，不断提高各农户小果园的经济效益。加快法国番鸭、圣女果、樱桃、洋香瓜、无籽西瓜等种植、养殖新品种的扩散力度，镇农委、成校举办各类培训班，让农户掌握技术要点，鼓励农户从事养殖、种植，逐步上规模使农户受益。成校继续对《葡萄栽培技术与管理》一书进行修改，同时编写圣女果种植教材继续作为中学劳技课教材。

（八）加强对果农、学生的技术培训，提高辐射面。32 平方公里的马陆镇有 11 个集体果园，种植葡萄面积有 2000 亩，而庭院经济中的葡萄种植面积有 4000 亩。马陆镇就以基地为中心，加强对果农、学生的技术培训，提高辐射面。1994 年 4 月到 1997 年 2 月，全镇有果农 5325 人次参加了成校举办的"绿苗移栽"培训班"创优质葡萄"培训班，占全镇果农的 85%。马陆成校把《葡萄栽培技术与管理》列为每年初高中毕业生职前培训的必修课，马陆镇加强对中小学生"葡萄栽培与管理"的劳技教育，定期组织中小学生到基地参加劳动实践。现在马陆男女老少都会念一本"种葡萄经"。

全国"燎原计划百、千、万工程"
实施进展情况调查*

一、"燎原计划百、千、万工程"提出的背景

经国务院批准，国家教委于 1988 年组织实施了"燎原计划"。"燎原计划"的目的是：通过改革和发展农村教育，大面积提高劳动者素质，增强农村吸收和运用科技的能力，促进农村两个文明建设。"燎原计划"的主要内容是：以乡为基础，建立和完善两个教育系统，即普通中小学系列和进行专业培训的职业学校系列和成人学校系列。从而使农村的各级各类学校利用自身的特点和优势，更加直接为当地建设作贡献。在不同的经济水平的地区实施"燎原计划"，其具体形式和要求应因地制宜。从方法上看，它借用了工程管理的模式，在一定时间、一定地域内提出具体目标，使农村教育改革有一个抓手。"燎原计划"来自农村教改的实践，也是农村教育综合改革的组成部分。"燎原计划"作为推动农村教育综合改革的重要措施，受到基层干部和农民的欢迎。目前，全国实施"燎原计划"的示范乡发展到近万个，分布在全国 1600 多个县。一些教改实验县，实施"燎原计划"的乡已超过半数以上。李鹏总理在《政府工作报告》中曾指出："为广大农村培养中初级科技人才和提高劳动者素质的'燎原计划'，是进行农村教育综合改革，促进农村发展的一项具有深远意义的社会工程。各地要抓紧安排实施，努力作出成绩。"

1995 年，中共中央、国务院召开了全国科技大会，并作出《中共中央、

---

* 本文写于 1998 年 5 月。

国务院关于加速科学技术进步的决定》，党中央、国务院提出进一步加快科教兴国、科教兴农的步伐，各行各业都要努力为科技进步及其推广普及作贡献。为了落实"科教兴国"战略，加快科学技术在农村的普及和推广，深入推进农村教育综合改革，促进"燎原计划"的实施，在李岚清同志的支持下，国家教委于 1995 年 12 月在全国部署实施了"燎原计划百、千、万工程"，这项工作的主要内容是，充分利用广大农村现有各级各类学校的条件，通过广播、电视等各种教学手段，在全国上千个乡、上万个村推广上百项农村实用技术。

二、"燎原计划百、千、万工程"取得的成效与主要经验

两年来，"燎原计划百、千、万工程"的实施工作取得了一定进展，成效较为显著。

（一）各地领导重视，积极行动，贯彻落实国家教委《关于实施"燎原计划百、千、万工程"的意见》

国家教委《关于实施"燎原计划百、千、万工程"的意见》下发之后，山东、辽宁、江苏、广东、黑龙江、湖北、新疆、上海等省、自治区、直辖市教委及时转发了文件，要求各级教育部门积极贯彻落实国家教委文件精神，上海市教委根据自身实际，制定了《关于实施燎原计划"十、百、千"工程的意见》，决定在郊区组织实施燎原计划"十、百、千"工程，即在上百个乡（镇）、上千个村，推广数十项农村实用技术和科技成果，并要求农村教育综合改革实验区县内实施"十、百、千"工程的乡镇达到 80%以上，其他区县内的乡镇达到 50%以上。

黑龙江省教委、大庆市人民政府，在国家教委布置这项工作的当月，就在大庆市召开了实施"燎原计划百、千、万工程"现场动员大会。

天津市教委制定了《天津市实施"燎原计划百、千、万工程"的若干意见》，要求"九五"期间在全市 100 个乡、1000 个村、10000 户中推广 10 项科技新成果，使"九五"期间科技进步对农业生产增长的贡献率达到 55%，新技术、新成果的推广覆盖率达到 80%。目前天津市实施"燎原计划百、千、万工程"的乡镇已达到 127 个，村 1386 个，农户 17057 户，立项 186 个，以项目带动人才培训 67391 人次，提前完成了原计划的任务。

1996 年 3 月，安徽省教委召开了滁州、黄山两市实施"燎原计划百、千、万工程"座谈会，省教育工委、省教委的一把手亲自参加会议并讲话。会后，省教委和省农科教结合办公室联合下发了《安徽省试点地区"燎原计划百、千、万工程"实施意见》，决定由省教委和省农科教结合办公室会同有关部门，结合本省实际，重点推广 40 项农业实用技术。

辽宁省教委于 1998 年 5 月召开了全省"燎原计划"工作会议，部署"燎原计划百、千、万工程"的实施工作。铁岭市所属大部分县市成立了领导小组，开展了项目培训，并确立 31 个示范乡镇，100 个示范村，推广 10 项技术。

天津市、山东省分别召开了会议，总结当地实施"燎原计划百、千、万工程"的经验和部署今后的工作。

全国 30 个农村教育综合改革地区（市）联系点和 116 个改革实验县大部分都根据自己的实际，制定了具体实施方案。

（二）各地坚持从实际出发，采取多种形式，积极推广农业科学技术

黑龙江省自实施"燎原计划"以来，已经逐步形成了以大中专院校为龙头，以农业中专、职教中心、农业中学、燎原学校、农民中专为依托，以乡办中学、成职联校、农民文化技术学校以及农村小学为基地的农业科技推广体系。为了推进"燎原计划百、千、万工程"的实施，他们利用学校专业基地和"三田一园"（种子田、实验田、高产示范田和生物园），充分发挥各自的智力、技术、设备优势，主动配合当地农业、科技等部门，送科技下乡进户，把实用技术及时有效地传播到农民手中，取得了明显成效。目前，全省 600 多万青壮年农民接受了各类技术培训，占应培训人数的 95%。农村经济增长中科技进步的因素由原来的 35% 提高到 40%。

安徽省在实施"燎原计划百、千、万工程"过程中，选择滁州、黄山两市作为实施"燎原计划百、千、万工程"的省级试点单位。两年来，为了提高农民的科学文化素质，他们加强了实用技术培训和岗位培训，推动科学技术进村入户。滁州市由市教委综改办和农科教办公室牵头，分别在 1996 年春、秋两季举办了 6 期较大规模的"燎原计划百、千、万工程"培训班，直接培训技术骨干 1500 余人次，层层累计培训 30 万人次。同时，他们本着实际、实用、实效的原则，有选择地推广适合当地需要的实用技术。黄山市重点选择

了名优茶开发、食用菌生产、种桑养蚕及水产等技术进行培训。1996年，全市生产名优茶5683.6吨，实现产值达1.6亿元，比上年增长73.9%。滁州市重点选择了"麦、油高产栽培，配方施肥，水稻旱育稀植及抛秧"等技术，1996年全市共推广水稻旱育稀植技术210多万亩，比上年翻了一番多，累计节支增收2亿多元。

（三）地方政府各部门加强协调和配合，使"燎原计划百、千、万工程"发挥了更加全面的作用

沈阳市人民政府要求各有关部门统筹协调、积极参与"燎原计划百、千、万工程"。1996年3月，市教委、市农业局、市科协、团市委、市妇联6家单位共同下发了《关于在全市农村开展燎原计划百、千、万工程活动的通知》。

上海市教委结合自身实际，在燎原计划"十、百、千"工程的具体实施过程中做到5个结合：1. 实施燎原计划"十、百、千"工程与落实《上海市科教兴农"九五"规划》结合；2. 实施燎原计划"十、百、千"工程与实施"绿色证书工程"结合；3. 实施燎原计划"十、百、千"工程与实施"燎原计划"项目结合；4. 实施燎原计划"十、百、千"工程与解决下岗职工再就业结合；5. 实施"燎原计划十、百、千工程"与功能性扫盲结合。1996年和1997年，上海市郊区接受各种实用技术培训的人员近百万人次。

中央电大及河北、辽宁、山东、内蒙、沈阳、南京等地的电大也积极行动，在实施"燎原计划百、千、万工程"中发挥了重要的作用。中央电大燎原广播电视学校编制的"燎原计划百、千、万工程"教学包（录像带、文字教材等），受到了各地普遍欢迎。特别是大庆市电大燎原学校，在实施"燎原计划百、千、万工程"过程中，充分发挥电教优势，坚持面向农业、农村和农民办学，大面积推广了玉米大双覆、大豆垄三栽培等实用技术，为贫困县脱贫致富作出了突出贡献。

（四）各地组织落实，加强投入，使"燎原计划百、千、万工程"的组织管理和经费得到保证

安徽、湖北、云南等省和一些地县，成立了"燎原计划百、千、万工程"领导小组，负责工程的组织和实施。

在经费方面，天津市、安徽省拨出了实施"燎原计划百、千、万工程"所需的部分专项经费；上海市要求各区县积极筹措资金以推进百千万工程的实施；湖北省教委提出农村学校勤工俭学，周转金优先用于扶持"燎原计划百、千、万工程"。

为了鼓励开展"燎原计划百、千、万工程"活动，湖北省教委还设立了实施"燎原计划百、千、万工程"奖，统一了申报条件、评审步骤、颁奖办法和奖励基金筹措等。例如，实施"燎原计划百、千、万工程"的乡镇、村的农民接受实用技术培训率达80%，每户农家有1名掌握两项以上农业实用技术的能手，年新增收入5000元以上，科技示范户占全乡镇总数的15%、占全村户数的20%，经专家评审组评定，可以确定为实施"燎原计划百、千、万工程"合格乡镇、村和示范乡镇、村。

（五）加强指导和宣传，加快了"燎原计划百、千、万工程"的进程

两年多来，国家教委一直重视对"燎原计划百、千、万工程"的具体指导和实施。1995年12月，开轩、明达同志在京主持了"燎原计划百、千、万工程"座谈会；国家教委燎原办与中国燎原广播电视学校共同组织编辑了多项技术资料；1997年4月，燎原办与中国燎原广播电视学校在黑龙江省大庆市召开了全国实施"燎原计划百、千、万工程"经验交流会。

实施"燎原计划百、千、万工程"两年来，积累了一定的经验。

1. 领导重视，组织落实，真抓实干，是搞好"燎原计划百、千、万工程"的首要条件。

2. 政策倾斜，加强经费投入，是搞好"燎原计划百、千、万工程"的基本保障。

3. 政府统筹，部门配合，是促进"燎原计划百、千、万工程"协调发展的重要条件。

4. 从实际出发，因地制宜，采取灵活多样的形式，是提高"燎原计划百、千、万工程"效益的重要原则。

5. 各级燎原学校积极参与，广播电视等现代教学手段与农村学校课堂教学相结合，是实施"燎原计划百、千、万工程"的技术保障和有效手段。

三、存在的问题和今后的打算

从各地反映的情况看，"燎原计划百、千、万工程"实施两年来，取得的成效较为显著，促进了农村经济发展和精神文明建设。在不少地方，"燎原计划百、千、万工程"被群众誉为"富民工程"，受到了群众的欢迎。但是，"燎原计划百、千、万工程"在实施过程中，还存在一定的问题和困难。

一是从全国看，这项工作仍处于起步阶段，大部分省、市、自治区都有行动，但还有不少地方基本没动，发展不平衡；二是一些地方反映，国家教委下发的《关于实施"燎原计划百、千、万工程"的意见》比较原则，缺少配套措施和资金支持；三是一些地方反映"燎原计划百、千、万工程"教学包（包括文字教材和音像教材），有些内容比较陈旧，希望今后能编制一些高新农业技术的教材和音像带。

今后要进一步加大"燎原计划百、千、万工程"实施工作的力度。1998 年是国务院批准实施"燎原计划"十周年和实施"燎原计划百、千、万工程"三周年，近年来各地积累了许多成功经验，一是要进一步加强交流、推广和宣传；二是自"燎原计划"和"燎原计划百、千、万工程"实施以来，各地涌现出了一大批先进单位和个人，各级教育部门要在适当时候给予鼓励和表彰；三是要继续加强"燎原计划百、千、万工程"所需要的科普教材和音像教材的编写工作。

中国农村教育综合改革研究
Study on China's Rural Education's
Comprehensive reform

第三部分

农村教育综合改革典型案例

河北省农村教育综合改革十年回顾[*]

农业、农村和农民问题，始终是我国经济发展和现代化建设的根本问题。农村教育是农村社会主义现代化建设的基础，振兴农村经济，加速农业现代化进程，根本的出路在于发展教育，提高农村劳动者素质。为了探索一条农村教育服务于农村经济建设和社会发展的路子，1987年2月，国家教委与河北省人民政府在阳原、顺平（完县）、青龙三县共同建立了"河北省农村教育综合改革实验区"。十年来，实验区紧密围绕农村教育服务农村经济建设，促进教育与经济、社会发展的紧密结合，进行了卓有成效的探索和实践，对深化农村教育改革产生了积极的推动作用。

一、顺应农村经济、社会发展的要求，农村教育综合改革在探索中起步

20世纪80年代初期，我国改革开放的大潮汹涌澎湃，随着全党工作重点的战略转移，农业和农村经济出现了迅猛发展的势头。而此时的我省农村教育仍相当薄弱。1982年全省5万多所小学，680多万小学在校生中，小学毕业生的及格率在45%左右，最低的不足20%；7至11岁儿童入学率虽已达到90%多，但坚持读完小学的却只有74%。140个县中，基本普及小学教育的仅有18个县；5300万人口中，文盲半文盲有1180万人，其中青壮年文盲半文盲达300多万人；初中毕业生合格率仅占20%左右；全省中小学尚有危险校舍98万多平方米，缺少课桌凳70万套。许多地方的中小学依然是"黑屋子，土台子，泥孩子"。

＊ 本文写于1997年7月。由河北省教育委员会供稿。

农村教育怎么办？当时担任河北省委第一书记的高扬同志经过深入的调查研究，于1983年2月提出了关于办好农村教育的"八条"意见。这"八条"意见提出了将农村中小学划归民办，依靠社（乡）、队（村）集资改善办学条件和提高教师待遇；国家集中财力办好高中、师范、农中、示范性重点初中和其他职业中学的改革、发展思路。同年5月20日，省委、省政府《关于印发高扬同志〈关于办好农村中小学的意见〉的通知》中明确指出："这是从实际出发的一项带根本性的改革，是进一步发展农村教育的必由之路。"这不仅是中国基础教育管理体制改革的重大突破，更重要的是为解决"穷国办大教育"的矛盾，开辟了一条现实性道路。基础教育"分级办学，分级管理"的体制首先在河北省得到确立，它极大地调动了县、乡、村三级领导和农民办学的积极性，农村办学条件得到迅速改善，中国农村教育出现了历史上从未有过的新局面。

基础教育办学体制的改革使人们找到了一条发展农村教育的新路子。但同时，人们也在思考这样一个最基本也是最重要的问题，农村办学的目的究竟是什么？

1964年春天，地处西北部山区的阳原县普及了小学教育，同年6月2日《人民日报》发表题为《阳原县普及小学教育是教育战线上的一面红旗》的社论。然而，到20世纪80年代初期，阳原县依旧是"吃粮靠返销，花钱靠贷款，生活靠救济"，全县人均收入不足120元。

就在阳原县普及初等教育的同时，安平县北郭村农中，以为农村培养实用人才为宗旨，从以沙治碱实验开始，继而向农民推广良种和科学种田知识，使农民看到了科技致富的希望。20多年来，北郭农中坚持面向农业和农村经济办学，为当地培养了一大批实用技术人才。太行山深处的易县九源村，1970年的春天，年近40的普通教师康西安来到这里任教。他为了让孩子们学点致富的本领，来改变家乡贫困落后的面貌，翻山越岭到45里之外的西陵林研所，向科研人员学习插杆、育苗、嫁接技术。他带领学生，开垦荒地，引进山桃树、山杏树、山楂树、雪桃树等一批经济林种；进行牲畜繁育试验；利用课余时间，搜集整理了大量的农村生产科技资料，编写成乡土教材，利用劳动课给学生讲授。他不仅让孩子们会念书识字，还掌握了农作物栽培、植树造林、繁育饲养牲畜等好多劳动技能。饱经沧桑的太行山区，曾用她那博大的胸膛哺育过中国革命。然而，解放30年了，这里的人民仍然过着贫困的生活，尽管党和政府每年都把返销粮、救济款及时发放到群众手中，但这并没能从根本上解决太行山区摆脱贫困的问题。1979 年初，河北农业大学承担了科技开发太行山的工程，河北农大 11 个专业的近 100 名教授、讲师，奔赴百里太行，展开了一场规模空前的科技大会战。他们靠自己对农村、对农业、对农民的满腔热忱，闯出了一条科技推广、技术服务、人才培养并举，坚持教学、科研、生产三结合，兴教富农，培养社会主义农业人才的"太行山之路"。国家教委赞誉河北农业大学给高等学校树立了为社会主义建设服务的榜样。从北郭农中的盐碱滩，九源小学的小林场，到热火朝天的百里太行，人们又一次深切地意识到：农村教育原本就不该远离农村，在迅速崛起的农村经济面前，教育应当承担起历史赋予的责任。

在全党工作重点转向以经济建设为中心的轨道之后，教育如何尽快实现战略性转轨已成为党和国家的一个紧迫问题。

1986 年初，担任河北省政府文教副省长并兼任河北省教委主任的王祖武同志通过对农村教育的详细考察，深深感到：农村教育严重脱离农村经济发展的状况再也不能继续下去了！农村教育的办学思想、教育结构、教学内容和办学道路非改革不可。1986 年 5 月，青龙满族自治县被确定为河北省农村教育改革试验县，由此开始了以试办四年制初级中学为重点，以教学内容和学制改革为中心，以培养为当地经济发展服务的实用人才为主要目标的教育改革实验。

在当时，国家教委的领导者们也在思索着同一个问题。

1986 年 7 月至 10 月，国家教委副主任王明达、杨海波先后到阳原、顺平县等地调查研究。

10 月 6 日至 8 日，国家教委在涿县召开座谈会，就建立河北农村教育综合改革实验区问题进行研讨。

10 月 21 日，王明达副主任又在保定就建立河北农村教育改革实验区问题，同副省长王祖武、省教委副主任周治华、陈逊先等同志交换意见，并取得了共识。

1987 年 2 月 27 日至 28 日，国家教委和河北省人民政府在涿州市召开了第一次河北省农村教育改革实验区工作会议。会议确定，在阳原、顺平（完县）、青龙进行贫困地区经济开发与教育综合改革实验。以"教育必须为社会主义建设服务，社会主义建设必须依靠教育"为指导思想，从引进信息、技术和人才，促进经济开发，帮助脱贫入手，根据经济发展水平和承受能力，改革教育结构、教育内容，安排合理的教育发展规模，培养当地适用的多层次人才，探索一条经济开发与智力开发密切结合，在发展经济的基础上发展教育，通过发展教育开发智力，促进经济发展的路子。

至此，河北省农村教育综合改革实验正式起步。国家教委为了有计划地逐步推广农村教育综合改革的典型经验，促进农村发展，报经国务院批准实施了"燎原计划"。1988年8月，在河北省南宫市召开了实施"燎原计划"工作会议，河北省率先实施了这一计划。1989年1月，河北省人民政府决定把农村教育综合改革实验区范围扩大到丰南、任丘、鹿泉（获鹿）、藁城、三河、南宫、邱县、安平、丰宁等12个县（市）。1989年5月，国家教委决定在全国建立百县农村教育综合改革实验区。河北省12县（市）和其他省、市、自治区共116个县（市）成为全国农村教育综合改革实验县。1990年1月、1994年3月，张家口市、保定市又分别被国家教委确定为全国地市级农村教改联系点。从1987年到1991年，国家教委与河北省政府联合召开5次专门会议，推动河北省的农村教改工作。

农村教育综合改革实验从河北省阳原、顺平、青龙三县起步，在全国农村轰轰烈烈地开展起来。

二、转变教育观念，端正办学思路，把农村教育转到主要为当地培养人才的轨道上来

党的十一届三中全会以后，农村经济的快速发展，迫切要求农村教育培养"用得上"的适用人才，迫切要求农村劳动者素质的进一步提高。但是，由于历史的原因，农村教育办成了单纯的"升学教育"，片面追求升学率的倾向相当普遍。学校为少数升学的学生考虑得多，脱离了大多数学生毕业后从事生产劳动的需要。教育结构单一，职业技术教育、成人教育薄弱，教学内容脱离生产、生活实际，很不适应农村建设的需要，更缺少"地方特色"。农民说，中学毕业生"种地不如老子，担担不如妹子，管家不如嫂子"。学生在学校里所学的知识回到农村派不上多大用场，尤其缺乏建设家乡的思想准备。

针对农村教育存在的弊端，各实验县从转变教育观念、端正办学思想

入手，以农村初中段教育为重点，以普通教育引进职教因素为主要内容，结合本地的实际情况，开展了多项教育改革实验。各实验县在中小学普遍开设了劳动技术课和劳动课，编写了乡土教材，建立了劳动实习基地，积极探索了不同的办学模式。青龙满族自治县把推行"五四"学制，作为农村教改的重要组成部分来抓，适应当代儿童少年身心发展的规律，通过改革传统的教学方法，使小学六年制的教学内容 5 年内完成，而把初中则改为四年制。在初中 1—4 年级每周开设 6 节职业技术教育课，4 年内职业技术教育课占总课时数的 20%。在教学内容上结合本县农业生产实际，推广农村实用技术；在教学方法上注重实践环节，培养学生动手能力。几年来，全县四年制初中在校生帮助家庭建起果园 4000 多个，管理家庭果树 30 万株，建家庭养兔场 852 个。各校共建立科技示范联系村 110 个，联系户 3400户，开展各项技术咨询 19000 次，传播推广实用技术 25 项，取得了可观的经济效益和社会效益。

西葛镇中学，是丰南市的一所镇办中学。在教改中他们实行普通中学与成人学校合一，"一址建两校，一长管两教，一师任二教"，充分利用普教和成教各自的优势，共建教学实习基地，共建实验室，共同开展生产试验示范，统筹为本镇的人才培养和科技进步服务。

丰宁满族自治县是高寒坝上山区县，他们结合当地实际，积极探索"三合一"办学模式。在乡办初中的基础上附设职业技术专业班和成人教育班，实行一个领导班子，一支专业课师资队伍，一套实习基地。使农村初中同时兼有普通文化教育、职业技术教育、成人教育三种功能，围绕提高劳动者素质、培养农村创业型新农民服务。

"三加一"，是教改实践中创造出来的一种新型办学模式。就是对未能升学的初中毕业生再加学一段时间的农村实用技术课程，这已成为河北省农村教育中普遍采用的一种方式。根据各地不同情况，有的加学一年，有的加学一学期，有的加学几个月或几个星期。任丘市在开展"三加一"教育中实行"两种证书"制度，初中毕业生只有获得职业技术培训证书后才能拿到初中毕业证书，从制度上保证了"三加一"教育的实施。

初三分流，是农村教育改革的又一办学模式。即初中二年级之后，根据学生及家长的意愿，对于想继续升学的仍然进行相关的文化课学习；而对于立志回乡从事农村经济建设的学生则分流到职业技术班，着重加强农村实用科技的学习。这既遵循了因材施教的原则，同时又加快了农村实用技术人才的培养。这一办学模式深受农民的欢迎。

以初中段为重点的农村教育改革，改变了传统的教育观念和办学模式，端正了农村教育面向农村建设、面向全体学生的办学方向，使广大学生"升学榜上有名，就业脚下有路"。使农村教育充满了活力，再一次得到了空前的发展。

以阳原、顺平、青龙三个贫困县为例，据1994年统计，教改以来，用于改善办学条件的投资达6781.5万元，是教改前37年总投资的3倍多。新建校舍203217平方米，维修校舍218661平方米，消灭了危房，所有学校全部实现了"一无两有八配套"。办学条件的改善，师资队伍素质的提高，提高了学校的教学质量和办学效益。阳原县1993年的小学考试及格率达93.7%，比教改前的1986年提高了41个百分点；初中升学考试及格率达82.4%，比1986年提高了63.9个百分点，由原所在地区12县的第12位上升到第一位；高中会考及格率达100%，居所在地区的第一位。

在深化基础教育改革的同时，各实验县主动适应农村社会主义现代化建设的需要，因地制宜，大力发展职业教育和成人教育，建立了职教中心、乡镇成人学校，教育结构基本趋于合理，三种教育协调发展，适应农村经济、社会发展需要的教育体系基本形成。

三、突破传统办学模式，大力发展职业教育，促进教育与经济、社会发展的紧密结合

农业和农村经济的发展，越来越取决于农村劳动者的素质和技术人员的数量。农村职业技术教育的崛起，既是顺应农村经济和社会发展的产物，也是农村教育改革的历史性突破。

在河北农村职业教育的发展史上，南宫二职中所开拓的"以贷建厂（场），以厂（场）养校，以厂（场）还贷，先建基地后招生"的办学道路；所创造的"上挂、横联、下辐射"的办学经验，有改革特色的"教学、生产、科研、经营、服务相结合"的办学机制，在全省乃至全国都产生了广泛而深远的影响。

南宫二职中建校之初，只有30万元家底。没有钱，任宝伦这位年轻的校长以个人的名义到银行贷款169万元，开贷款办学之先；没有地，说服本

村支部书记、村主任，赊购了 100 亩地。为建林果基地，他与本村签订了一份为期 29 年的合同，规定由村里提供 90 亩土地和树苗，学校负责技术管理，挂果前村方分文不取，挂果后村与校六四分成；为建学农基地，他租赁了村里 20 亩农田；为提高职中专业课教师的教学水平，他们与中国农科院、河北农大等十几所科研单位和高等学校建立了挂钩关系，请他们帮助培训教师，提供技术援助。在南宫市农、林、牧、科等部门，聚集着一批既懂理论，又有丰富实践经验的科技人才。二职中主动与这些部门建立协作关系，或请他们委派兼职教师，或与他们联办专业、联建实验示范基地。二职中十分重视科学技术的推广工作，每当学校试验成功新的项目，立即通过技术培训、发送技术资料、指导示范户生产等方式，迅速辐射到千家万户。"上挂、横联、下辐射"，把职教、成教、普教、农业、科技、教育有机地结合在一起，方方面面拧成一股劲，共同促进农村的经济发展和社会进步，实现了农村教育与当地经济紧密结合的最佳途径。国家教委副主任何东昌视察该校后兴奋地称赞说，你们找到了一条农村职业技术教育的正确道路。

适应农村经济对各类人才的需求，农村职业技术教育有了很大发展，各县（市）都开办了各种形式的职业技术学校。但由于办学分散，投入有限，各校都存在着规模偏小，专业师资缺乏，图书和仪器设备不足等问题，既影响教育投资的总体效益，又影响教育教学质量的提高。这个问题首先引起了鹿泉市党政领导的重视，经过调查研究，县委、县政府作出了职业教育实行"统筹联办"的重大决定。这一决定对鹿泉市乃至全省职业教育办学体制改革产生了历史性影响。

1989 年，鹿泉市用不到一年的时间，初步建成了一个占地 580 亩，建筑面积 10000 多平方米的职业技术教育中心，把原来国家投资分散办学的农业中学、职业技术中学、农民中专、技工学校、农业广播电视学校等，集中起来，形成一体，拥有 10 个专业、7 个实验场所、20 个教学班，在校生达到 1000 多名，办学效益有了明显提高。省委、省政府及时肯定了鹿泉市的经验，1991 年正式作出决定，在全省推广鹿泉市兴办县（市）职业技术教育中心的做法，每个县（市）建立一所职业技术教育中心，实行"政府统筹、部门联办、教委协调、一校多制"的办学体制。

1991 年 4 月，河北省政府在石家庄召开了全省职业技术教育工作会议。

时任省长的程维高同志到会讲话，提出了完善职教政策的5项措施，同时宣布：利用8000万元银行贷款，省财政贴息，由各县（市）按4比6安排配套资金，总额2亿多元，首批重点建设好60所综合职业技术教育中心。在各级党政领导的重视和支持下，一座座较高标准的县（市）职教中心拔地而起。到1995年底，全省139个县（市）全部建起了职业技术教育中心。县（市）职教中心的建立，开创了县级教育的新里程，它是全面贯彻党的教育方针，实现教育直接参与当地经济建设和社会发展并为之服务的重要举措，是办好教育为人民的新的飞跃和升华。职教中心紧密结合当地实际，不断深化办学思想、办学模式、教学内容的改革，多形式、多途径培养人才，推广技术，形成了各具特色的办学模式。

鹿泉市乡镇企业发展迅速，需要大量的中初级技术人才，鹿泉市职教中心根据需要开设了微机、化工、机电、财经、农牧等20多个专业，并通过法律的形式与联办单位签订培养合同，一方面保证了教学经费，同时确定了毕业生去向。他们围绕城乡一体化建设的需要办学，使职教中心生源充足，办学充满活力。

丰南市距唐山市只有10公里，几年来，经济发展迅速，城市建设不断加强。丰南职教中心根据小城镇建设的需要开设专业，并与县、乡企业联合办学，为当地培养了大批急需人才。

丰宁满族自治县地处河北省最北部，南邻北京北接内蒙，是深山坝上县，也是全国重点贫困县之一。丰宁职教中心在坚持面向农业，办好农、林、牧、家庭经营、水利水保、农产品加工等专业，为农业和农村培养人才的同时，适应乡镇企业发展的需要，同时瞄准京津劳务市场，开设了建筑、矿山、汽车、会计、电工等十几个为二、三产业服务的专业，按市场需求办学，增强了学校的吸引力。目前学校专业设置达17个，学生来源于3省17个县区，出现生源和就业两旺的好势头。他们根据专业不同向学生收取不同标准的学费，毕业后向用人单位收取一定数量的人才培养费用，走职业教育产业化的路子，初步实现了以校养校，既减少了学校对财政的依赖，又使职教本身得到了发展，较好地解决了贫困地区发展职教的资金来源问题。

农村职业教育的发展，不仅优化了农村教育结构，而且打通了教育面向农村经济培养人才的道路。

四、把经济开发、科技推广、人才培养紧密结合起来，实施"科教兴农"战略，推进农业和农村经济发展

农业发展靠科技，科技进步靠人才，人才培养靠教育，这是现代化农业发展的客观规律。

顺平县盛产大柿子，以个儿大、皮薄、味甜、色泽鲜艳而远近闻名，这里的人们祖祖辈辈依托着这些繁茂的柿树而维持生计。在导务乡，人均拥有柿树高达42.1棵。1987年秋，满怀喜悦等待收获的村民们，却眼看着那些即将成熟的果实纷纷落地，他们心急如焚，又无可奈何。在河北农大科研人员的帮助下，查清了灾害的原因是柿蒂虫在作怪。这种病虫专门啃吃即将成熟的柿蒂。它发生突然，灾害严重，而有效防治期又极其短暂。县政府迅速召开柿蒂虫防治会议，协调县科委、林业局、教委、扶贫办等部门拉开了灭虫大战的序幕。林业局、科委、职业中学在全县联合建起了三个虫情测报点，由专人负责，昼夜监视虫情的发展；科委的技术人员、职业中学的专业课教师通过乡村技校，对农民进行全员技术培训；扶贫办、各乡农业技术综合服务站为防治虫害备好农药、灭虫器械；全县269所中小学的4700名学生严阵以待，一旦接到治虫警报，便迅速将有关信息传送到千家万户。无疑，这一仗打胜了，这是一场靠多部门协作而取得的胜仗。

当人们兴高采烈地传颂柿子大丰收的喜讯时，县领导却在重新审视着原有的科技、教育、农村经济发展体系。十一届三中全会以来，以家庭联产承包责任制为基本特征的农村第一步改革，实现了"人和土地"的结合，靠政策调动了农民的积极性，解决了农民的温饱问题。而以调整产业结构，发展商品经济为核心内容的农村第二步改革，则要求实现"人和技术"的结合，促进生产力的发展，加快向小康目标迈进。农村经济发展需要科学技术，广大农民也呼唤科学技术。但是，掌握着科学技术的科技部门，虽有强烈的服务愿望，但缺乏技术传播渠道。而有着完整的农村教育培训网络的教育系统，却始终没有发挥出应有作用。顺应广大农民脱贫致富、发展经济的愿望和要求把农科教紧密结合起来，实行优势互补，形成合力，积极推广农业实用技术，加快培养农村实用人才，便成为推动农村经济发展的必然选择。于是顺平县迅速成立了由县长、主管农科教的副县长为正副组长，农科教等部门负责人为成员的农科教领导小组，各乡镇也建立了

相应的组织，形成了以县农科教领导小组为中枢，以县综合职校为龙头，以乡、村各类学校为依托，县、乡、村三级农业技术培训、推广网络。依靠这样一个农科教统筹结合的完整体系，他们引进了玉米模式化栽培、叶面宝使用、瓜棉间作、棉花地膜覆盖等先进的种植技术。他们把这种做法形象地称为"引科技之水，入教育之渠，浇农业之田，结丰收之果"。

1992年2月，国务院颁发的《关于积极实行农科教结合，推动农村经济发展的通知》指出："没有农业和农村经济同科技、教育的结合，就没有农村的现代化。"各级政府要"切实抓好这件兴国利民、造福子孙后代的大事。"农科教结合，关键是"结合"好，只要结合得好，就会产生强大合力，产生新的整体效益。总结我省的农科教结合的做法，主要体现在五个方面：（一）在人才使用上结合，专业教师、科技人员由市、县、乡的农科教结合领导小组统一调度，共同搞好技术培训、技术服务、科研攻关和各种技术承包等；（二）在设施上结合，对各部门的站、所、场、中心等实体设施和基地统筹使用，承担推广项目和技术培训任务；（三）在经费上结合，政府从有关经费拿出一部分，与农业开发资金、发展基金、扶贫经费、科技经费捆在一起使用，设立专项资金，专款专用；（四）在规划上结合，共同制定经济开发、科技推广、人才培训的配套规划；（五）在项目上结合，统筹实施"星火""燎原""丰收"计划，组织农科教各部门共同协作完成项目。在农科教统筹结合的模式上，河北省走出了一条县（市）建中心、乡（镇）建实体的路子。

县（市）职教中心成为县一级农科教统筹结合的枢纽。职教中心成立了办学委员会，与县农科教统筹小组同为一套人马。县（市）职教中心成为人才培训、技术推广、科技示范、生产经营、信息服务的基地。乡（镇）农科教统筹实体，则因地制宜，有多种形式。鹿泉市建立了乡技校、农机服务公司、技术推广站、乡农广分校四位一体的多功能服务中心。阳原县成立了乡农科教中心，下设一校两站，即成人学校，农林牧技术推广站、技术物资服务站。任丘市试行乡技术校与乡农技站合一，乡技校与农民技术研究会和各种专业技术协会相结合。各实验县依据这些中心、实体，开展了多种形式的实用技术培训、推广工作，为广大农民的脱贫致富、促进农村经济发展发挥了积极的推动作用。

阳原县揣骨疃镇，坚持以镇村农民文化技术学校为阵地，围绕当地支柱产业和经济开发项目，每年举办各类培训班 180 多期，培训农民 1 万多人次。目前，全镇已取得农民技术职称的技术员 125 名，取得皮毛、地毯技术职称的 1200 人，掌握 1~2 项实用技术的 8000 人，每户都拥有 1~2 名技术明白人。

青龙县草场村，年人均口粮不足 300 斤。在县教育局的帮助下，草场村建起了农民技校。他们利用小学校的教室和桌凳，把农民组织起来，利用星期天和晚上学习林果、农学、畜牧等实用技术，农民学习了林果技术，产量成倍提高；农民学了节柴灶技术，仅改建节柴灶一项，便节柴 90 万斤，节约资金 36 万元；推广优种白薯的温床育苗及加工粉条技术，每年增加收入 1 万多元。如今，草场村的农民家家有余粮，大米白面成为主食；户户盖起了新房，迁进新居。农科教结合取得了明显的经济效益和社会效益。

五、高等学校的参与为农村教育改革注入了活力，同时高校自身也走出了一条服务经济的改革之路

早在农村教育综合改革实验之初，国家教委和河北省政府就十分重视高校和科研单位在智力扶贫中的作用。1987 年 2 月河北省农村教改实验区工作会议明确提出：当前教改工作的重点之一就是组织高校和有关部门帮助实验县开发经济。于是清华大学、天津大学、南开大学、北京师范大学、中央教科所、河北农大、河北农技师院、张家口农专、保定师专等学校的师生先后奔赴阳原、青龙和顺平县。

阳原县在历史上是有名的贫困县，过去人们主要以谷子糊糊裹腹，史称"糊糊川"。由于基础差，底子薄，经济发展十分缓慢。据统计，从 1961 年到 1981 年的 20 年间，全县人均收入仅 63 元。十一届三中全会以后，阳原县改变了单一发展农业生产的状况，农村经济得到初步发展，并利用大秦铁路征地款办起了一批工业企业。但由于人才缺乏，技术水平低，信息不灵，因此许多企业效益不高，甚至严重亏损。阳原县地毯厂，由于漂洗工艺控制不严格，漂洗的地毯不合格，积压价值 300 万元的地毯不能出厂。清华大学化学系教授经过现场分析研究，找出了原因，提出了控制漂洗工艺的措施，使积压产品经重新漂洗，全部合格，出口创汇。

顺平县化工二厂是县办企业，由于盲目上马新产品，加上工艺落后，管理混乱，职工素质低等，工厂处于严重亏损状态，到 1986 年已累计亏损

102万元。这对于一个贫困县来说真是雪上加霜。天津大学派出化工系、应用化学系的教授和讲师等深入工厂调研分析，经过30多次的小试、中试，使生产的主要技术改造成功。节约能耗5/6，提高工效20倍，把几年积压的半成品全部转化为合格产品，当年收回资金60万元。

河北农大继太行山科技开发之后，又积极投身到农村教育综合改革的大潮中。他们把帮助建立技术培训与推广网络作为主要任务，把扶助县（市）农职中学作为重点工作来抓，针对农职中专业课教师数量不足、质量偏低的现实，利用多种渠道、多种形式为实验区举办了果树、蔬菜、畜牧兽医等多种层次的培训班、专业证书班、本科师资班等，培养了大批合格教师，缓解了专业课教师紧张的局面。他们积极探索建立农村教育培训与技术推广网络，使河北省形成了以农业高校为依托，中等农业技术学校为二传手，县职中、乡技校和村夜校为主阵地，辐射到户的省、地、县、乡、村五级技术培训与推广网络，大大提高了科技成果转化为现实生产力的速度，取得了明显的经济效益和社会效益。

河北农大在参与教改中重视推动民间各种专业技术学会、研究会的发展，充分发挥其在推广适用技术和开辟新产业中的作用。他们帮助顺平县成立了"桃协会""西瓜协会""食用菌协会""红富士苹果开发协会"等。"红富士苹果开发协会"是以河北农大教师为技术后盾的群众性科技组织，这个组织首先由农大教师对会员进行培训，按果树生长季节，每年至少要培训7~11次，平均每期参加培训人员300多人，最多达到1500人。同时，协会从产前、产中、产后开展综合服务，建立了产供销一条龙的服务机制。由于协会给果农带来很高的经济效益，发展非常快，由原来的100户，扩展到4个县20个自然村的1160户，果树受益面积5000多亩。

教改十年来，先后有42所高校和科研单位参与了这一伟大工程，他们发挥自身在知识、技术、信息、人才等方面的优势，帮助实验县制定或优化经济、社会和教育事业发展规划；帮助县、乡企业进行技术改造和新产品开发；采取多种方式为当地培养、培训师资和技术骨干、管理人才；帮助实验县搞好职教中心建设和普通中小学教育教学改革等等，为深化农村教育改革作出了突出的贡献。县校合作取得了一些很好的经验。清华大学与阳原县，由最初的领导互访发展为以项目为纽带，坚持互惠互利的原则，多层次、多形式、多渠道地开展合作，它适应了市场经济的客观规律，使县校合作具有了强大的生命力。清华大学为阳原县专门设立了阳原县驻清华大学科技联络处，而阳原县则成为清华大学社会实践的基地。

高校参与农村教改，不仅仅是通过智力扶贫，使农村早日摆脱贫困，更重要的是，高校参与为农村带来了新的信息、新的思想，它使更多的农民脱离了愚昧、保守，从而走上依靠科技致富的道路。同时，高校在参与农村教育综合改革中，也找到了服务农村经济建设的主战场，促进了高校自身的改革。

六、十年改革，成就显著，展望未来，任重道远

从 1987 年 2 月河北省农村教育改革实验区第一次工作会议的召开，至今已整整十个年头。农村教育综合改革十年来，在国家教委的直接关怀和精心指导下，在省委、省政府的大力推动下，各教改实验县（市）积极探索、勇于实践，发挥创造精神，使农村教育的改革与发展取得了明显的成效。不仅给农村教育注入了新的生机和活力，而且也为农村经济的振兴和社会的全面发展进步开辟了一条希望之路。

农村教育综合改革促进了农村教育事业自身的蓬勃发展。农村"分级办学，分级管理"的教育体制已建立并得到不断完善，普及九年义务教育的步伐加快，教育结构日趋合理，办学条件明显改善，实验区各级各类教育的师资水平、教学质量和办学效益都有了较大提高。

12 个县（市）全部普及了小学阶段教育，其中有 6 个县（市）普及了九年义务教育；12 个县（市）全部建起了职教中心，高中阶段职业学校在校生与普通高中在校生之比达到了 1.2∶1；乡镇农民成人学校办学面达到100%，村成人学校办学面达 80%，青壮年非文盲率达到 98%以上。

农村教育综合改革使人们的思想观念发生了深刻的变化。在农村教育的办学指导思想上，基本由单纯的"升学教育"转到了主要为当地经济和社会发展服务，兼顾升学的轨道上来，改变了过去那种教育结构、培养目标单一，教学内容脱离实际的局面，形成了基础教育、职业技术教育、成人教育协调发展的新局面；在农村经济建设上，开始由就经济抓经济转到了发展经济靠科技进步和劳动者素质提高的轨道上来，"治穷必须先治愚，富民必须先兴教"的观念正在深入人心，教育的战略地位得到加强，尊师重教的风气日益浓厚，科技意识不断提高。

随着农村教育思想的转轨、教育结构的调整和各类教育事业的蓬勃发展，农村劳动者的素质普遍大幅度提高，吸收和运用科技的能力明显增强，进而促进了农村生产力水平的提高，推动了农村精神文明建设。教改实验县（市）许多乡村出现了无文盲、无超生、无赌博、无偷盗、无打架斗殴、无迷信活动的好局面，一种学习文化、科技致富、健康文明的新风尚正在兴起。

党的十四届五中全会提出：经济工作要实现两个根本性转变，并把"科教兴国"作为一项重要的战略措施。八届人大四次会议审议通过的《关于国民经济和社会发展"九五"计划和2010年远景目标纲要》为今后15年社会主义建设规划出了宏伟蓝图。这为农村教育的改革和发展提供了难得的机遇，也提出了新的更高的要求。"九五"是河北省实现经济振兴的关键时期，"科教兴冀"已成为河北腾飞的重大战略举措。农村教育的改革与发展将对此担负起重大的责任。

"九五"期间，河北省农村教育综合改革实验区将继续坚持国家教委提出的"点上深化，面上推广"的方针。

基础教育将加大改革力度，在普及九年义务教育的同时，积极推行素质教育，把对学生进行文化知识教育、思想道德教育与实用技术教育结合起来，加强德育工作，全面提高学生的整体素质。积极探索并建立由应试教育向素质教育转轨的有效机制，全面贯彻党的教育方针。

职业技术教育将重点结合当地需要，加强联合办学，走产教结合之路，逐步达到校企合一，以企养校。深化内部管理，增强办学活力，加快培养适用人才。成人教育重点抓好乡（镇）成人学校建设，使之成为乡（镇）经济发展的重要依托，成为精神文明建设的阵地。

积极探索不断完善"三教统筹"、农科教结合的运行机制，逐步形成基础教育、职业教育、成人教育共同发展、相互衔接、结构合理的农村教育体系，加快实施"燎原计划"步伐，把农村教改的成功经验在全省全面推开。

机遇与挑战并存，困难与希望同在。河北农村教改实验区将继续发扬改革精神，勇于实践，不断开拓，再创辉煌。

阳原县农村教育综合改革，实施 "科教兴县" 战略的十年探索[*]

1987 年 2 月，国家教委、河北省人民政府联合确定阳原县为农村教育综合改革实验县，拉开了阳原教育综合改革的帷幕。历经十年，阳原人民努力实践，取得了明显的成效。

一、改革背景

阳原县是教育的先进县。早在 1964 年，全县就普及了小学教育，被《人民日报》誉为 "教育战线上的一面红旗"。截至 1986 年，全县 90% 的青壮年具有小学以上的文化程度，初、高中毕业生占劳动力总数的三分之一多。

作为教育的先进县，却是经济的贫困县。据统计，1958—1978 年的 20 年间，全县人均收入仅有 60 多元。十一届三中全会后，联产承包责任制极大地调动了农民的生产积极性，全县经济一时有了较大的发展，但之后又发展缓慢。1986 年，全县人均收入 121 元。

教育与经济形成了强烈的 "反差"。反思历史，终于找到了反差的症结——先进的教育没有培养出大批的实用人才，人才的匮乏制约着经济的发展。

长期以来，全县主要抓的是普通教育，普通教育又普遍办成了 "升学教育"。每年，近 3000 名初、高中毕业生只有少数升学，大多数回到农村，学到的文化用不上，需要的技术却没有学。成人教育基本上搞的是扫盲，

---

* 本文写于 1997 年 7 月。根据阳原县委、县政府提供经验材料编写。

职业教育没有摆到重要的位置上。全县技术人才奇缺，生产水平落后。农民种地靠的是"粪大水勤"，种树不懂得剪枝，养殖不会防疫灭病，办起的几个工厂也因缺乏人才变成了"包袱"。

从解决教育与经济相互脱节的问题入手，阳原县开始了教育综合改革。

二、主要做法

（一）加强组织领导，全民办教育

阳原县具有尊师重教的优良传统。历届县委、政府都高度重视教育，主要领导亲自抓，带动领导班子集体抓。县成立了教改领导小组，下设办公室作为政府常设科局级机构，并积极推行领导包点、工作例会、现场办公、检查评估等制度。各乡（镇）建立了相应组织，各行政村配备了科技副主任。全县实行了中心校长任副乡（镇）长、村主任教师任村委会副主任的新体制。县委、县政府先后制定了一系列文件，如《阳原县教育改革实验方案》、《关于深化农村教改实验工作的决定》、《关于进一步深化教改、促进农科教结合的决定》等，加强了对教改工作的组织领导。各级党委、政府注重为教育办实事，在财政困难的情况下优先保证教育经费的支出。全县人民捐资助教，年可达100多万元。广大教师忠诚教育事业，他们在艰苦的条件下，不计个人得失，默默地工作。有的热衷于教育研究，他们的研究成果在全省乃至全国都产生了一定的影响。

（二）改革教育结构，普、职、成"三教统筹"

针对过去教育结构单一的状况，改革和发展普通教育的同时，大力加强职业教育和成人教育，全县初步建立了"三教"并举，协调发展的大教育格局。

普通教育重点实施普及九年义务教育这一奠基工程。改革的重点是变片面的升学教育为全面的素质教育。通过开设劳动课和劳动技术课、开辟实验基地、改"六三"学制为"五四"学制等措施，加强了素质教育。全县于1993年普及了初等义务教育，力争1997年普及九年义务教育。

职业教育和成人教育建立了县、乡（镇）、村三级教育网络。县重点建设一所职业技术学校，按照"政府统筹、部门联办、教委主管、隶属不变、产教结合、一校多制"的办学原则，学校集职业高中、中专、中技、农广校、县成人培训中心等于一体,占地 500 亩,在校生近千人,成为全县职业教育、成人教育的"龙头"。1994 年,省教委命名县职教中心为"一星级示范性职教中心"。乡(镇)、村都办起了农民文化技术学校,办学面达到100%。农技校以扫盲为基础,以技术培训为重点,年办班 3000 多期,培训11 万多人次。全县办起了 27 所职工技校,职工培训率达到 95% 以上。

(三)农科教结合

"引科技之水,入教育之渠,灌农业之田,结丰收之果",这是农科教结合的基本思想。阳原县农科教结合的主要做法是:加强领导统筹,保证结合;改革和发展教育,启动结合;建立示范体系,引导结合。

在教改领导小组的统筹下,县农、科、教部门改变了过去各自为政的局面,共同制定了《农科教发展规划》,通力合作,优势互补。农科教结合重点在乡(镇),各乡(镇)都建立了农科教中心,中心集人才培养、科技推广、经营服务等于一体。起始,农科教部门以经济开发项目为结合点,全县确定了 20 个结合项目,取得了"引进一个项目,培养一批人才,形成一个产业,致富一方群众"的效果。随着实践的不断深入,结合面日趋宽广并逐渐走向自觉化。

(四)依托高校,借水行舟

教改以来,清华大学,北师大,河北农大、农技师院、建工学院,张家口师专、农专、医学院等高等院校给予阳原县极大的帮助,在多方面发挥了极其重要的作用。据不完全统计,这些高等院校已为阳原县培养出 450名定向生(含清华夜大),培训各类人才 1200 多名,完成技术改造 29 项,解决技术难题 64 个,转让科技成果 47 项。本着"互惠互利"的原则,逐步走出了一条"县校协作"的路子。

(五)以点带面,星火燎原

教改伊始,阳原县确定了三个村(骆驼岭、石盆、岳家庄)和两个乡(马圈堡、高墙)为试点。1988 年,发展到 8 个示范乡(镇)、40 个示范村、636 个示范户。现已发展到 14 个示范乡(镇)、200 个示范村、4000 个示范户。在此基础上,全县重点实施"五个一"工程,即抓好 10 个农科教中心、100 所成人技校、100 个示范村、1000 个示范户、试验推广 10 项实用技术。小石庄、曲长城、柳树皂、大湾台、五马坊 5 个村确定为高标准的示范村。作为综合性示范点，它们将建成"小康村"的样板。全县出现了一批辐射能力很强的典型，这些典型犹如"星星之火"，逐步形成"燎原之势"。

三、改革成效

（一）促进了全县经济和社会的发展

通过教改，阳原县经济发展逐步转移到依靠科技进步和提高劳动者素质的轨道上来。教改第一年，全县农业产值就比教改前的 1986 年增长了 44.5%，农民人均收入 289 元，比 1986 年翻了一番。1993 年，全县遭受了百年不遇的大旱，仍取得了较好的经济水平，工农业总产值达到 63425 万元，比 1986 年增长了 3.3 倍，经济综合指标由原地区最后一位上升到第 4 位。1994 年，农民人均收入达到 730 元，全县城乡储蓄余额达到 2.9 亿元，人均 1170 元。1995 年，阳原县又遭受了洪涝、冰雹等自然灾害，农民人均收入却达到了 974 元，创历史最高水平。

广大干部群众的思想观念发生了很大变化。"治穷先治愚，治愚靠教育"的观念深入人心，"科教兴县"的思想已成为共识，学科技、用科技蔚然成风。全县 70% 的行政村被评为"文明村"，10 个村成为"小康村"。

（二）推动了教育自身的发展

通过改革，全县初步建立了结构合理、类别齐全的教育体系。普通教育走出了"千军万马过升学独木桥"的困境，教育质量稳步提高。教育与经济形成了"教促富，富促教"的良性循环，全县人民办学积极性高涨。据统计，1987—1995 年，全县仅改善办学条件的投资就达 2713.3 万元，是教改前 38 年总投资的 4.4 倍。全县校舍发生了巨大的变化，不少学校过去是"破房子、土台子"，如今已成为"村子里最好的房子"。

1988 年，河北省人民政府命名阳原县为"职业教育、成人教育先进集体"，1991 年又命名为"普及义务教育先进单位"，1994 年，国家教委授予阳原县"农村教育综合改革先进单位"光荣称号。

（三）取得了宝贵的经验

在教改实践中，阳原县探索积累了宝贵的经验。实践证明，"党重教、政兴教、民支教、师乐教"是发展教育的根本保证；农科教结合是农村和农村教育发展的必由之路；普、职、成"三教统筹"是农村教育结构的合理模式；依托高校是加速农村和农村教育发展的重要手段。以点带面、"星火燎原"，是符合农村特点的行之有效的工作方法。

顺平县农村教育综合改革十年回顾[*]

顺平县（原完县）位于河北省中部，太行山东麓，总面积 708 平方公里，耕地面积 39.6 万亩，辖 10 个乡镇，237 个行政村，人口 28.6 万。1986 年，顺平县被国务院确定为全国重点扶贫县，全县共有小学 234 所、普通初中 24 所、普通高中 2 所、职教中心 1 所、乡农民综合技术学校 10 所；在校生 50264 人，教职工 3406 人。

1987 年 2 月，顺平县被国家教委和河北省人民政府确定为全国农村教育综合改革实验区。十年来，在上级党委、政府、各级教委、大专院校和科研单位的支持、指导下，顺平县始终坚持以农村教育综合改革为突破口，紧紧围绕"富民强县奔小康"这个主题，解放思想，更新观念，深化改革，扩大开放，实施"科教兴县"战略，使经济建设逐步转到依靠科技进步和提高劳动者素质的轨道上来，初步形成了"教促富，富促教"教育发展与经济发展良性循环的机制，有力地推动了全县国民经济持续、快速、健康地发展和社会各项事业的全面进步。

一、农村教育综合改革的主要成果

随着经济改革的不断深化，农村教育与经济发展的客观需要严重脱节的弊端成为亟待研究解决的重要课题。为了探索教育改革与发展的路子，首先在教育内部实行"三教统筹"。随着认识的深化，又抓了农科教统筹与结合，使各部门优势互补，形成合力。同时，积极实施"燎原计划"，提高了农村教育综合改革的整体效益，走出了一条经济开发与智力开发密切结

---

* 本文写于 1997 年 7 月。根据顺平县委、县政府提供材料整理。

合，在发展经济的基础上发展教育，通过发展教育开发智力，促进经济和社会发展的路子。

（一）教育事业蓬勃发展，办学质量和办学效益稳步提高

通过培养、培训，师资队伍素质结构、整体水平明显提高。1995 年，全县小学教师学历达标率 96%、初中 73%、高中 48.6%，分别比 1986 年提高了 29.6、51.1 和 21.4 个百分点；小学学生入学率、巩固率、普及率和毕业率分别达到 99.8%、99.6%、99.5% 和 99.8%，分别比 1986 年提高了 9.3、6.5、7.4 和 6.8 个百分点；小学升入初中入学率达到 82.4%，初中学生巩固率、毕业率、升学率分别达到 91%、95% 和 42%。1993 年、1994 年高考，连续两年进入全市"四强"行列，1995 年高考上省专线 107 人，地专线 37 人，全县共送走大中专学生 376 名，比 1986 年增加 333 名；1996 年高考上省专线 149 名，创历史最高水平，继续保持了在全市领先的优势。职教中心共为社会输送中初级技术人才 2350 名；成人教育办学面达到 100%，在乡中学生培训面 99%，青壮年劳动力培训面 92%，青壮年非文盲率 98.7%，年直接培训农民 10 万人次。各类人才的培养，为各种主行业充实了生力军。通过十年教改，培育了一批现代型管理人才，形成了一定规模的人才储备，通过"三教统筹"，充分利用原有条件建立了比较合理、有效的农村教育体系，为农村培养了一大批人才。他们有技术、懂商品生产知识，能经营，会管理，成为农村新型农民的代表。特别是，在十年来的农村教改实践中，各级干部也在不同程度上经受了锻炼，增长了才干，为顺平县各方面事业的长足发展提供了十分可贵的人才。

（二）经济建设较大发展，人民生活水平较大提高

正是由于教育工作的长足进展，特别是由于教育综合改革的逐步深化，顺平县的经济建设取得了较大的成绩，人民生活水平也有较大的提高。

——县城经济整体实力增强。1995 年全县国民生产总值完成 45276 万元，比 1986 年增长 274.1%，年递增 15.8%；

——工业发展迅速。1995 年全县工业总产值 76230 万元，比 1986 年增长 646.9%，年递增 25%；

——农业生产稳步发展。1995 年农业总产值完成 65260 万元，比 1986

年增长 86.2%，年递增 7.2%。1995 年粮食总产完成 126277 吨，比 1986 年增长 42.1%，年递增 4%，创历史最好水平。1995 年全县建设吨粮田 10 万亩，平均亩产 872 公斤。高效农业种植实现总产值 1.56 亿元。果品总产突破 1 亿斤大关，完成 5.5 万吨，比 1986 年增长 437.6%，年递增 20.5%；

——乡镇企业从无到有，发展迅速。目前达 4000 多家，从业人员达 5 万多人。1995 年全县乡镇企业总产值完成 88528 万元，利润 7861 万元，税金 1307 万元；

——财政收入总额和增幅均创历史最好水平。1995 年财政收入 2892.7 万元，比 1986 年增长 404.6%，年递增 19.7%。

——固定资产投资成倍增加。1995 年全县社会固定资产投资完成 18570 万元，比 1986 年增长 544.2%，年递增 23%；

——市场繁荣稳定。1995 年全县社会商品零售额完成 12236 万元，比上年增长 31%；

——城乡人民生活继续改善。农民人均收入由 1986 年的 384 元增长到 1995 年的 1107 元，年递增 14.2%。全县 16 个特困村、16000 人稳定解决温饱，贫困村由 1986 年 198 个减少到现在 44 个，贫困户由 1986 年的 51358 户减少到现在的 9834 户，贫困人口由 1986 年的 210196 人减少到现在 34293 人；

——人口增长得到控制。全县 1995 年末人口为 286480 人，人口出生率和自然增长率分别为 8.69‰和 2.74‰。

二、农村教育综合改革的基本实践

（一）坚持把提高对教育的认识放在突出位置

十年来，顺平县始终坚持把对教育的认识、思想观念的转变放在突出位置，贯穿于整个教改工作的各个环节之中。把搞教改实验区看成是振兴顺平的重大机遇，把教育教改工作自觉纳入了重要的议事日程，作为政府行为，不断加强领导。十年来，县里的主要领导换了几任，但他们重视教育、狠抓教改的思想没有变，而是"一任干给一任看，一任接着一任干"，教改年年都有新面貌。具体表现在以下几方面。

1. 建立了实验区工作领导小组和专门办事机构，各乡镇配齐了专职科教副乡长，村村设立了科教副主任。

2. 先后制定了教改例会制度、领导包乡制度、督办制度、教改目标管理制度和定期考核评估制度，使各项工作事事有人管，件件有回音，形成了一级抓一级，层层抓落实的良好局面，确保了教改工作各项任务落到实处。

3. 先后制定了《顺平县关于进一步加强农科教统筹的意见》、《顺平县教育改革和发展纲要实施意见》、《顺平县普及九年义务教育规划》等一系列政策性文件，统一全县干部、群众的认识和行动，为教育改革创造了一个良好的社会环境。在县财政十分困难的情况下，提出了"再穷不能穷教育，再苦不能苦孩子"的口号，制定了顺平县《关于保证教师工资优先发放的决定》，在几年来不少地方出现教师工资拖欠的情况下，顺平县教师工资从未出现拖欠。为了解决民办、代课教师工资低的问题，县委、县政府制定了《顺平县关于提高民办、代课、幼儿教师工资待遇的暂行规定》，从1995年7月1日起施行。为解决教师住房难问题，1997年顺平县为教师优惠提供地皮5000多平方米，提供优惠住房1200平方米，顺平中学两座投资近300万元的宿舍楼已经动工。

4. 县委、县政府坚持把教育工作纳入全县经济发展规划，统筹安排，规定了教育会议吸收经济部门和党政干部参加，经济会议吸收教育部门领导参加的制度，调动了各级各部门主动依靠教育、热心支持教育的积极性。不少乡（镇）党委书记带领乡村干部检查校舍，现场办公，使改善办学条件迅速形成热潮。农、林、牧、企等部门的负责同志主动与教委、职教中心和农综校联系，举办各种技术培训班，形成了各级领导关心、支持和参与教改的好局面。全县干部、群众的思想观念发生了极大变化，科技意识深入人心。人们对教育的范围和功能的认识发生了变化，逐步树立起了大教育观念：一是从教育只是普通教育、学校教育的小圈子的认识中走了出来；二是认识到教育的功能不单是升学，而主要是发展当地经济，为当地经济培养人才；三是通过教育作为传播技术的渠道，使科学技术得到推广普及，增强了干部、群众的科技意识，使人们的思想观念和劳动行为转向了依靠科技致富的轨道；四是对教育的投资，就是对未来的经济繁荣和竞争能力的投资，也就是对未来的生存和前途的投资——这已经成为顺平教育改革实验区人们的共识。

（二）多渠道筹措教育经费，办学条件显著改善

在 1987 年教改以前，顺平县由于受历史条件及自然条件制约，经济落后，办学条件极差，不少学校是"土台子、黑屋子、泥孩子"，校舍倒塌现象时有发生。开展农村教育综合改革以来，在县财政十分紧张的情况下，县委、县政府始终对教育高看一眼，厚爱一层，千方百计增加教育投入，勒紧腰带办教育。

1. 在安排财政预算时，确保财政对教育拨款实现"三个增长"。从 1995 年起，县财政按总收入的 1% 设立了义务教育基金，用于扶助贫困乡实施义务教育。

2. 在保证正常教育经费不断增长的同时，坚持征足用好各类教育费附加，主要有以下两项：一是城乡教育费附加按增值税、营业税及消费税额的 3% 征收；二是农村教育费附加按农民人均收入 2% 征收。农村教育费附加实行了"乡筹县管"的办法，专户储存，专款专用。从 1995 年起，顺平县新开征了五项教育费：①全县干部职工按工资总额的 1% 征收义务教育费；②城镇住宅建设及其他非生产性建设按每平方米 5 元标准征收义务教育费；③宾馆、旅店等营业招待服务单位，每个床位征收 1 元的义务教育费；④征收城镇增容费。迁入城镇内的单位，按照人均 600 元，由迁入单位交纳。迁入城区的个人（招生、毕业分配、军转地除外）每人按 500 元征收，由单位或个人交纳；⑤社会集团购买控购商品的，由控办部门按控购费用的 8% 征收义务教育费。

3. 坚持分级办学、分级管理，不断强化政府行为，依法治教，依法治校，确保教育投入到位。

4. 成立教育基金会，目前拥有基金 30 万元。

5. 认真实施希望工程和开展社会捐资助教活动，广泛寻求社会支持。希望工程在顺平布点 6 年来，共救助失学儿童 1830 人。1993 年 10 月以来，接受各界捐赠的建校款 437 万元，新建小学 12 所，全县校舍危房面积从 1990 年的 3840 平方米，下降到 1995 年的 960 平方米。通过这些工作，不仅改善了办学条件，也使顺平县形成了全民重教的社会风气。十年来，全县共投入 4689.7 万元用于改善办学条件，新建校舍 13.8 万平方米，消灭危房 3470 间，建起高标准教学楼 40 座，购置教学仪器、文体器材 8.7 万件，图

书17.2万册。1995年顺平县普及初等义务教育工作经过省、市评估验收，基本达标，予以认定，并报省、市人民政府给予奖励，顺利地实现了普及初等义务教育目标，为普及九年义务教育奠定了一定的基础。

（三）进一步调整教育结构，形成了普、职、成"三教"协调发展的农村教育新体系

过去，顺平县的农村教育结构单一，目标单一，学生去向单一，与当地农业和农村经济发展的需要极不适应。教改以来，坚持把调整和优化教育结构作为农村教育综合改革的突破口，逐步使普、职、成"三教"结构，与顺平县农村产业结构的调整相适应，基本形成了结构合理，比例适当，规模适度的普教、职教、成教"三教"统筹发展的农村教育新体系：1.调整了普通中小学布局，撤销6所国办初中，建立起24所乡中，逐步做到与职业技术教育衔接；2.创办职教中心，改建初级职中，增大了职业技术教育比重，1995年职教中心与普通高中招生比例达到1:1，在校生人数达到0.76:1；3.全县10所乡镇都建立了农民综合技术学校和农业技术综合服务站，80%的行政村建立了农民技术分校，使成人教育紧贴经济建设，增强了直接服务于农业和农村经济的功能；4.乡中从中心校分离出来，强化乡中功能，解决了农村教育"腰中软"的问题；5.从今年开始推行"五四"制，进一步加大职教因素。

（四）抓根本、打基础，不断提高教学质量

1.进一步强化德育工作，把坚定正确的政治方向放在第一位。全县认真落实对学生的爱国主义和革命传统教育，编写了乡土教材《可爱的顺平》，纳入教育计划，对学生进行爱我家乡教育，深入开展了学雷锋、学赖宁和学习本地小英雄王璞活动，全县95%的学校建立了校外德育基地，学雷锋小组达4000多个。

2.大面积引进先进教学方法和教学思想，减轻学生过重的课业负担，鼓励教师创设开放的教学环境和教学结构，努力探索素质教育在各学科、各教学环节的实施，全面提高教育质量和学生的全面发展。1996年吕敬先"小学语文能力整体发展"实验班发展到240个，教学实验班学生创作的小文章、小故事有62篇在中央人民广播电台少儿节目播出，有10余篇作品在

《小小百花园》等书刊上发表。1990 年以来，全县共有 29 名教师分别荣获国家、省级"优秀实验教师奖"。

3. 调整学校布局。以提高最佳办学效益为目的，对全县中小学布局进行了合理调整，对居住分散的乡村小学，采取集中办、联办、交叉办、寄宿办等多种办学形式，减少复式班 71 个。撤销了 6 所国办初中，建起 24 所乡中。调动了乡村办学积极性，大大提高了教育的投资效益。随着我县乡镇合并、乡级行政区划的变更，需对现有初中学校的布局及名称作相对调整和更改。本着"既立足当地实际又着眼于长远发展，既注重办学规模和效益又兼顾学生就近入学和便于管理，既分散又相对集中"的原则，对全县现有初中布局重新进行调整，进一步提高了办学质量和办学效益。

（五）不断深化教育内部改革，明确农村教育办学方向

通过改革，使农村教育由单纯追求升学转移到主要为当地建设培养人才，为当地建设服务并兼顾升学的轨道上来，使农村基础教育真正成为提高国民素质，建设社会主义新农村伟大工程的重要组成部分。

1. 按照"升学高质量，回家能致富"的办学目标，在普通教育积极稳妥地引进职教因素，在小学低年级开设劳动课，在中、高年级和初中开设劳动技术课，在高中开设职业技术选修课，并对初、高中毕业生普遍进行"三加一"培训，实施"双证制"，提高中小学毕业生更好地适应、服务并促进农村经济与社会进步的能力。通过"培、改、调、聘"等措施，解决职教师资 289 名，解决中小学劳动基地 1400 亩，自编乡土教材 47 种，使"面向农村，服务农村"的目标落到实处。

2. 调整课程设置和教学内容，开设乡情教育和农业技术课，从小培养学生热爱家乡、热爱农村、热爱农业科学的观念和立志建设家乡的思想感情。在传授技术的同时，对学生进行商品生产知识和经济法规的教育，既使学生掌握了技术，又懂得了如何依法从事经济活动，减少盲目性，维护自身合法权益。同时，在教学方法、实习手段等方面，进行了积极探索，如在林果基地实习修剪时，采取"分组定株，挂牌定位"的办法，指定每个学生小组修剪一棵果树，由小组确定修剪方案，在他们认为剪掉的部位挂纸牌，然后由专业教师"批改作业"，对挂牌中的错误当场讲清道理，挪位纠正。既使学生学到了真本领，又使果树避免了不必要的损害，保证了应有的经济效益。全县中学生劳动技术教育面达到100%，80%的学生掌握了一两项实用技术，培养了大批具有一定专业理论知识和基本实践技能的新型农民。

3. 职教中心按照"立足本地，面向社会，服务农村，致富人民"的办学思路，进行了五个方面的调整和改革：①调整专业，使专业设置成为顺平经济发展的缩影；②统筹联办。坚持"政府统筹，社会参与，部门联办，打总体战"的办学方针，进一步增强了为当地经济建设服务的功能；③改革招生制度，解决了生源不足、学生辍学、毕业生去向等问题，增强了办学活力；④教材的改革。在选讲统编教材的同时，结合本县实际，自编了《温室建造与育苗》、《果树冠形修剪》等5种补充教材；⑤改革职教育人方法，探索出了以"课堂教学——实验室验证——基地实习——社会练兵——家庭经营"为主要内容的"五步育人"教学方法。通过一系列改革措施，不仅使学校为当地经济建设服务的作用得以充分发挥，还有效地解决了职教中心学生"招得来、留得住、学得好、用得上"的一系列问题，增强了经济部门依靠教育的自觉性。

4. 改革扫盲方法和内容，编写了科技扫盲课本，实行"一卡双照制、一人双包制"，即包教人包学文化，又包学技术，坚持文盲、科盲、法盲一起扫。目前，已有143名学员成为科技示范户，成为农村致富奔小康的带头人。到1995年底，全县仅有青壮年文盲2765人，非文盲率达到98.7%。

三、实施"科教兴县"战略，推动当地经济建设和各项事业的全面进步

（一）坚持抓"三教统筹"，增强教育为当地经济建设服务的整体功能

坚持"以普教为基础，职教为龙头，成教为桥梁"的指导思想，在普教中引进职教因素，提高学生技能素质；职教中心侧重培养专业人才和乡镇技术骨干；成教以乡村农综校为阵地，进行了农民文化技术培训、培养示范户和"明白人"，推广农村实用科技。在技术推广上，普遍采用"一生一张明白纸"的办法。如1993年5月下旬，全县11万亩小麦突发白粉病，有关部门及时印发了小麦白粉病的危害、防治办法和农药配比的"明白纸"，通过学校这个渠道传播到千家万户，很快控制了病情，挽回损失80多万元。在"三教统筹"上，实行人、财、物优化组合，统筹安排使用教

育经费、师资和实习基地。教育内部的改革，"三教统筹"的实施，使单一的升学教育开始挣脱"象牙之塔"，汇入当地农村经济建设的洪流。在原朝阳乡，他们以中小学校为阵地。利用"一生带一家，一家带几家"的方法，传播麦秆草编技术，使全乡的草编业很快形成规模，产品远销日本、东南亚，年增收入130多万元，成为保定市著名的"草编之乡"。

学生直接参与农业科技的传播，其意义不单为普及农业科技开拓了一条新途径，而且为培育有知识、懂技术的新型农民铺下了一块坚实的基石。

（二）实施农科教统筹，建立"依靠"和"服务"的具体运行机制

按照"以经济为目标，以科技为手段，以教育为桥梁"的工作思路，不断深化农科教统筹，"星火"、"燎原"、"丰收"三个计划配套结构，建立了高效畅通的农技推广体系，使科技之"水"，不断通过教育之"渠"，流入农业之"田"。在技术培训推广上，建立了"上挂、横联、下辐射"的运行机制，以河北农大、保定师专和县农科部门为技术辐射源，以职教中心和乡村学校为龙头，以示范户、农科教人员、专业教师为播火者，以学生为火种，通过乡级农综校、乡中农民技术协会，传到村级各类学校的三级农业技术培训、推广网络，大面积普及、推广新技术、新品种。农业出题目，科技上项目，教育搞培训，农科教部门形成了经济建设的强大合力。

1990年以来，为强化乡级统筹职能，又进一步改革农业技术培训、推广体系，将86名县直农业技术人员下放到各乡镇，既当农业技术员，又当农综校的老师。10个乡镇把乡供销社、农综校、农技推广站和中心校合为一体，成立了集科技推广、人才培养和产供销服务于一身的实体性组织——农业技术综合服务站，负责全面的农科教规划、项目开发、人员培训及实验基地与经费方面的统筹安排和实施。如今，河口、白云、蒲上等乡的农综站，已实现了人才培训、科技示范、技术传播、技术咨询、物资供应、销售服务系列化，成为全乡的综合技术服务中心，被长期围困在小农经济圈子里的农民，第一次冲出"围城"，领受了大科技、大教育、大农业的魅力。1990年以来，每年培训农民10万人次，1995年达14.3万人次，培训技术骨干3000人，各校中学生"三加一"培训1.2万人次，这是一个具有顺平特色的农村教育体系，依靠这样一个农科教统筹、"三教统筹"的完整体系，引进了小麦玉米一体化栽培、瓜棉间作、棉花地膜覆盖、食用

菌等先进种植技术。而这每一项技术的推广、普及都渗透着许多部门通力合作的汗水，大家把这种做法形象地称之为"引科技之水，入教育之渠，灌农业之田"。十年来，遵循这一规律，以科技为先导，以市场为核心，进一步调整农村种植结构，全县共示范推广了瓜菜、草莓、大蒜等20多个燎原项目，初步形成了"北菌、南菜、东莓、西蒜"，具有顺平特色的高效农业格局。

在抓好农科教统筹的同时，我们注重科教企业统筹与结合，积极开发新项目，大搞工业企业人才的引进、培养和培训，推动了全县工业企业的技术进步和新产品的开发。1995年全县完成技改投资11572万元，扩建项目177个。乡镇企业新增9家与大专院校、科研单位挂钩。

（三）依托大专院校、科研院所力量，促进经济开发和社会进步

1. 依托高校培养、培训专业技术人才。近十年来，依托天津大学培养化工、机械铸造等技术人才17人；依托河北农大培养职教师资98人，举办农业、林果各类技术培训149期，培训3.7万人次；依托北师大、保定农专定向培养各类师资157人；中央教科所先后帮助引进8种先进教学方法。请有关教学专家来我县举办培训班38期，培训校长、教师3000多人次。

2. 搞好农业综合开发。在河北农大的支持、指导下，顺平县开展了西瓜育种及杂优利用、黄肉桃丰产栽培技术开发、柿树集约化栽培、8410小麦新品系实验示范、果实型饮料工艺研究、红富士幼树丰产技术研究等课题14项，取得了可观的社会和经济效益。在引进国内人才的同时，还积极引进国外先进技术，创出了一条以红富士高产优质为重点研究课题的中外技术结合的新途径。自1991年以来，在河北省智力引进办大力帮助下，开始引进日本果树专家和技术，将近5年时间里，共引进日本果树专家12人次，累计活动时间长达80天，举办大型培训班28期，培训技术骨干2000多人，培训果农10000人次，初步摸索出一套中日骨干技术结合，适合当地红富士苹果生产实际的综合管理技术，极大地促进了全县红富士苹果产量和质量的提高，产量由150万斤，提高到1000万斤，产值由80万元增加到2000万元，好果率由50%增加到70%以上。

3. 促进工业企业进步。1995年县政府与北京化工大学、天津大学先后签订了合作协议书，建立了稳定的合作关系。

4. 科学制定规划。在天津大学、河北大学、河北农大、中央教科所等有关院校和科研单位参与指导下，制定了《顺平县社会、经济、教育总体发展规划》。

四、农村教育综合改革的基本经验

从 1987 年的涿州会议到今天，顺平县的农村教育综合改革已经走过了十个年头。为了写好这篇大文章，顺平教改实验区的广大干部群众进行了大胆地探索和实验，从而初步趟出了一条符合县情的农村教育综合改革的路子，积累了宝贵的经验。

——强化政府行为，各级党委和政府领导亲自抓，教育部门具体抓，是推动农村教育综合改革的关键。

——解放思想，更新观念，明确办学方向，是农村教育综合改革工作的"重中之重"。

——坚持"三教统筹"，是调整农村教育结构的基本内容。

——大力推进农科教统筹，是促进教育为农业和农村经济建设服务的基本途径。

——实施"燎原计划"，坚持"燎原"、"星火"、"丰收"三个计划一起抓，是推动农村教育综合改革的重要措施。

——依托高校和科研院校的科技、人才优势，是加快农村教育综合改革的必要条件。

——因地制宜，分类指导，典型示范，分步到位，是搞好农村教育综合改革的基本规律。

——教科企统筹是农村教育综合改革的延伸和拓展。

四

青龙县深化农村教育综合改革，促进贫困山区经济发展的十年历程[*]

青龙县地处河北省最东端，南依长城，东邻辽宁，隶属秦皇岛市，是国家级贫困县，也是全国 13 个满族自治县之一。全县总人口 50.9 万，辖 27 个乡镇、410 个行政村。全县有中心校 27 个，为乡镇级教育管理机构；学前班 404 个，在班儿童 1 万多人，小学 416 所，在校生 7 万人；初中 55 所，在校生 2.37 万人；普通高中 4 所，在校生 2560 人；职教中心 1 所，全日制在校生 2179 人；乡成人技术学校 27 所，村技校 410 个。

一、努力创造尊师重教的良好氛围，落实教育优先发展的地位

开展农村教改以来，县委、县政府始终把教育工作纳入国民经济和社会发展总体规划，并摆到重要议事日程上来。每年年初，县委、县政府都要召开各乡镇书记、乡（镇）长、中心校长参加的全县教育工作会议，及时部署全年的教育工作；同时在制定年度工作要点时，把落实教育政策法规和改善办学条件列为重点内容。县委常委会定期研究全县教育改革中的重大问题，党政主要领导坚持每年两次到教育局现场办公，听取汇报，解决难题，县五大机关领导形成了"开会必讲教育，下乡必看教育"的习惯，并建立了以改善办学条件为重点任务的包乡包校制度。制定了《乡镇教育工作考评及奖惩办法》，对乡镇教育工作的"普九"、扫盲、办学条件、教育经费、德育工作等问题作了明确规定，一年考评一次，并把考评结果纳

---

* 本文写于 1997 年 7 月。根据青龙县人民政府提供材料整理。

入乡镇干部政绩考核之中。千方百计增加投入，是深化教改和保证教育优先发展的最实质性的工作。全县在各级财政十分紧张的情况下，仍然本着"再穷不能穷教育，再苦不能苦孩子"的精神，形成了"勒紧腰带也要办教育"的共识。教育经费基本做到了"三个增长"。农村教育费附加，按不低于当年农民人均收入 1.5% 的比例征收，建立"乡征、县管、乡用"的保障机制，并制定相应的奖惩措施，努力保证教师特别是民书教师工资足额兑现和教育经费及时到位。

二、调整中等教育结构，加强职教中心建设，发挥龙头示范作用

职业技术教育不仅是普教、成教密切联系的枢纽，也是落实产教结合的最佳途径。几年来，青龙县下大力气发展职业技术教育，重点抓好职教中心建设，使中等教育结构日趋合理，职高与普高在校生比例达到了1比1，培养了一大批本县急需的实用技术人才。在具体措施上，一是加大投入，建设高标准学校。在县财力十分紧张的情况下，筹资 1243 万元，用于扩建职教中心。二是发挥政府职能，实行统筹联办。1992 年县政府决定，将原职业中专等 6 所职校合并，集中力量办好一所综合性、多功能的职教中心，实行政府统筹、部门联办、一校多制、统一管理的办学体制。三是紧密结合当地资源开发和产业发展实际办学。根据经济发展需要和本县资源优势，职教中心把林果、畜、牧、矿建等专业办成骨干专业；同时结合学校的专业设置，兴办校办企业，努力建设与专业对口的实验厂（场）。现在，学校有汽车修理厂等校办企业 12 个，年创勤工俭学收入 30 万元。四是建立社会和家庭实习基地。农口专业有社会实习基地 1400 亩，林果专业学生每年都要下乡进行果树冬剪的生产实习，并结合实习向农民传授冬剪技术。职教中心依据自己的技术优势，在全县建立了 7 个燎原示范点，推广了 30 余项农村实用技术，创造了经济效益 500 万元。

青龙县职教中心办学 10 多年来，共培养中等技术人才 3425 人，使 2 万多名农民学到了一技之长。1994 年，职教中心被评为河北省一星级职教中心。

三、增加投入，强化管理，加快"普九"步伐

努力改善办学条件，保证教改的物质基础。按照规划，全县要在 1999

年达到"普九"标准。全县 27 个乡（镇）要分 3 批达标，1996 年将有 6 个乡（镇）首批达标。县委、县政府通过加大各级财政投入，广泛发动社会集资、充分利用外援项目、启动世行贷款等渠道，在全县掀起了改善办学条件的热潮。"八五"期间，全县总投资 3943 万元，新建校舍 6.82 万平方米，改建校舍 5.45 万平方米，维修校舍 6.23 万平方米，购置课桌凳 5.47 万单人套，教学仪器 2.1 万台（件），图书资料 1.13 万册。仅 1995 年，开工 120 多处，新建、改建校舍 3.8 万平方米，建成 10 座教学楼，总投资 1525 万元，比 1994 年纯增 1054 万元，增长率为 223.8%，比历史上投资最高的 1993 年增加了 556 万元。1996 年改善办学条件再掀高潮，开工 150 处，投资两千余万元。

加强基础教育的管理，加大德育工作和素质教育工作的力度。青龙县先后搞了学校管理、校风建设、德育工作、礼仪教育等检查评估活动，促使师德规范和学生日常行为规范基本达标。"八五"期间，普遍开展了一轮中小学校长岗位培训。1995 年，全国初等教育入学率达到 99.4%，巩固率达到 99.49%；初级中等教育入学率达到 91.2%，巩固率达到 93.2%。在教学方法改革等方面，小学"愉快教育"已在全县普遍推开。中学重点开展了初中语文整体改革实验，实验学校已发展到 12 所。

四、在基础教育中渗透职教因素，全面推行"五四"学制

从 1983 年开始，为了探讨科技脱贫路子，县委、县政府决定，从改革基础教育入手，进行在基础教育中渗透职教因素的实验，把教育从单纯的面向升学转到为当地经济建设培养人才为主兼顾升学的轨道上来。"五四"学制的探索和实践，始终得到国家、省、市教委领导的关注。探索"五四"学制大体经历了三个阶段：第一阶段，从 1983 年 8 月到 1987 年 1 月，为试探索阶段；第二阶段，从 1987 年 2 月到 1993 年 8 月，为试点探索阶段；第三阶段，从 1993 年 9 月至现在，为完善深化阶段。

"五四"学制是普职教结合、经济与教育结合和农村教育综合改革的产物，它一方面要求学生在文化基础知识方面要达到三年制初中毕业生水平，一方面要求学生毕业后达到初级技术员水平。在专业课开设上，从一年级到四年级按文化课与专业课 5∶1 的比例穿插开设"科学种田""动物饲养""土壤肥料""果树技术"四类必修课，各乡镇还可根据本地实际开设选修

课。在教学方法上实行"三结合"的办法，即课堂教学与基地教学相结合，在校学习与回家实验相结合，教学与咨询服务、技术指导相结合，专业课教师实行专兼职结合的方法。为了提高学生的动手能力，县政府决定为各初中配备每班1亩的实习基地。县教育局十分重视对专业课教学的研究和实际技能的专项考核，要求四年制初中实行两种证书制度，学生必须获得技术教育证书并文化课考试合格后，才能发毕业证书。

实施"五四"学制以来，收到了很好的效果，主要表现为如下六大明显效益。

（一）人才效益。改制以来，共有五届四年制1万余名初中生毕业，除约20%升学外，其余的80%回乡初中毕业生中的绝大多数，经考核达到初级技术员水平。据对回乡的1660名四年制初中毕业生的跟踪调查，从事林果、养殖、种植的有1013人。

（二）经济效益。教改前的1986年工农业总产值、财政收入、农民人均收入仅分别为14624万元、748.7万元、278元，到1995年分别提高到88071万元、3882万元、1188元。

（三）示范带动效益。小马坪初中学生张放，毕业后进行稻麦连作实验，当年亩产吨粮，第二年推广全村，从此结束了祖祖辈辈吃大米、白面靠花钱买的历史。类似典型有500余人，科技致富的带头人有5000余人，辐射全县各乡镇村。

（四）技术效益。专业课的学习，提高了广大初中毕业生的技术素质，使果树常规管理技术、畜禽科学饲养技术、高效农业技术，在新一代农民中得到普及，促进了相关产业的发展。据统计，从1988年到1995年，全县果品产量由4万吨增到7.5万吨，牛羊猪等牲畜饲养量由40万头（只）发展到94万头（只），以稻麦为主的高效农田面积由2万亩发展到15万亩。

（五）课时效益。四年制比三年制增加课时12%，纯增文化课419课时，课程难点分散，知识坡度减缓，相对地减轻了学生课业负担，减少了差生掉队和流退现象。

（六）综合效益。三年改为四年，学生的视野扩大了，视听容量增加了，知识面拓宽了，课余生活丰富了，促进了全面发展。四年制比三年制增加了一个学年的每周两节的政治课，学生按时去劳动基地劳动和实习，增强了爱祖国、爱科学、爱家乡、爱劳动的意识，培养了动手能力。

五、大力发展成人教育，认真开展扫盲和技术培训工作，努力提高劳动者素质

本着"推广一项技术，培养一批人才，发展一个产业，带动一方致富"的思路，广泛开展农村文化技术培训，涌现出一批通过农民技术培训致富的乡村和个人。马圈子镇根据镇矿藏丰富的特点，举办矿业班，矿业生产集体、个人一起上，成为全县的首富镇，农民人均收入 1728 余元。隔河头乡草场村原是一个有名的贫困村，在十几年教改中，坚持利用乡村技校帮助农民学文化、学技术、学法律。他们根据本村山场广阔的优势，大量栽植果树，人均达到 100 棵。通过村技校培养了户均 1.4 名的果树技术员。由于科学管理，果品生产使农民获得了可喜的收入。1986 年这个村农民人均收入只有 150 元，1997 年已达到人均 2000 多元，成为全县首批小康村。近两年，县政府提出建设苹果、板栗、牛羊、粮食四大基地，教育部门依据农业科技部门的具体实施方案和人才需求规划，举办各类专业技术培训班 20 余万期，培训有关实用技术人才 60 多万人次，有效地保证了建设四大基地等经济项目的实施。

扫盲"四率""三要求"基本达标。青壮年文盲率、脱盲巩固率、堵盲率、办学率分别达到 99.8%、95%、99%、100%。扫盲机构、队伍、经费"三要求"基本达标。远程教育初具规模。到 1995 年止，共有 800 余名电视大学结业生、900 余名电视中专毕业生走上工作岗位。据对他们跟踪调查，满意率为 98%，晋升率为 55%，骨干率为 90%。通过进修培训等继续教育的形式，培养了一大批合格师资。县教师进修学校通过业余学习、函授、自学及"三沟通"等形式，共开办各类培训班 200 余期，培训师资 2 万余人次。1995 年，全县小学、初中、高中教师学历合格率分别达到 94%、65%、50%。

六、农村教育综合改革的总体成效、问题及今后发展思路

青龙县农村教育综合改革工作，成效显著。一是促进了经济的发展。据统计，1995 年全县工农业总产值、财政收入、农民人均纯收入分别比1986 年提高了 5 倍、4.18 倍、3.14 倍，1995 年居民储蓄存款达到 5.2 亿元。二是科技脱贫初见成效。全县 99 个贫困村人均收入达 871 元，5.97 万

贫困户、21.89 万贫困人口分别有 1 万户、4.05 万人实现脱贫。三是办学条件得到较大改善。四是提高了干部职工，特别是农民、中学毕业生的素质。五是促进了整体教育教学质量和学校管理水平的提高。不仅文化课成绩提高了 15~20 个百分点，而且学生日常行为规范合格率、体育合格率、视力不良率、留级率等基本达到国家标准。按省、市综合督导评估方案，我们在 1994 年对全县各级各类中学生进行了督导评估，全县各级各类学校 531 所，达到优秀等级的 112 所，合格甲级 324 所，合格乙级 87 所，基本合格等级的 8 所，优秀率、甲级合格率、乙级合格率、基本合格率分别为 21%、61%、16.4%、1.6%。六是教育与经济相互促进，良性循环的机制初步建立。七是学前教育有较大发展，学前一年教育普及率 100%。

山西吕梁地区深化农村教育
综合改革的实践[*]

吕梁地区位于山西省西部，隔黄河与陕西省相望，是一个典型的山区、老区和贫困地区，也是一个资源丰富的待开发地区。全区辖有 12 个县、1 个市、236 个乡（镇）、4642 个行政村、6755 个自然村。总面积 21095 平方公里，其中山区占到 91.8%；总人口 310 万，其中农业人口占到 87.2%。

近年来，地委、行署把发展教育作为振兴吕梁经济的奠基工程，放到优先发展的战略地位，从抓农村教育综合改革入手，认真探索教育为经济服务的路子，初步形成了适应吕梁山区实际的教育发展新体系，既密切了教育同经济的联系，又推动了教育设施的改善和教育整体水平的提高。

一、农村教育综合改革的背景

吕梁地区是全国 18 个集中连片贫困地区之一，吕梁有丰富的地上和地下资源，人均土地相对充裕，人口密度每平方公里仅 88 人，低于全省，农业人口人均耕地 3.4 亩，高于全省；吕梁地区也是全国红枣、核桃的重要产区，农产品中有不少土产、特产属名牌产品，发展农村商品经济有较好的条件；这里煤、铁、铝、硫、磺、石棉等矿产的储量都相当可观，且易开采、品位高。吕梁人之所以"端着金碗讨饭吃"，固然有多种原因，但最主要的原因是劳动者的科技素质不高，吸收和运用科学技术的能力低下。由于劳动者的科学文化素质差，缺乏必要的科技兴农的载体，大批农业科学技术得不到推广，致使全区农业生产长期处于低而不稳的状态。由于人才

　＊ 本文写于 1996 年 8 月。根据吕梁地区教育局提供资料编写。

和技术的匮乏，全区丰富的自然资源得不到有效的开发和利用，资源优势不能转化为经济优势。

严峻的现实告诉人们，吕梁要脱贫致富，吕梁要经济振兴，必须致力于依靠科技进步和提高劳动者素质。吕梁地区农村教育综合改革工作，就是在适应大面积提高农村劳动者素质的需求、提高教育服务经济建设功能这样一个形势下展开的。

二、农村教育综合改革的过程

（一）农村教育改革的认识和起步阶段

1985年《中共中央关于教育体制改革的决定》颁发后，吕梁地区领导在组织专人深入农村调查研究的基础上，发动了全区教育思想大讨论，形成了这样一个基本看法：吕梁地区的人才贫困与传统的"应试教育"倾向有关。这种倾向集中表现于三个方面：第一，教育和经济，学校和社会是"两张皮"，搞经济工作的不过问农村教育，搞教育工作的不了解农村经济。经济工作不依靠教育，教育也不主动为经济建设服务。就教育本身来讲，只重视"小学——中学——大学"的纵向联系，忽视教育与社会各部门的横向联系，只对教育自身负责，不对社会经济负责。第二，教育内部存在着对职教、成教重视不够的倾向，各种教育之间互不沟通，互不联系，使教育整体功能得不到充分发挥。第三，学校教育领域中，教学活动、科技活动、生产劳动结合不紧，教学中理论联系实际不够，培养出来的学生不能手脑并用。

农村教育不能按农村经济发展需求去办，助长了片面追求升学率的倾向。吕梁地委、行署详细统计了20世纪80年代初、中期几个年度的升学状况：能够升入大中专院校的人仅占同龄人总数的5%左右，约有95%的农村学生过不了升学"独木桥"，仅初、高中毕业返乡的每年就有3万余人。应该说振兴吕梁农村的希望就寄托在他们身上，而现实情况是传统教育使他们既不会农又不爱农。据对区内10县1980—1984年近13万名初、高中回乡毕业生的追踪调查，年劳动收入等于和超过当地劳动力平均收入水平的占33%，而低于当地劳动力平均收入的却高达66.4%。从整体上说，教育及其成果的这个状况显然不能适应经济发展和科技进步的需求。然而，就在吕梁地区，也还有那么一批学校，立足于当地实际，按教育自身规律办事，为发展农村经济作出了突出的贡献。其中以方山县圪叉咀小学为代表。

圪叉咀是历史上有名的贫困村和文盲村。1962 年建校时条件极为简陋，一孔土窑洞作教室，一块破案板当黑板。为了把学校办下去，李健老师带领学生修田种地，植树造林，创办起小农场、小林厂、小果园，进行勤工俭学。一年下来，学校实行了书费、学费、文具费"三免费"；三年下来实现了办公费、取暖费、修理费"三自给"。全村破天荒地普及了小学教育。在勤工俭学过程中，李健老师适时地把有关果树育苗、嫁接、剪枝、灭虫等技术传授给学生，使学生人人都掌握了基本的林果技术，成了有文化、懂技术的人。村民们看到学校种树发了财，也都纷纷效仿，房前屋后，远山近坡都栽起树来。为了帮助村民掌握栽培技术，李健老师又在学校开设了农民技术培训班，每逢 3、6、9 日晚上讲课，每期每户一名学员，使村民人人都有机会接受培训。加之学生把学到的技术也传授给家长，就这样在很短的时间内，全村走上了育人育林、兴学富民的道路。全村木材林达到8000 多亩，人均 60 亩，果树 800 亩，人均 6 亩，建起了"绿色银行"，由过去一个穷得叮当响的村子变成了人均收入近 1000 元、人均粮食超 1000 余斤的先进村、富裕村。圪叉咀的道路是一条"治穷先治愚，治愚抓教育"的道路，是一条教育服务经济建设的道路，它昭示了山区教育的发展方向。在总结圪叉咀学校成功经验的基础上，地委、行署于 1987 年作出了《关于大力推广圪叉咀办学经验的决定》，全区出现了第一次农村教育改革的高潮。这一阶段为全区农村教育改革作了较为坚实的思想和理论准备。

（二）农村教育改革的实验和发展阶段

在总结圪叉咀办学经验的基础上，为了更进一步找准农村教育综合改革的有效途径，在各县普遍确定了一个乡镇开展改革实验的同时，吕梁地区在柳林县前元庄村组织规范化试点，创办了前元庄实验学校。这一试点是在理论与实践经验的指导下，事先设计了一套较为完整的实验方案的情况下进行的。基本内容是实行"村校结合""三教结合""教科劳结合"。"村校结合"旨在理顺教育与外部的关系，沟通教育与经济、学校与社会的联系；"三教结合"旨在理顺教育内部的关系，使基础教育、职业教育、成人教育有机结合，较好地发挥教育的整体功能；"教科劳结合"旨在理顺学校内部关系，克服理论脱离实际的倾向，培养手脑并用的一代新人。通过三年的实验，前元庄实验学校的入学率、巩固率、合格率、升学率均高于同类学校，当地农民人均收入由实验前的 320 元增加到 650 元，并被评为省地文明村。

前元庄实验学校的成功，坚定了地委、行署深化农村教育改革的决心和信心。1990 年 11 月，地委、行署召开全区教育工作会议，在全面分析全区农村教育改革发展形势之后，提出进一步深化农村教育改革，在全区大面积推广前元庄、屹叉咀办学经验，创建吕梁特色的教育模式的的构想。会议后，即组织专人深入下去调查研究，制定了《中共吕梁地委、吕梁行政公署关于加快和深化农村教育改革的指导纲要》，明确具体地提出了全区农村教育改革的目标、任务和要求，即力争用 10 年左右的时间，使全区农村中小学都成为当地教育中心、科技文化中心和实用技术人员的培养基地，初步建设起一个覆盖全区的，经济、科技和教育同步发展、互相促进的，具有吕梁特色的，主动适应和服务经济和社会发展的教育体系，并规定了具有吕梁特色的教育体系的基本特征。这是吕梁农村教育改革的一个总的指导性纲领，它标志着吕梁农村教育改革有了一个新的发展。为了使全区农村教育改革按既定目标发展，地委、行署特别加强了对农村教育改革的组织领导，自上而下成立农村教育综合改革领导组，由政府主要负责人挂帅，吸收教育、科技、经济等相关部门的负责人参加。负责统筹农村教育综合改革中的各项事宜，协调各部门之间的关系，并明确指出要做好计划、项目、人财物、专业人才的培养与录用及教材的编写和使用等五个方面的统筹工作。这个阶段，地委、行署还出台了《关于对初中应届毕业生进行毕业教育并实行"双证书"制度的意见》、《关于对全区中小学教师进行实用技术培训的意见》、《关于促进全区职业技术教育进一步发展的意见》等文件，从不同的侧面对深化农村教育改革进行了实践。

（三）农村教育改革深化和提高阶段

随着全区农村教育综合改革实验点水平的不断提高和实验面的逐步扩展，原有改革实验内容也发生了新的变化，不再仅仅涉及教育部门，而是辐射到了整个农村经济和社会发展的各个领域。1992 年国务院关于积极实行农科教结合，推动农村经济发展的通知下发后，地委、行署从全区的实际情况出发，把改革的内容、范围更加扩大，明确提出了"政府统筹，教育牵头，部门配合，注重效益"的农科教结合总体要求，协调农业、科技、教育等各有关部门，以加快脱贫步伐为目标，努力探索农科教结合的具体结合形式，使全区农村教育综合改革工作进入了一个新的阶段。这一阶段，地委、行署重点强化政府统筹功能，积极探索农科教结合的具体形式。地县乡三级都根据实际需要，成立了农科教结合工作委员会，专门负责农科教结合工作中重大事项的组织协调和宏观决策。在政府宏观统筹下，农业、科技、教育各个部门按照自己的职责任务，分工负责，各行其是，初步形成了振兴农业的大合唱。在实践中探索出了几种行之有效的结合模式。

1. "三教统筹"型。基本做法如前元庄学校、圪叉咀学校，目前已成为全区较为普遍的一种农科教结合模式。

2. 综合学校型。就是乡镇办一所标准较高的农民综合学校，发挥这所学校的人才、技术优势，指导各村办农民文化技术学校，形成覆盖全乡镇的技术培训和推广网络。方山县峪口镇近年来把所属各技术站、场、校联合起来，围绕当地产业开发办起了长短结合的培训班，两年培训 15490 人次，培养初级技术人才 2000 余人，推广了 41 项实用技术，收到了良好的经济效益。

3. 项目开发型。在项目实施中实现农科教结合，达到"开发一个项目，推广一项技术，培养一批人才，致富一方农民"的目的。交城县洪相乡利用当地优势，1992 年开发节能塑料蔬菜大棚种植项目，首先对农民进行技术培训，使当地农民基本上掌握了大棚技术，当年收到了很好的效益，近两年这个项目在全乡迅速推广，共建立了 1100 个大棚，收入近 600 万元。

4. 专业协会型。即通过吸收会员、传播技术，进行全程服务，形成专业化、区域化的商品生产基地。柳林县薛村乡在当地政府重视和支持下，成立了红枣、西瓜、苹果、蔬菜、葡萄、养兔六个协会。通过这六个协会把全乡农户按所从事的行业联合起来，学习和推广新技术。该乡"西瓜大王"刘笑，于 1987 年创办了西瓜协会，会员发展到 1700 人，他们实行对西瓜"看病、开方、抓药"一条龙服务，带动农民搞立体种植，总产量达到 4600 万斤，生产总值达到 470 万元。目前，这个协会已发展为以薛村为中心，联系山西、陕西两省 12 个县、340 个村，每年创收 500 余万元的科技产销联合体。

5. 综合开型。即吸引高新技术，综合开发农业自然资源，建设现代化农业企业，并按现代化企业管理、技术和要求对劳动者进行全员培训，实现农业综合开发。

6. 基地建设型。即以学校的双育（育人、育林）基地为辐射，带动乡、村大搞区域化、专业化的农产品生产基地，推动农村经济的发展。临县城庄乡以学校的 2700 亩双育基地为依托，带动全乡搞起集中连片的万亩经济林基地、万亩仁用杏基地，他们与北京农学院、山西农大联系，引进了国内、省内的先进品种，5 年后万亩林总产值可达 1000 万元，人均收入可达 1300 元。

三、农村教育综合改革的效果

吕梁地区农村教育综合改革在推广土生土长的经验上起步，符合吕梁地区的实际情况，因而发展较快。到 1994 年全区有 2872 所学校进入综合改革实验，落实"校林""校田"基地 103125 亩，有 6 个县被确定为综合改革实验县，有 60 个乡镇被确定为综合改革示范乡镇，有 123 所学校被确定为综合改革示范学校。1993 年，山西省人民政府把吕梁地区确定为全省唯一的农村教育综合改革实验区。1994 年，国家教委将吕梁地区确定为全国农村教育综合改革实验区、联系点。几年来，通过积极的探索和实践，全区农村教育综合改革得到了顺利、健康地发展，取得了令人欣慰的社会效益和经济效益。

（一）干部群众"科教兴区""科教兴农"的意识空前提高

农村教育综合改革的实践过程，也是对干部群众依靠科技教育脱贫致富这一战略思想的普及过程。在领导和组织全区实施综合教育改革的实践中，各级党委、政府及其领导干部越来越深刻地认识到，"经济要振兴，教育必先行""治穷要先治愚，治愚要抓教育"，特别是在发展社会主义市场经济的今天，经济的竞争实质上是科学技术的竞争、人才的竞争，归根到底是教育的竞争，因此必须把脱贫致富的着眼点转移到依靠科技进步和提高劳动者素质上来，用教育这把"金钥匙"开启富裕之门。地委、行署果断地跳出了就经济抓经济的旧圈子，确立了"科教兴区、科教兴农、兴教富民"的思路，明确提出"没有一流的教育，就没有一流的经济，今天的教育，就是明天的经济"。要求各级党委、政府把教育摆上优先发展的战略位置，要带着感情抓教育，像抓经济那样抓教育，并建立了六项制度。

1. 首长负责制。即各级党政一把手必须亲自抓教育，以加强教育工作的领导力度，改变过去主要依靠教育部门抓教育的状况。明确立下规矩，一个县、一个乡的党政一把手，就是这个县、这个乡教育工作的总责任人，工作上不去、任务没有完成，责任只能追到总责任人头上，不能推诿。要求各级党政一把手真正把教育放在万事之首，像抓经济工作那样抓好教育。

2. 教育例会制。即各级党委、政府都要定期召开会议专门研究教育工作，地县两级每半年召开一次，乡镇一级每季度召开一次。教育例会既要研究教育的规划，更要研究和解决影响教育发展的具体困难和问题。

3. 领导干部抓点联校制。各级党政领导班子成员，都要确定固定的联系学校，经常深入所联系的学校指导工作，帮助解决问题，使之成为先进典型；县级党政主要领导还要亲自抓好一个乡的教育工作，为全县树立样板。领导干部抓点联校要挂牌立档，年终要向同级党委、政府作出专门汇报，作为领导班子成员政绩考核的内容。

4. 为教育办实事制。即地、县、乡每年都要坚持为教育办几件能够看得见、摸得着、感受到、有影响的实事，年初列出项目，年终公布结果。

5. 目标责任制。各级党委、政府每年都要将教育工作目标量化，分政府和教育系统内部两个序列，层层签订目标任务责任书，形成全区自上而下垂直的目标责任管理系统。

6. 一票否决制。即地、县、乡各级部门在年度责任制考核和领导干部任期目标考核中，把教育工作列入考核内容，凡教育任务没有完成，教育工作没有搞上去的，单位不能评为先进，个人不予奖励或提拔。

各县也都把教育放在了当地经济和社会发展的战略地位，真抓实干，全区初步形成了"党以重教为先，政以兴教为本"的良好风尚。

（二）充分调动了群众办学积极性，办学条件得到根本改善

农村教育改革，促进了教育更好地为当地经济建设服务，把教育与人民群众的利益直接联系起来，极大地调动了农民群众的办学积极性。"自己的孩子自己爱，自己的学校自己盖"，成为群众的共识，捐资办学热情空前高涨，领导率先垂范，群众积极响应，多者成千上万，少者一篮鸡蛋，上至白发老人，下至少年儿童，"党委重教、政府抓教、全民兴教、各方助

教"的局面已经形成。在广大山区，最好的建筑是学校，最漂亮的地方是学校已经成为现实。中阳县枝柯镇，全镇7843人，共集资120余万元，人均159元，捐资万元以上的个人就有7户，全镇新建12所规范化的学校，使85%以上的学龄儿童住进了新校舍，所有学校都实现了"一无两有"（无危房，有教室，有桌椅）和教学仪器、图书资料、文体器材三配套。临县许家峪乡1993年人均收入360元，但群众人均集资280元，使全乡村村建起了标准学校。从1984年到1994年，全区集资总额达到4.48亿元，人均130余元，仅1988年以来全区集资就达3.8亿元。1993、1994两年，全区新建小学校1251所，更新破烂课桌凳10万余套，使5万余名学生搬进了标准教室。与10年前相比，校舍总面积增加了15.1%，危险校舍面积比例下降了11.2%，达到0.89%；学生无课桌凳或使用破烂课桌凳的比例下降了27.5%，基本取消了破烂课桌凳；学校教学仪器、文体器材、图书资料配套率提高了63%，达到了85%以上，学校校舍标准化比例提高了25%，达到了37%。

（三）初步形成了"以教治愚，以科教致富，以富兴科教"的良性循环，全区经济、科技、教育都有了长足的发展，加快了全区脱贫致富的步伐

近几年来，全区教育事业有了很大发展。通过深化教育改革，教育结构逐步合理，各类教育蓬勃发展，基础教育得到进一步加强。1990年全区基本普及初等教育，到1994年，全区已有108个乡镇达到实施小学阶段义务教育基本要求，48个乡镇达到实施初中阶段义务教育基本要求。教育质量逐年提高。以高考为例，1994年大专达线969人，录取2403人，是1985年的3倍，今年高考达线人数首次突破千人大关，达到1093人。这一成绩使改革初期人们担心会影响教学质量的疑虑解开，更增强了改革的自觉性。职业技术教育适应经济发展需求也有了大的发展，到1994年，全区职业高中发展到26所，职业初中发展到24所，高中阶段职业技术学校的在校生已达8832人；成人教育在大力进行扫盲的同时，把重点转向了对农民进行技术培训，到1994年，全区办起了乡级农民技术综合学校230所，办学面达到97.4%。村级农民文化技术学校3417所，办学面达到73%。从1986年到1994年，全区各级各类学校共向社会输送和培养专业人才12万余人，对农村基层干部和农民群众进行实用技术培训150万人次，并以学校为阵地，积极传播社会主义精神文明，取得了明显效果。劳动者文化素质的提高，促进了吸收运用科学技术的能力，从 1987 年到 1994 年，全区共推广运用新技术近千项，科学技术在农业生产和农村经济中发挥了无穷的力量。科技、教育的进步给济增添了活力，实施农科教结合的几年，也是吕梁经济发展最快的几年。据 1994 年底统计，全区农民人均纯收入由 1998 年的 287 元增长到 700 元，全区财政收入由 1985 年的 1.16 亿元增长到 5.4 亿元，全区乡办以上工业产值由 1985 年的 6.01 亿元增加到 28.8 亿元，乡镇企业总产值由 1985 年的 5.73 亿元增加到 100 亿元，全区粮食产量由 1985 年的 7.35 亿公斤增长到 10.8 亿公斤。

在向稳定脱贫目标迈进的同时，区域性经济开发拉开了帷幕。最先实行农村教育综合改革和农科教结合的近 1000 个村庄走上了一村一业为主的小区域开发路子。较大范围的区域性经济开发也迈开了步子，以焦煤生产为主的能源基地建设，以粮棉为主的立体农业基地建设，以红枣、核桃、水果、仁用杏为主的山区经济林基地建设，均已初具规模。

（四）涌现出一批不同层次的先进典型

全区农村教育综合改革从典型的启示起步，以典型示范引路，发展到了一批批典型群的完善，既是一种工作的方法，也是一个不可忽视的效果。

交城县大陵庄小学在"教科劳结合"的过程中，由校园整顿的 4 分地试种菜籽，获得好收成，也卖到好价钱，吸引村民先在庭院，后在大田种菜籽，成为省农科院的菜籽种植基地，仅此一项全村人均收入达到 1000 元。文水县温云营村学校教师董金才看到报纸介绍说枸杞耐碱，就买了 3 公斤种子，试种在学校农场的盐碱地里，没想到，枸杞出苗了，且愈长愈旺，第三年就亩产枸杞 30 多公斤。于是学校又买了 15000 株枸杞苗，将其中的 10000 株分给每个学生在自家院子里种植，并自编了教材，教给学生栽培技术。几年后，全村家家户户的院子里都成了郁郁葱葱的枸杞园，温云营村成了全国闻名的枸杞村。富裕起来的农民们，为了感谢董老师，为他增加了 5 级工资，还集资 2 万元为学校教师们修了一个漂亮的食堂。像这样科技、教育在兴村富民中发挥了明显作用的村一级典型，在全区已有 250 多个。

汾阳县阳城乡，把农业、科技、教育融为一体，走依靠科学、教育振兴农业的路子，收到了明显的人才效益、经济效益和社会效益。据1994年统计，全乡共培训了4000余名掌握了一项以上农村实用技术的人，占到全乡劳动力的70%以上。其中，学有专长、专兼结合的农民技术队伍已发展到416人，占到10.45%；达到初、中级技术职称的62人，占到1.5%。科普会员发展到280人，科技示范户发展到255户。科技人才的增加和科技力量的增强，有效地促进了经济的发展。1991年，全乡经济总收入2429.12万元，1992年经济总收入达到3230.74万元，1994年在遭到百年不遇旱灾的情况下，由于充分发挥了农科教结合的优势，经济总收入竟然达到3836万元，年人均收入达613元。像阳城乡这样在农科教结合中走前一步并取得明显效益的乡镇，全区已有40多个。

在培养和树立村、乡两级典型的基础上，吕梁地区还确定了领导重视、农科教结合基础较好的柳林、汾阳、石楼、方山、中阳、交城6县为农科教结合实验县，这些县的改革水平也都在不同程度上有了提高。如柳林县，在宏观上加强领导，转变观念，统筹兼顾，制定规划；微观上分类实施，培养典型，使全县农业、科技、教育三者有机结合，形成了农村教育综合改革的大合唱。全县共落实校办林场493个，林地面积3386亩；校办果园13个，果林面积414亩；校办农场484个，学农基地面积1464亩。全县建起了县乡村三级农村技术培训网络。兴办乡村农技校316所，培训农民40000多人次，强化了群众"科教兴农"的意识，仅1994年推广地膜覆盖1.8万亩，增施磷肥3000吨，新栽植经济林8.8万亩。为了使农村教育综合改革有一个良好的基础，他们"一保吃饭、二保教育，财政吃紧、教育紧吃"，多方集资，改善办学条件，全县基本实现了"一无两有"，85%的中小学实现了"三配套"，166所中小学基本实现了规范化要求，教育质量也稳步提高。由于科技、教育的输入，劳动者素质不断提高，柳林县农业生产和农村经济都有了较大幅度的增长。

中国农村教育综合改革研究
Study on China's Rural Education's
Comprehensive reform

第四部分

农村教育改革政策多方位思考

一

农村教育改革的基本经验与发展战略*

中国是一个农业人口大国，全国 11 亿人口，8 亿在农村。长期以来，农村教育一直是中国教育的大头和难点。中国现有中小学 78 万所，其中 63.5 万所在农村，占 81.4%；全国 1.7 亿中小学生中，农村学生占 1.17 亿；1053 万名中小学教职工中，有 816.2 万是在农村。显而易见，中国今后农村教育改革的任务将是长期而又艰巨的。

一、中国农村教育改革的简要回顾

对农村教育进行改革，在中国已有近一个世纪的历史。最早的农村教育改革思想可以追溯到"五四"运动时期，早在 1919 年到 1920 年，李大钊、邓中夏等中国共产党的早期创始人就提出了农民教育、贫民教育机会平等的思想。中国共产党成立以后，对农民的教育，成为中国共产党人的重要革命实践。1926 年，中共湖南省委通过了《农民教育决议案》。在中国革命战争时期，中国共产党又在老解放区领导了对农村教育的发展和改革，提出了新民主主义的教育方针，坚持教育与农村生产劳动相结合，与农民的利益相结合。此外，在 20 世纪二三十年代，一批有识之士如陶行知等进步知识分子对我国当时农村教育存在的弊端也提出了深刻的见解（如陶行知提出的"乡村教育"理论、晏阳初提出的"平民教育"理论、黄炎培提出的"富教合一"理论等），并积极倡导了农村教育改革实验。但是由于没有得到当时政府的支持，改革实验的成效受到了极大的限制。

新中国成立以后，随着社会主义建设的深入进行，党和政府更加重视

---

* 本文写于 1994 年 11 月，是作者出席联合国教科文亚太地区办事处召开的《农村紧迫需要发展地区研讨会》时撰写的论文。

农村教育的发展和改革。特别是 20 世纪 80 年代中期以来，为了贯彻"教育必须为社会主义建设服务，社会主义建设必须依靠教育"的方针，同时为了适应当时中国农村经济改革的迅速发展变化，在总结历史经验的基础上，国家教委提出了对农村教育进行综合改革的设想，并在全国范围内逐步进行了选点实验。1987 年初，国家教委同河北省人民政府商定，首先在河北省的阳原、顺平、青龙三个贫困县进行农村教育综合改革实验。1988 年又在总结实验经验的基础上，提出了"燎原计划"，经国务院批准后在全国实施。农村教育综合改革和"燎原计划"提出后，得到了农村广大干部、群众、教育工作者和关心农村工作的人们的热情支持，改革实验范围迅速扩大。现在国家教委确定的进行农村教育综合改革的实验县有 116 个，各省、自治区、直辖市确定的改革实验县 540 个；"燎原计划"示范乡发展到 7056 个，分布在 1553 个县。为了扩大推广范围，1994 年初国家教委在全国确定了 29 个地区（市）农村教育综合改革联系点。目前面上推广的工作正在稳步发展，农村教育综合改革已经成为中国农村改革和整个教育改革中很有特色的一个组成部分。

经过几年的改革实验，中国的农村教育改革已经取得了明显成效：一些进行改革的地区，农村教育的战略地位进一步得到加强；教育结构逐步趋向合理，基础教育的普及面和教育质量有较大提高，职业教育和成人教育有了很大发展；初步探索出一条符合中国国情的农村教育改革的路子；涌现出一大批各种类型、各具特色的好典型；各地编写出版了几百部关于农村教改的专著和教材。

二、中国农村教育改革的基本经验

几年来，各地农村教育改革实践也为改革和发展我国农村教育积累了宝贵的经验，归纳起来主要是以下几点。

（一）各级党委和政府加强领导，教育部门主要负责同志亲自抓是推动农村教育综合改革工作的关键

农村教育综合改革不仅涉及教育内部各类教育的改革，也和农村经济、科技等各方面有密切关系。要使改革开展起来并取得实效，必须紧密依靠各级党委、政府加强领导。只有加强政府领导，促进各部门配合，积极推

进农村教育改革，普遍提高农民素质，才能真正落实"科教兴农"的方针，加快农村发展。另一方面，农村教改实施过程中教育部门必须作大量的组织工作。许多地方的实践表明，如果教育部门的主要负责同志亲自抓，派专人负责，有办事机构，认真抓点，加强教育内部各方面的协调，就能有效地克服各种困难，统一各方面认识，扎扎实实地推动农村教改深入发展。

（二）转变教育观念，明确农村教育办学方向是农村教育综合改革工作的前提

由于历史和社会的原因，一些旧的观念长期影响农村教改的深入发展。因此，转变教育观念，明确农村教育办学方向是农村教育综合改革工作的重点。国家教委在布置农村教育改革一开始就明确提出：农村教育必须由单纯的升学教育转到主要为当地建设服务同时兼顾升学的轨道上来。根据几年的教改实践经验，必须确立一些重要的教育观念：只有重视农村教育，才能提高农村劳动者素质；农村教育必须把实现"两基"（基本普及义务教育、基本扫除文盲）放在重中之重，基础文化教育不仅是各类教育的基础，也是从事各项工作的基础，要切实加强基础教育；只有一般的文化教育是不完全的，不能适应现代社会生产和生活的需要，必须要在一定的文化基础上进行多种形式的专业技术教育，因此要调整农村教育结构，大力发展职业教育和成人教育；中国农村社会生产力总体水平还不高，同时各地发展很不平衡，农村各类教育都必须具有各地农村的特点；普通中小学要因地制宜，在适当阶段开设一些生产劳动和职业技术课程；小学后、初中后、高中后实行三级分流，贫困地区的农村要早期进行职业技术教育；农村学校要积极参加当地精神文明建设。观念有了变化，农村教改才能逐步深入发展。

（三）实行"三教统筹"，是调整农村教育结构的重点

目前中国农村教育主要是中等和中等以下的基础教育、职业教育和成人教育。对这三类教育实行统筹是近年来中国农村教改实践中群众创造的重要经验。实行"三教统筹"，是调整农村教育结构的基本内容。"三教统筹"的主要内容是：三类教育农村都需要，都应当认真抓好；三类教育各有其特点和作用，要根据其特点和当地的社会发展水平，使三类教育结构

合理，协调发展；三类教育要在办学条件、教学设施、师资等方面因地制宜，互相沟通。实践表明，许多地方实行"三教统筹"，使基础教育获得发展，教育质量也显著提高。国家教委在河北首先进行改革实验的三个贫困县，经过多次调查表明，基础教育质量在其所在地区都有明显提高。

（四）积极推进农科教结合，是促进教育为农村建设服务的基本途径

农科教结合是落实"科教兴农"，促进农业发展的必然要求，也是振兴农村经济，促进农村社会全面进步的必由之路。这是整个农村改革进程中广大干部群众创造的重要经验，国务院已多次召开专门会议并发出通知，要求各地各部门认真实行农科教结合。实践证明，教育部门发挥自身的特点和优势，主动配合农业、科技等部门积极推进农科教结合，既是农村教育改革的一项重要内容，也是教育为农村经济社会发展服务的基本途径。只有在努力搞好农科教结合中，农村教育改革才能得到农村经济、科技等部门和广大农民群众应有的支持。

（五）认真实施"燎原计划"，是推动农村教育改革的重要措施

"燎原计划"来自农村教育改革的实践，其主要内容是通过改革和发展农村教育，大面积提高农村劳动者素质，促进农村的发展。它也是逐县、逐乡推广农村教育改革先进典型经验的一个计划，是推进农村教育改革的重要措施。通过建立大批"燎原计划"示范乡，使教改任务落实到基层。特别是把"燎原""星火""丰收"计划结合起来，通过提高农村劳动者的素质，加快了实用技术的推广，对农村经济的发展和精神文明建设，起到了重要的作用。"燎原计划"贷款工作也取得了明显的经济效益和社会效益。1988—1991年共发放使用2.18亿元，培训回乡初、高中毕业生和农民5000万人次，推广各种实用技术11000多项，新增总产值13.78亿元，新创利税1.95亿元。通过"燎原计划"的实施，涌现了一大批依靠教育、科技，促进农村发展的典型。

（六）广泛动员高校和教育科研院所参与，是提高农村教育综合改革的效益和促进高校及教育科研院所自身改革的有效方式

从国家教委在河北三个县进行农村教改实验开始，就组织了清华大学、

天津大学、南开大学、北京师范大学、中央教科所参加实验县工作。各省、市、自治区都组织了高校参与农村教改。高校通过帮助县、乡制定经济社会发展总体规划，提出教育改革发展的实施方案，帮助县里培训各类师资和实用人才，建立县级职业学校，提供专业建设和基地建设指导，进行"五四"学制实验，开展经济扶贫服务，引进开发项目，帮助改造县办工业，发展"两高一优"农业，引进新品种、改造低产田，为中小学引进全国先进的教学方法等方式，使这些县乡依靠科技，重视教育的观念明显变化，经济、教育都有较大发展。另一方面，在此过程中参与教改的高校和教育科研院所自身的改革和建设也得到了促进。

（七）从实际出发，因地制宜，分类指导，坚持不懈抓点带面，逐步推进，是农村教育综合改革稳步健康发展的重要原则

中国农村突出的特点是发展不平衡，各地差异大。在推进农村教育综合改革工作中，一直坚持从各地实际出发，分类指导，不搞一刀切，不一轰而上。强调抓好实验，注重调查研究，推广典型经验，以点带面，逐步推进。在实践中探索，在实践中提高认识、统一认识。特别是为了在认识和实践上真正落实教改任务，国家教委近些年来坚持每年召开现场会议，利用典型推动面上工作。先后在六个大区不同经济水平的十多个县推广了先进典型，取得了较好效果，保证了这些年来农村教改稳步健康发展。

三、未来中国农村教育改革的基本战略

在过去的几年里，中国的农村教育改革取得了显著的成绩。但也存在许多问题。一是农村教育改革的进展很不平衡；二是在教育改革开展较好的地区，对取得的经验总结得不够，没有形成制度，成果不够巩固，一些试点点上深化工作还没有深入教学内容等领域，面上的推广工作不快；三是一些地方政府的统筹力度不够，农村改革管理部门的工作机构建设比较薄弱；四是高校和教育科研单位参与农村教改的面不广；五是国家教委对农村教育改革的指导、督促、评估工作有待于改进和加强。针对上述问题，为了适应中国农村建设社会主义市场经济的迫切需要，必须加速中国农村教育改革的进程。对此中国政府已经给予高度的关注。中共中央、国务院召开的第二次全国教育工作会议，特别是刚刚结束的全国农村教育综合改

革工作会议，对今后中国农村教育改革的战略方针和工作措施进行了全面的研究和部署。

根据国家教委的思路，今后中国农村教育改革的主要任务是：在建设有中国特色社会主义理论指导下，认真贯彻实施《中国教育改革和发展纲要》，继续坚持"点上深化，面上推广"的工作方针，加大改革的力度，在全国加快推广已经取得的成功经验。

今后中国农村教育改革的基本战略如下。

（一）按照地区特点，分区规划、分类指导，进一步完善"三教统筹"，提高农村教育的整体水平。各地农村要从当地经济发展的实际出发，努力普及程度不同的义务教育，大力发展职业教育和成人教育。同时，要加强农村学校的思想政治教育和道德教育，注意培养学生相信科学的思想，增强他们与农村封建迷信和落后习俗作斗争的能力，树立热爱农村、建设家乡、彻底改变农村面貌的信心。

（二）继续贯彻"世界全民教育大会"的精神，在农村教育综合改革中促进"优先领域"的发展。贫困地区是中国农村教育改革的难点，按照国务院《八七扶贫攻坚计划》，要加速8000万贫困人口所在地区的农村教育改革，在政策上和经济上给予积极的关注。中国是一个多民族的国家，对于少数民族地区的农村教育改革，将本着从各少数民族的实际出发，因地制宜、因民族制宜地进行。农村女童教育与残疾儿童教育问题将是今后相当长一个时期农村教育改革的重要目标，要通过采取多种手段加以推动，当前要努力提高女童的入学率。贫困地区、少数民族地区以及农村女童的教育都要重视课程适度简化，增加农村实用知识内容，以及教学方法等方面的改革。

（三）进一步加强政府的领导和社会各部门的合作。按照国务院领导在全国农村教育综合改革工作会议上的要求，今后各级党委和政府要把农村教育改革作为"科教兴农"的一项重要措施列入重要议事日程，加强规划和指导，在政策上给予倾斜。为此，各地将充实和加强农村教育改革管理部门的力量，设立办事机构，配备素质较高的专职工作人员，加强农村教育管理干部的培训。同时，必须加强社会各部门的广泛合作。根据过去的经验，一是要进一步加强教育与农业、科技部门的合作，推动农科教结合；二是要更大范围地动员高等院校、教育科研院所的参与；三是动员一些大中型企业积极参与农村教育的改革，这方面最近已取得初步的经验。

（四）继续认真实施"燎原计划"，进一步扩大范围，提高水平。"燎原计划"通过逐乡、逐县推广农村教改的先进典型经验，有利于促进农村教育改革的深入发展。在经济水平不同的地区，基础文化教育、专业技术教育和经济开发的需求程度虽然差异较大，但都可以通过实施"燎原计划"在不同层次和水平上来推进教育和经济的开发。因此，各类地区都要重视扩大实施"燎原计划"。到 2000 年，实施"燎原计划"的乡将扩大到 2 万个。同时，扶持"燎原计划"的贷款将逐步增加，贷款的使用效益也将进一步提高。

（五）积极探索农村教育改革理论，加强各省、自治区、直辖市之间以及与国际上的交流合作。今后，一方面要进一步深入研究新形势下中国农村教育改革的重大理论问题，以提高农村教育改革的科学指导水平与规范化程度；另一方面，随着中国市场经济的进一步发展，各地区之间的联系与相互依赖关系进一步增强，特别是改革开放政策本身要求加强与国际间的交往。因此要加强对国际上，特别是对人口众多的发展中国家农村教育改革经验的研究、学习和借鉴，积极开展交流与合作，努力把中国的农村教育改革提高到一个新水平。

中国教育扶贫政策与措施[*]

　　缓解和消除贫困是当今中国发展面临的重大课题，也是中国共产党和中国政府的一贯方针和基本政策。为了促进全国各族人民的共同繁荣和共同富裕，长期以来中国政府始终如一、坚持不懈地进行了极其艰苦的努力。特别是 20 世纪 80 年代中期以来，中国政府针对一部分地区发展迟滞，一部分农民收入增长缓慢的情况，在全国范围内开展了有计划、有组织、大规模的扶贫开发活动，有针对性地采取了许多特殊性政策和措施，取得了显著的成效。全国没有解决温饱的绝对贫困人口，已从 1978 年的 2.5 亿人减少到 7000 万人。

　　在长期的扶贫过程中，中国政府充分认识到，贫困地区之所以贫困，原因虽然很多，但教育发展程度不高，教育观念陈旧，劳动者的文化技术素质不高是重要原因之一。因此，中国政府把教育扶贫始终作为扶贫工作的一项重要内容给予了高度重视，并强调走依靠科技进步和提高劳动者素质实现脱贫致富的道路。1984 年，中共中央、国务院在《关于帮助贫困地区尽快改变面貌的通知》中指出，"要重视贫困地区的教育，增加智力投资"。1985 年，《中共中央关于教育体制改革的决定》明确指出：对于经济落后地区和少数民族地区，国家要尽力给予支援。1986 年颁布的《中华人民共和国义务教育法》规定："国家设立助学金，帮助贫困学生就学。"1993 年国家颁布的《中国全民教育行动纲领》强调要"重视和支持经济不发达地区和少数民族地区实现九年义务教育和扫盲教育"。1993 年，中共中央、国务院颁布的《中国教育改革和发展纲要》又进一步强调，要积极支

　　* 本文是作者 1995 年 2 月为参加世界社会发展大会的中国代表团准备的背景材料。

持贫困地区和民族地区发展教育。

根据中央的上述指导思想和方针，中国各级政府长期以来采取了一系列政策和措施。

一、国家对贫困地区教育发展采取倾斜政策予以支持

"八五"期间，国家教委对老少边穷地区中小学危房改造每年补贴 5000 万元，5 年共补贴 2.5 亿元。1986 年以来，国家补助地方教育基建投资每年 2 个亿左右，主要是用于贫困地区中小学校和初中师资的师范院校的校舍建设。1994 年下发的《国务院关于〈中国教育改革和发展纲要〉的实施意见》又进一步明确提出：中央财政对边远、贫困地区义务教育及有关师范教育等专项补助经费要由 2 亿多元尽快在两三年内达到每年不少于 10 亿元。

从 1990 年开始，国家恢复了给民族地区的教育补贴专款每年 2000 万元，5 年共补贴 1 亿元。近年来还给西藏教育两次补贴专款近 1 亿元。

为了帮助贫困地区发展教育，中国政府还利用了有关国际贷款和赠款。到目前已经利用世行贷款 1.1 亿美元，主要支持 6 个省区的 114 个贫困县发展基础教育，这个项目正在执行中。1994 年又落实了第二个扶贫项目，贷款 1 亿美元，帮助 6 个省的 111 个县发展基础教育事业。关于世界银行贷款第三个"贫困省教育发展项目"目前正在准备之中。从 1990 年至 1994 年，中国政府还得到联合国儿童基金会的 400 万美元赠款，用以扶持 100 个贫困县，使 1 万名教师、30 万名学生受益。

此外，长期以来在中央财政下拨的"不发达地区发展资金""边境地区事业建设补助费""民族地区机动金"等专款中都有一定比例用于发展贫困地区教育事业。

二、组织经济发达地区对口支援少数民族地区

在 1985 年确定的 331 个国家级贫困县中，有 143 个是少数民族地区贫困县，占 42.6%。从 1992 年以来，国家教委与国家民委动员有关省、市和高等院校一起，共同开展对这些贫困县的支援。这项工作得到对口省、市、自治区领导和教育部门的高度重视。现在，对口支援协作工作已全面展开。到 1994 年 6 月，已有 94 个内地市（区）县与少数民族贫困县（旗）结对，26 县（旗）已落实了近百个援助协作项目，对口支援协作工作的形式灵

活多样，内容广泛，受到少数民族贫困地区人民的好评。

三、积极帮助贫困地区进行教育改革

中国政府把帮助贫困地区进行教育改革作为教育扶贫的内容之一。中国政府认为，长期以来贫困地区的教育结构单一，教学内容和方法不同程度地脱离当地实际，不少地方处于片面追求升学率的困扰中。因此，必须在教育思想、体制、结构、内容、方法等方面进行改革，从而使贫困地区的教育更好地为当地经济建设和社会发展服务，为贫困地区人民的脱贫致富、幸福文明服务。20世纪80年代中期以来，国家教委在进行大量调查研究和实验的基础上，先后召开了全国贫困地区农村教育结合改革经验交流会和全国教育对口支援工作会议，下发了《关于大力改革与发展贫困地区教育，促进经济开发，加快脱贫致富步伐的意见》，提出了加强农科教结合，"三教统筹"（基础教育、职业教育、成人教育）等改革思想，同时加强了对不同类型贫困地区的分类指导。

四、帮助贫困地区大力培训干部、师资和专业技术人员

几年来，国家教委对一些贫困地区教育改革实验县的干部有计划地进行培训，取得了良好的效果。我们将进一步加强高等院校招生、毕业生就业制度的改革，打开人才通向贫困地区农村的路子，采取定向招生等多种形式，为贫困地区的基础教育、职业教育、成人教育提供更多更好的师资和专业技术人才。

五、动员大中专院校支援贫困地区

长期以来，政府动员全国各级各类大中专院校，开展技术咨询、转让技术项目、培训教师、帮助制定经济社会发展规划、挂职担任副县长等工作。清华大学、南开大学、东北师大、北师大、北京农大、河北农大、沈阳农大等高校帮助贫困地区作了大量的工作，取得了显著成效。今后我们还要继续组织、开展这方面的工作，这对高等院校和科研院所的自身改革也是一个极大的推动。

六、重视培养贫困地区教育自我发展的能力

中国政府提倡贫困地区农村各级各类学校因地制宜，积极发展校办产

业，大力开展勤工俭学，增强其自我发展能力。各地政府都积极给学校划拨土地或山林，并在政策上给予支持。

长期以来，除政府外，团中央和各民主党派也都为扶持贫困地区教育作了积极的努力。如团中央倡导的"希望工程"，已累计筹资 3 亿多元人民币，资助 86 万多名贫困地区失学儿童重返校园，资助建设希望小学近 400 所。

通过采取以上政策和措施，中国的教育扶贫工作取得了一定的成绩。但是，今后的任务还十分艰巨。目前全国仍有 8000 万人口没有解决温饱，这些地区的教育发展还相当薄弱。要解决这些地区的温饱问题，同时使教育水平有较快的提高，还需要作长期的艰苦努力。中国政府将尽最大努力，按照中国政府确定的《国家八七扶贫攻坚计划》的部署，在国内各方面的大力支持下，使中国贫困地区教育事业取得更大的发展。

以更加强烈的责任感，努力开创
农村燎原广播电视教育新局面[*]

　　五年前，为了推动"燎原计划"的广泛实施，经国家教委批准，中央电大成立了中国第一所燎原广播电视学校，在北京人民大会堂成功举行成立大会，为燎原广播电视教育事业的发展拉开了灿烂的第一幕。从那时候起，燎原广播电视教育事业犹如星星之火，在广阔的农村大地熊熊燃起。到现在，全国已经相继有20多个省、自治区、计划单列市建立了省一级的燎原广播电视学校，其中许多省已经形成了省、地、县、乡四级燎原广播电视教学网络，形成了一支自己的组织管理、教学研究、技术推广的队伍，编辑了约包括1700项技术的教学节目以及大批文字教材。各级燎原广播电视学校通过广播电视、书报刊和面授等多种教学手段将农村实用技术送到千家万户，培训农村基层干部、乡镇企业职工和农民累计达数千万人次。应该说，五年来，燎原广播电视教育在实施"科教兴农"战略的过程中，发挥了十分重要的作用，促进了农村两个文明的建设，取得了显著的社会效益和经济效益，为我国"燎原计划"的实施作出了重要的贡献。

　　在过去的五年里，燎原广播电视教育工作虽然取得了显著的成绩，但大家并没有因此而停步。在燎原广播电视学校成立五周年之际，召开这个研讨会，反映了燎原广播电视学校广大师生员工积极进取，不断开拓工作局面的精神风貌。

---

　　* 本文是作者1995年8月在全国燎原广播电视学校工作研讨会上的讲话。

一、关于当前"燎原计划"实施的进展情况

(一) 关于"燎原计划"产生的宏观背景

"燎原计划"作为农村教育综合改革的重要内容和措施之一,经国家教委提出,并于1988年由国务院批准实施,有其产生的特殊时代背景。

首先,"燎原计划"是我国农村变革的产物。中国是一个农业大国,几千年来人口的绝大多数是在农村。长期以来,农业和农村的发展,始终是民族自立、国家富强、社会安定的基础。而如何发展农业、促进农村的发展,使全国的农民过上幸福的生活,又始终是中国政府面前的一件大事。为此,从20世纪20年代开始,中国共产党人就开始了艰苦的探索,从"打土豪,分田地"的土地革命战争一直到共和国诞生乃至"文化大革命"结束,经历了非常曲折的道路。

党的十一届三中全会之后,随着党的工作重点的转移,我国广大农村发生了急剧的变化。我国经济体制改革首先在广大农村展开,形成了一股不可阻挡的历史潮流。它以包产到户为突破口,冲破了人民公社"三级所有""队为基础"的模式,建立和健全了以家庭联产承包为特征的多种形式的生产责任制,扩大了生产者的经营自主权,使亿万农民真正成了农村经济的主人。多种经济成分和多种经营方式并存格局的初步形成,促进了劳力、资金和技术等生产要素的迅速变化和流动。农村经济的变革导致了整个经济体制和科技体制等一系列变革:

——1983年,中共中央颁布了关于经济体制改革的决定;

——1983年,中共中央国务院下发了《关于加强和改革农村学校教育若干问题的通知》;

——1984年,中共中央又分别颁布了科技体制和政治体制改革的决定;

——1985年,又颁布了《中共中央关于教育体制改革的决定》。

其次,实施"燎原计划",是教育自身改革的产物,是发展中国家教育改革不断深化的必然趋势。

随着农村经济的迅速变革和社会的全面进步,农村教育事业遇到了强烈挑战。传统的教育状况已明显地不适应整个农村社会的迅速发展。这主要表现在:在办学思想上,农村中小学教育基本上是以升学教育为主,片

面地追求升学率；在教育结构上，农村教育基本上是单一的普通教育，职业技术教育和成人教育十分薄弱；在教育内容上，缺乏地方和农村特色，千校一面，万人一书，脱离了当地经济建设和社会文明进步的需要；在专门人才的供给上，专门人才通往农村的渠道不畅，大中专院校毕业生"下不去，留不住"；等等。

上述弊端的存在，导致了我国广大农村出现了一种矛盾现象：一方面农村普及教育有了一定的发展，培养了数以亿计的中小学毕业生；另一方面，农村各级各类技术人才尤其是中初级技术人才奇缺。其结果是，农村吸收和应用科学技术的能力很弱，致使大量的农业科学技术得不到大面积推广使用，生产得不到应有的发展，许多农村的贫困面貌得不到改变。这一结果进一步导致的负面影响，是广大农民群众对普及教育缺乏热情，文盲大批产生，农村的精神文明建设受到严重影响。

1985 年《中共中央关于教育体制改革的决定》（以下简称《决定》）颁布之后，根据《决定》提出的"教育必须为社会主义建设服务，社会主义建设必须依靠教育"的方针，同时为了适应当时农村经济迅速变革的形势，国家教委提出了对农村教育进行综合改革的设想，并得到中央领导的支持。1987 年初，国家教委同河北省人民政府商定，在河北省的阳原、顺平、青龙三个贫困县率先进行农村教育综合改革实验。1988 年，在总结试点经验的基础上，经国务院批准，开始在全国实施"燎原计划"。农村教育综合改革和"燎原计划"提出后很快得到了农村广大干部、群众、教育工作者和农村工作者的热情支持，改革实验范围迅速扩大，呈现出星火燎原之势。目前，农村教育综合改革已经成为中国农村改革和教育改革中颇具特色的重要组成部分。

（二）农村教育综合改革的基本内容

农村教育综合改革的内容主要包括以下几方面。

1. 转变观念，端正农村教育的办学方向

由于历史和社会的原因，一些旧的观念长期影响着农村教育的深入发展。因此，转变教育观念，明确农村教育办学方向是农村教育综合改革工作的重点。国家教委从布置农村教育改革一开始就明确提出：农村教育必须由单纯升学教育转移到主要为当地建设服务同时兼顾升学的轨道上来，要改变几千年来形成的"学而优则仕"的传统观念，同时必须确立一些重要的教育观念：①只有重视农村教育，才能提高农村劳动者的素质。各级党政部门领导必须切实把教育摆到优先发展的位置，关心和支持农村教育的改革和发展，依靠教育部门为本地培养大批适用人才，使学校成为本地智力资源的宝库，形成"教促富，富促教"的良性循环。②农村教育必须把实现"两个基本"（基本普及义务教育、基本扫除文盲）放在重中之重，基础文化教育不仅是各类教育的基础，也是从事各项工作的基础，要切实给予加强。③只有一般的文化教育是不完全的，不能适应现代社会生产和生活的需要。因此要调整农村教育结构，大力发展职业教育和成人教育，普通中小学要因地制宜，在适当阶段开设一些生产劳动和职业技术课程。小学后、初中后、高中后实行三级分流，贫困地区的农村要早期进行职业技术教育。④中国农村社会生产力总体水平还不高，同时各地发展很不平衡，农村各类教育都必须具有各地农村的特点。⑤农村学校要积极参加当地物质文明和精神文明建设，要把教育同农民的文明富裕结合起来，办好教育为人民。总之，农村各级各类学校，不仅是职业技术学校，普通中小学都要主动关心当地经济建设和社会发展，加强与农村社会生产、生活的联系，发挥农村学校的相对智力优势，参与农村社会生产的变革；教育学生从小爱农村、爱劳动，立志建设家乡，改变家乡面貌。农村学校要努力成为向广大农村劳动者普及文化科学知识，传播现代文明和信息的窗口，帮助农民尽快步入文明、幸福的小康之路。

2. 实行"三教统筹"

目前我国农村教育主要是中等和中等以下的基础教育、职业教育和成人教育。对这三类教育实行统筹是近年来农村教改实践中群众创造的重要经验。实行"三教统筹"，是调整农村教育结构的基本内容。"三教统筹"的主要内容是：三类教育农村都需要，都应当认真抓好；三类教育各有其特点和作用，要根据其特点和当地的社会发展水平，使三类教育结构合理，协调发展；三类教育要在办学条件、教学设施、师资等方面因地制宜，互相沟通。实践表明，许多地方实行"三教统筹"后，使基础教育获得发展，教育质量也显著提高。国家教委在河北省首先进行改革实验的三个贫困县，基础教育质量在其所在地区都有明显提高。

3. 积极推进农科教结合

农科教结合是落实"科教兴农"战略，促进农业发展的必然要求，是振兴农村经济，促进农村社会全面进步的必由之路，是整个农村改革过程中广大干部群众创造的重要经验。实践证明，教育部门发挥自身的特点和优势，主动配合农业、科技等部门积极推进农科教结合，既是农村教育改革的一项重要内容，也是教育为农村经济社会发展服务的基本途径。只有在努力搞好农科教结合中，农村教育改革才能得到农村经济、科技等部门和广大农民群众应有的支持。"开通教育渠，引进科技水，灌溉农业田，结出富民果"是群众对农科教结合的形象概括。

农科教结合的提出，标志着我国农村教育走出了只在教育内部改革的圈子。实行农科教结合，不仅涉及教育内部各种关系的调整，而且涉及教育同其他部门如计划、财政、劳动、人事尤其是农业、科技等部门之间的关系，使农村教育的发展和改革，真正纳入当地经济、社会发展的总体规划中，成为一个有机的重要的组成部分，这对于解决经济与教育"两张皮"问题，有着极为重要的意义。同时也有利于调动社会各方面的力量，强化农村精神文明建设。

4. 改革教学内容和方法

近年来，广大农村学校按照现代科学技术文化发展的新成果和社会主义现代化建设的实际需要，结合当地实际，更新了教学内容，调整了课程结构，加强了基本知识、基础理论和基本技能的培养和训练，增加了课外实践活动，重视培养学生分析问题和解决问题的能力。注意发现和培养有特长的学生。同时还注意上好劳动技术课，结合实际讲一些当地的文化历史、自然资源、人口控制、环境保护知识等，使学生了解家乡、熟悉家乡。

（三）"燎原计划"的内容和要求

"燎原计划"来自农村教育改革的实践，其主要内容是通过改革和发展农村教育，大面积提高农村劳动者素质，促进农村的全面发展。"燎原计划"的实质是：通过改革与发展农村教育，大面积提高劳动者的思想道德和文化技术素质，增强农村吸收和运用科学技术的能力，促进农村的经济发展和社会进步。目前，全国实施"燎原计划"的乡已达到 7056 个，分布在全国 1553 个县内。通过建立大批"燎原计划"示范乡，使教改任务落实到基层。"燎原""星火""丰收"计划的结合，加快了实用技术的推广，对农村经济的发展和精神文明建设，起到了重要的作用。"燎原计划"贷款工作也取得明显的经济效益和社会效益。1988—1991 年共发放使用 2.18 亿元，培训回乡初、高中毕业生和农民 5000 万人次，推广各种实用技术 11000 多项，新增总产值 13.78 亿元，新创利税 1.95 亿元。通过"燎原计划"的实施，涌现了一大批依靠教育、科技促进农村发展的典型。

二、农村教育综合改革与"燎原计划"的实施加快了农村建设的步伐

农村建设，包括精神文明和物质文明两个方面，体现在政治、经济、文化、社会生活等各个方面。近十年来的农村教育综合改革及其"燎原计划"的实施，对新时期农村精神文明和物质文明建设产生了积极的推动作用。具体表现在以下几方面。

（一）促进了农村教育事业的全面发展

通过改革，农村（特别是教改实验区）的办学思想发生了根本转变，"三教统筹"的局面已基本形成；广大农村普遍实行了分级办学、分级管理，调动了各级领导和人民群众的办学热情，"再穷不能穷教育，再苦不能苦孩子"已成为人们的共识，农村的办学条件和教师的生活待遇有了较大的改变。

截至 1994 年底，全国农村已有 63.5 万所中小学，占全国中小学总数 78 万所的 81.4%。全国农村中小学生已达 1.17 亿，农村中小学校教职工已有 816.2 万人。全国农村学校儿童入学率已接近 98%，全国城乡学龄儿童入学率的差距正在逐步缩小。全国 90% 以上的人口地区普及了初等教育，初中毛入学率达到 73%。全国中小学危房率已下降到 1.96%。扫盲教育成果继续巩固，1994 年扫除文盲 400 万人，全国青壮年文盲人口的比例下降到 7%。经验收，北京、天津、上海已率先实现了"两基"，全国实现"两基"的县（市、区）已达到 554 个；除三个直辖市外，吉林、黑龙江、辽宁已基本扫除青壮年文盲；全国经省级验收完成扫盲任务的县（市、区）已达到 850 个。农村中等职业技术学校招生和在校人数占高中阶段学生人数的比例，已经或超过 50%。农村教育事业的全面发展，既是农村精神文明建设的重要成果，又为农村精神文明建设深入广泛的发展奠定了重要基础。

（二）促进了农村科学技术的进步，推动了农村经济的发展

近年来，在进行农村教育综合改革及实施"燎原计划"的过程中，注意利用农村教育的相对智力优势为农村科学技术进步服务。各地结合本地实际，创造性地开展了许多活动，促进了农村文化科技的传播。

1. 为农村培养了大批中初级科技人才

据不完全统计，从 1987 年初到 1993 年 10 月，通过农村教育综合改革和实施"燎原计划"，培养、培训的回乡初高中毕业生和青壮年农民达 3.35 亿人次，推广各种实用技术 46000 多项次。黑龙江省从 1988 年开始，辽宁省、甘肃省从 1991 年开始，组织开展了"燎原之冬"活动，旨在利用农村教育的相对优势，对广大农民和初高中学生进行农业实用技术培训。连续几年来，这几个省在冬闲期间都掀起了一个普及和推广农业实用技术的热潮。

宁夏回族自治区政府提出的"231 工程"，以扫除文盲、科盲，学习文化知识、科学技术、经营管理，造就一代新型农民为主要内容。几年来，全自治区共办扫盲班 2500 多个，各种农村实用技术短期培训班 3000 多期，培训各类人员 60 多万，占全区青壮年农民总数的 45.6%。

山西省的 4 个国家级实验县和 7 个省级实验县，仅 1993 年，就培训各类实用技术人员 47.5 万人次。

河南省南阳地区自 1986 年以来，坚持把发展农村经济和实现小康目标建立在依靠科技进步和提高劳动者素质的基础上，在提高农民素质上下工夫。"七五"期间有 220 万农民接受了不同层次的培训，"八五"期间，计划培训 170 万人次。南阳地区还通过多种形式的科普活动，将科技送往千家万户。如向农户发放"技术明白卡"，编发《科技报》，组织"科技大篷车"，开展科技知识竞赛，派实用技术讲师团下乡等。

2. 推广了实用科学知识和技术

1988 年以来，为配合农村教育综合改革，推广农村实用科学知识和技术，以国家教委为主，与天津市教卫委共同主办了《中国燎原信息报》（公开发行）；与河北省教委合作，联办了《农村实用科技》杂志（国内外公开发行），月发行量近 40 万册；与中国职教学会农村教育研究会联办了《农村教育》杂志，编辑《燎原简报》91 期，这些报刊对推广农村科学技术和

知识产生了积极的作用，受到广大农村干部群众的热烈欢迎。此外，各省、市、自治区实验县也都办有不同形式的报刊，宣传科学技术。

（三）农村教育综合改革促进了农村思想道德的建设

首先是进行农村教育综合改革的地区，农村的基础教育有了很大的发展。教育的质量有了较大的提高，教育方针得到了比较全面的贯彻，使广大的青少年一代的思想教育比过去有了明显的加强。许多教改实验区农村的中小学生，不仅达到了统一的文化知识课教学标准，而且在养成劳动习惯、形成生活自理能力，在德、智、体、美、劳等诸方面得到和谐的发展。

其次是在许多农村，农民群众不仅学到了致富的技术本领，增强了学文化、学科学的积极性，而且改变了很多不良的旧风气。赌博、打架、迷信、邻里纠纷、偷盗等现象正在逐步减少；互助互爱，讲文明、讲礼貌、讲卫生、求上进的文明新风正在兴起。过去农村中的老大难问题，如社会治安、计划生育、干群关系等都有了显著的改善。一些教改搞得好的乡、村出现了"六无"，即无文盲、无超生、无赌博、无偷盗、无打架斗殴、无迷信活动。

特别是在"燎原计划"示范乡和示范村，涌现出了一大批经济建设与精神文明建设全面进步的好典型。如黑龙江省龙江县的八村，辽宁省海城市的王家堡、东房身村，河北省的获鹿县的栈道村、安平县的北郭村，山西省方山县的圪叉咀、柳林县的前元庄，陕西省榆林市的张滩村，广西横县的马山乡等都是党支部建设、计划生育、社会治安、教育和经济全面发展的"五个好"的典型。

（四）促进了城乡精神文明共建活动

农村教育综合改革是一项宏大的社会工程。多年来，国家教委一直倡导和动员高等院校和科研单位以及大中型企业积极参与农村的教育综合改革，取得的成效是显著的。一是在改革过程中，从中央到地方，许多高等学校与科研部门派出了大批教师、科研人员及学生，深入农村教改第一线，推广农业等科学技术和新信息，帮助培训教师和农村科技人员，产生了良好的经济与社会效益，加强了高等学校与农村实践的联系，促进了科技成果转化为现实生产力的步伐。如清华大学、东北师大、北师大、北京化工大学、河北农大等为贫困农村的两个文明建设作了大量的工作。二是在农村教改过程中，一些大型企业与教改实验区的贫困乡村建立了文明共建的友好关系。企业支持了乡村发展教育，并以乡村作为职工思想教育基地，促进了企业文明与乡村文明的相互渗透。如首汽集团帮助河北省顺平县杨家台乡革命老区建立"首汽燎原小学"，以及中国机械设备进出口公司在青龙满族自治县建立的"中设燎原小学"等都促进了企业和乡村精神文明建设。

自 1994 年 9 月召开全国农村教育综合改革会议以来，各地进行农村教育综合改革和"燎原计划"又有了新的进展。

三、燎原广播电视教育要为进一步推进农村教育综合改革，实施"燎原计划"作出更大贡献

（一）农村两个文明建设面临的任务是长期而艰巨的

社会主义精神文明建设的根本任务是提高整个中华民族的思想道德素质和科学文化素质。从农村实际情况看，受几千年来的封建、半封建经济形态的影响，农村劳动者素质的提高受到极大的限制。虽然 40 多年来，发生了较大的变化，但仍然有很多问题。一是农村群众的文化程度仍然很低。农村人口中文盲、半文盲的比例还很大，绝对人口为 1.5 亿（青壮年人口中的文盲、半文盲比例为 7%）；在一些老、少、边、穷地区，文盲、半文盲高达 60%—70%；二是农业科技人才数量不足，农业科学技术的普及率和农村生产发展中的科技含量都很低，全国每年有 60%—70% 的最新农业科技成果得不到推广、普及，农业增产中的科技贡献份额只有 35%—40%（而发达国家高达 60%—80%）；三是农村中的卫生设施、文化设施、通信设施还不适应需要；四是在思想道德素质及其行为方面，封建的、落后的、愚昧的思想观念的残余还存在，与市场经济建设的需要远远不相适应，有的地方，重农抑商，小富即安，平均主义等旧传统思想观念仍然是影响农村改革发展的严重障碍。此外，在一些地方的农村，还严重存在着封建迷信，重男轻女，挥霍浪费等旧习俗，甚至一些旧社会遗留下来的恶习如赌博、拐卖妇婴、卖淫嫖娼、吸毒、偷盗等又重新泛起，严重影响了社会生活的健康与安定。在农村经济活动中，还有的农民缺乏职业道德，进行非法经营等；五是当前各地农村精神文明建设的发展状况很不平衡，特别是

贫困地区和边远地区，精神文明建设的任务尤其艰巨。

总之，农村两个文明建设面临的形势是严峻的，必须作为一个系统工程，采取积极有效的手段，进行综合治理和建设。

（二）农村教育改革和"燎原计划"要努力为农村的两个文明建设作贡献

农村教育是农村两个文明建设的重要内容和途径，农村各级各类学校是农村两个文明建设的重要阵地。今后，国家教委将加大农村教育改革的力度，把农村教育综合改革作为农村两个文明建设这一系统工程的重要任务来加以重视，充分发挥其特殊作用，为农村的两个文明建设作贡献。

今后农村教育综合改革要在建设有中国特色社会主义理论的指导下，全面落实党中央提出的"科教兴国"战略和全国教育工作会议精神，认真实施《中国教育改革和发展纲要》和国家教委《关于深入推进农村教育综合改革的意见》，全面贯彻教育方针，使农村教育转到为当地经济建设和社会全面发展服务的轨道上来，调动农村干部、群众办学和送子女上学的积极性，提高农村劳动者的素质。

今后的具体任务如下。

1. 进一步提高各级领导干部和教育工作者以及广大群众对农村教育综合改革的认识，明确指导思想和方针、任务。

2. 继续调整农村教育结构，坚持"三教统筹"，在切实保证"两基"重中之重地位的同时，大力发展职业教育和成人教育，认真贯彻落实中共中央颁布的《爱国主义教育实施纲要》和《关于进一步加强和改进学校德育工作的若干意见》，全面贯彻教育方针，培养四有新人。

3. 加强农科教结合的力度，促进农村经济和社会事业的全面发展。

4. 大力推进"燎原计划"的实施工作，充分发挥教育在促进农村"两个文明"建设中的作用。

一是要认真实施好"燎原计划百、千、万工程"（即"八五"期间，在一千个"燎原计划"示范乡，一万个"燎原计划"示范村，推广普及一百项农业科学技术），促进农村实用科学技术的普及和运用；二是逐步完善"燎原计划"示范乡（村）标准，把"燎原计划"示范乡（村）建设与建设精神文明乡村密切结合起来；三是要进一步搞好"燎原计划"的宣传工作。

5. 更加广泛地组织高等院校、中等专业学校、科研院所以及大中型企业积极参与农村教育综合改革和"燎原计划"的实施。

6. 加强农村教育管理干部的培训。

7. 进一步加强农村教学内容和方法的改革。

8. 加强农村教育改革与"燎原计划"的理论研究与国际交流。

（三）大胆探索，进一步办好燎原广播电视学校，推动"燎原计划"的实施

五年来，燎原广播电视学校取得了显著的成效，已成为实施"燎原计划"的一支重要力量。在全国积极贯彻"科教兴国"战略的形势下，燎原广播电视学校要进一步大胆探索，努力开创工作新局面。

1. 要根据进一步推进"燎原计划"和深化农村教育改革的要求，提高燎原广播电视学校的地位和作用

① 希望大家进一步重视农村教育改革和"燎原计划"。

首先，农村教育综合改革和"燎原计划"的提出是不以人们的意志为转移的社会要求，是不可逆转的历史潮流。李岚清同志讲，农村教育改革是广大人民群众的创造，受到了广大群众的欢迎，显示出强大的生命力。所以广大的农村对这项工作早重视，人民早受益。

其次，要从政府和教育部门的责任感出发，重视抓好农村教育综合改革和"燎原计划"。毛主席讲要全心全意为人民服务，首先应该是为占人口大多数的农民服务。现在农民的文明幸福，最根本上是受到了科学文化和知识的限制。

再次，要以党性的觉悟和要求，来重视这项工作。党中央一贯强调要重视农村、农业、农民问题。邓小平同志也多次讲，不抓教育的领导是最没有远见的政治家。

最后，希望各级政府和教育各级部门重视燎原广播电视教育。

② 希望大家利用自身的优势，充分发挥在"燎原计划"实施过程中的作用。

从实践的效果看，燎原广播电视教育至少具有以下几个优势：一是辐射范围广；二是形式比较灵活；三是直观性强；四是信息量大。

2. 进一步加强各级学校内部的建设

应主要抓好三个方面的建设。

第一是教学队伍管理和队伍的建设。路线确定了之后，干部是决定一切的因素。教育是一门科学。现代社会的教育工作越来越复杂。学校管理应当把自己培养成通晓该类教育的专家（教育家）。学校工作主要是靠教师去完成，应该把教师队伍建设永远作为学校建设的重点。

第二是要加强燎原广播电视教育的教材建设。教材是教学双边活动的媒体，是体现教学内容本质的东西。应当从农村教学对象的实际特点出发，不仅要通俗易懂，还要能反映现代农业科学技术的新成果，另外还要有针对性。我国地域辽阔，各地的差异性很大，这就需要注意教材的分类编写、分类教学的可能性。总之，教材编写要走多样化、农村化、民族化的路。与此同时，还要注意探索科学的教学手法。

第三是要加强网络建设。网络建设的核心是要有效地利用现有各级电教系统的教材资源，形成合力。

3. 加强与外部的联系与合作，发挥整体效益

要抓好三个结合：燎原广播电视学校要与"燎原计划"的行政管理部门结合起来；燎原广播电视学校要与当地科技、农业部门结合起来，充分发挥教育功能；燎原广播电视学校要与县、乡职业学校或农民文化技术学校结合起来，共同发挥作用。

4. 进一步加强宏观管理和分类指导

一是要加强对燎原广播电视教育的领导，并不断提高管理水平；二是要注意搞好分类指导；三是要抓好典型。

四

城郊型地区的农村教育改革必须
适应两个根本性转变*

　　由 11 个城市发起的城郊型地区农村教育综合改革研讨会已连续开了四次，这个自发的研究协作体，拥有一大批责任感强、有热情、有理论、而且有丰富实践经验的研究力量，这是农村教育综合改革工作的一支重要队伍。

一、宁波市农村教育综合改革的经验值得重视

　　宁波具有悠久的文化教育传统。改革开放后，经济得到了快速发展，教育改革发展也迈入一个新的历史时期。宁波市农村教育改革工作的经验，给大家留下了深刻的印象。

　　一是领导重视。市、县（市、区）、乡（镇）的领导都很重视教育事业的改革和发展，创一流经验和一流教育，已成为三级领导的共识和统一行动。"教育强县""教育强镇"，成为许多县（区）乡（镇）经济社会发展的重要战略措施。特别是对于农村教育综合改革，市、县（市、区）、乡（镇）各级领导给予了高度重视，落实了资金，加强了机构和干部队伍建设。

　　二是办学指导思想明确。宁波市十分重视教育为经济社会发展服务，并争取社会各界对教育事业的关注和支持。各级政府，没有关起门办教育，也没有躺在政府身上办教育。一方面，宁波市立足于教育全面为当地经济建设和社会发展服务，为农村经济和农民生活服务，面向社会办好教育；

　　＊ 本文是作者 1996 年 3 月在宁波参加第五次城郊型地区农村教育综合改革研讨会上的讲话。

另一方面，宁波市各级政府善于充分调动社会各方面的力量兴办教育，特别是争取了大量海外侨胞对宁波教育经费的支持，使办学条件得到了很大的改善。宁波的经验证明：教育与经济发展、社会进步的相互依靠关系是两方面的。只有教育主动服务于经济发展和社会进步，发挥其全面功能，经济发展、社会进步才能真正依靠教育，群众也才能够真正信赖教育，教育也才能改变主要为升学服务的传统单一模式。

三是有一支高素质、高质量的教育队伍。在考察中大家普遍感到，各级学校都有一批素质高、业务精的管理干部和教师队伍，广大教师敬岗、爱业，对教育教学工作十分投入。

四是重视政府的统筹协调，加强了部门间的合作。宁波市在农村教育综合改革中，以"综合"统揽全局工作，特别注意防止条条、块块各自为战的局面。一是在块与块之间，加强统筹协调，加大了经（农）、科、教以及计划、劳动、人事、财政等部门的统筹；二是在条条上，教育内部的各类教育，特别是基础教育、成人教育、职业教育有机结合，合理配置资源，使现有教育的资源效益得到了充分的发挥。到 1994 年底，九年制义务教育普及率达到 98.5%，青壮年非文盲率达到 98.6%；所属 11 个县、市、区均为高标准扫盲单位；"一镇三校"已形成格局。目前宁波已初步形成了一个以市、县（市、区）级普通中学、成人学校、农业职业中学和部分高校为骨干，以稳固、扎实的九年制义务教育为基础，以高中段教育为重点，以镇（乡）三校为主体，村级办学为网点，普职成"三教统筹"、农科教结合的农村教育体系。

二、经济发达地区的农村教育更需要适应两个根本性转变

（一）从国家建设的全局利益高度，进一步重视农村教育综合改革工作

党的十四届五中全会，通过了《关于国民经济和社会发展"九五"计划和 2010 年远景目标纲要》，进一步确定了"科教兴国"和"可持续发展战略"，提出了社会主义现代化建设要实现"由粗放型向集约型、由计划经济向市场经济的两个根本性转变"。这就对农村教育的改革发展提出了更加紧迫和艰巨的任务。必须从根本上改变脱离农村经济的传统办学模式，转变教育观念，切实把农村教育的办学方向转移到主要为当地经济建设服务

的轨道上来。

同时，重视农村各项工作，也是党和政府长期以来工作的重点。我们每一个领导干部都应该以高度的责任感，重视农村教育改革工作，加强政府行为。

（二）经济发达地区的农村教育更需要适应两个根本性转变

最近中央领导同志在同四所交通大学负责人座谈时指出："我们的经济工作正在实现经济体制和经济增长方式的两个根本性转变。在这种新的形势下，我们的教育工作必须进一步解决好两大重要问题，一是教育要全面适应现代化建设对各类人才培养的需要，二是要全面提高办学的质量和效益。这也可以说是当前全国教育工作面临的两个重要转变"。经济发达的地区，更应该认真解决好教育的两个根本性转变。因为，教育工作的两个重要转变，在经济发达地区尤为紧迫。一是随着经济的快速发展，经济发达地区农村各类人才的需求程度较高，教育相应面临的压力较大；二是相对于经济欠发达地区，经济发达地区的农村办学条件要更好一些，问题也更多一些，因而教育的质量和效益就更为突出一些。具体来看，一是需要我们深入研究教育与市场经济的关系，人才这一特殊产品的双重性等都遵循市场经济的规律，搞好教育改革。就总体而言，教育的产品是人才，人才不是一般的商品，不能简单地市场化。但是人才的培养过程，都和物质产品一样，会有成本投入。这就与物质的商品有共性。因此，教育发展中与市场经济的关系，需要进行深入研究。三是我们应加强对教育需求程度的深入研究，搞好人才培养的预测和规划，避免人才培养的结构性浪费。

（三）继续坚持"点上深化，面上推广"的工作方针，加大工作力度，因地制宜，搞好分类实施

农村教育综合改革工作的基本思路已定，当前关键是抓好落实。经济发达地区的农村，在地域上往往是城郊相交错，处于城市和边远农村的中间地带。在功能上，城郊型地区相当于一个中转站，在城市与农村之间发挥着传递知识、科学技术以及其他各种社会信息的作用。

因此，城郊型地区要从自身的特点出发，不断创造适合城郊型地区的工作方式和具体形式，把工作落到实处。

（四）城郊型地区要在工作目标上高标准、严要求

城郊型地区在发展农村教育方面基础好、起点高，加之经济发展、交通信息等方面的便利条件，因此要有较高的目标要求。邓小平同志提出"教育要面向现代化，面向未来，面向世界"，高瞻远瞩，具有重要的指导意义。我们要把"三个面向"作为教育改革的重要指导思想。需要强调的是，近几年一些经济发达的城市和地区，提出了教育现代化的目标，我感到更多的是关注于学校硬件的现代化，忽略了教育思想，教育内容、方法等方面的要求。实践证明，仅有现代化的校舍，教学设备、仪器，是实现不了教育现代化的。必须全面理解教育现代化的内涵，在实践中全面实施。

城郊型农村教育综合改革研讨会是加强教育科学管理的一项重要的基础性工作，应该继续坚持，今后的研讨内容也应更加深入，主题更加集中。

五

依靠科学是农村振兴的必由之路[*]

陕西省是我国北方的农业大省之一。全省 3500 万人口，其中农业人口占 80%。陕西省同时又是我国贫困面较大、农业生产发展水平相对滞后的省份之一。1995 年，全省农业生产总值只有 232 亿元，不到全省工农业总产值（1432 亿元）的 15%。农民人均收入只有 963 元，远远低于全国农民人均收入 1578 元的水平。1996 年，全省还有国家级贫困县 50 个，有贫困人口 350 万。此外还有 329 万人口饮水困难。尽管陕西省具有丰富的自然资源、旅游资源、教育和科技等优势，但在广大的农村，如何使潜在的优势转化为现实的生产力乃至经济优势，仍然是一个长期而艰巨的任务。对于陕西省这样一个位居中西部的内陆省区，在进行社会主义市场经济建设过程中，既存在许多机遇，又面临着严峻的挑战，困难和希望同时并存。只要坚持解放思想、实事求是的思想路线，大胆改革和探索，依靠科学振兴农村，就能够变被动为主动，变不利因素为有利因素，走出一条希望之路。这是作者在考察了留印村和袁家村以及延安农村以后的深刻感受。

一、调查印象

（一）秦都区留印村

留印村是陕西省咸阳市秦都区渭滨乡的一个普通村庄，全村 3430 人，耕地 3296 亩。长期以来，留印人被贫困所困扰。1990 年，全村农业总产值只有 100 多万元，人均纯收入不足 300 元，拖欠外债 5.6 万元。1991 年以后，村党支部带领全体村民，大胆探索，经过五年的艰苦努力终于走出了

---

* 本文写于 1996 年 11 月，是作者在教育部机关党校学习时完成的调研报告的一部分。

一条切合村情并且效果十分显著的发展道路，促进了经济的快速发展和精神文明建设。现在，这个曾经负债累累，穷得连干部工资都发不出的村子，人均纯收入已由不足 300 元翻到 3000 元，工农业总产值由 100 多万元增至 7338 万元。更为难能可贵的是，留印村能够取得如此大的发展，既没有靠贷款扶持，也没有向群众摊派，而是主要依靠自力更生和市场机制甩掉了贫困落后的帽子，走上了健康、快速发展的轨道。通过实地考察和有关的情况介绍，我们感到留印村之所以能够在短短几年间发生如此大的变化，与他们在发展社会主义市场经济进程中所积累的重要经验是分不开的。

第一，留印村有一个甘于吃苦奉献、坚强而务实的党支部，有一支党风正、形象好的党员队伍，尤其是有一个具有全心全意为人民服务精神的好支书。

第二，留印村人，尤其是党支部一班人具有强烈的市场经济意识和敢于创大业的发展意识。留印村人在经济发展基础比较落后的情况下，敢于大胆解放思想，按照"三个有利于"的标准，从本村实际出发，探索经济发展的路子。留印人最具有创造性的做法是在发展乡村工业过程中，把公有制的优越性和私营经济的自主性有机地结合在一起，将所有权和经营权分开，走出了利国利民又促进经济增长的"公有私营"模式。这种把责任心和经济效益捆在一起的机制，既有利于最大限度地发挥个体私营者的积极性，又使集体经济迅速发展壮大，经济效益和社会效益得到同步增长。

第三，留印人在发展经济的过程中，善于创造良好的投资环境，以此来吸引外部的资金投入以及人才和技术的输入，从而使他们在自身资金不足、人才和技术力量缺乏的情况下，仍然能够促进经济的快速发展。

第四，留印村始终坚持两个文明一起抓，在大力发展经济的同时，不仅没有忽视和放松精神文明建设，而且将精神文明建设放在了更加突出的位置加以重视，保证了两个文明的互相促进和协调发展。

（二）礼泉县袁家村

袁家村是礼泉县烟霞乡的一个普通村子。全村现有 60 户、260 口人，140 个劳动力，共有 320 亩耕地。1970 年以前，这个村曾经穷得叮当响，农民住的是黑暗潮湿的地坑窑，粮食亩产量只有 100 来斤，棉花亩产只有 80 余斤，一个工值只有 8 分钱，村里欠外债 1 万多元。每年要吃近销粮几万斤。与此同时，村干部拉帮结派，村里群众不团结，更使村里一年比一年穷，甚至到了"耕地牵不出牛，点灯买不起油，干活选不出头"的程度。1970年以后，特别是党的十一届三中全会以来，袁家村在党支部书记郭裕录同志等一班人的带领下，艰苦奋斗，坚持社会主义方向，依靠集体的力量，使袁家村走上了共同富裕之路。全村提前实现了经济翻番目标，农民生活达到了"小康"水平。现在，粮食亩产量已由过去的100多斤提高到1600余斤，全村社会总产值达到2908万元，固定资产达到1亿1千多万元，1995年人均分配4670元。袁家村的巨大变化，充分显示了我国社会主义新农村的广阔发展前景。

袁家村能够在不太长的时间取得如此大的变化，所经历的道路是艰难曲折的。在考察中，他们的经验和事迹给我们留下了深刻的印象。

第一，袁家村始终坚持了"发展经济的思路不动摇，走共同富裕之路的决心不动摇"这样一条正确的指导思想。无论什么情况下，党支部一班人带领大家，紧紧抓住发展经济这个主要任务，锐意改革，大胆开拓，从袁家村的实际出发，坚持走社会主义集体化的道路。

第二，袁家村在经济建设中，既保持了清醒的头脑和长远的战略眼光，又大胆开拓，勇于探索。早在20世纪70年代，袁家村领导就意识到农村的发展最终要走产业化的道路，并进行了可贵的尝试。他们办起了砖瓦厂、白灰厂、运输队、养牛场等，为后来改革开放过程中袁家村的经济腾飞奠定了重要基础。今天看来，人们不能不佩服袁家村人的远见卓识和实干精神。

第三，袁家村的成功，与他们有一位像郭裕录这样的具有很强魄力和实干精神的好带头人分不开，与袁家村党支部一班人廉洁奉公、严于律己、几十年如一日、全心全意为群众服务的工作作风分不开。袁家村党支部团结群众艰苦奋斗，是袁家村迅速发展的重要组织保证。

第四，袁家村重视经济发展的同时，还十分重视农村社会的全面进步。长期以来，袁家村随着集体经济的逐步壮大，加强了抓人的素质的工作，不断增加对教育、群众文化建设等方面的投入，坚持开展移风易俗，使农村两个文明建设得到了较为和谐的发展。

第五，袁家村坚持的是依靠发展集体经济建设农村的模式。随着集体经济的不断壮大，如何搞好廉政建设，必然是一项艰巨的任务。袁家村领导干部较早地意识到了随着集体经济壮大，反腐败工作的重要性，并在反腐败过程中以身作则，从而保证了集体经济的健康发展和不断壮大，也保证了党风的廉洁。

（三）延安农村的变化

延安是中国革命的圣地。延安地区现辖 13 个县市，197 个乡镇。现有人口 189.1 万人，其中农业人口 153.82 万人，占总人口的 81%。全地区现有耕地 469.83 万亩，人均 3.05 亩。由于自然环境、交通等因素的制约，改革开放前延安地区的发展，特别是农村、农业的发展相当缓慢。到 20 世纪 70 年代，大部分农民的温饱问题未能得到解决。党的十一届三中全会以来，在延安人民的艰苦努力和党中央的关怀下，延安的经济建设发生了巨大的变化，广大农民群众的生活水平有了很大的提高。

近年来，随着社会主义市场经济建设的不断深入，延安地区又确定了坚持依托资源、面向市场、区域开发、重点突破和择优开发的发展战略。目前烟、果、羊、薯四大主导产业开发已取得了明显的成效，与此同时，加强了对黄土高原的综合治理。到 1995 年底，全地区累计完成水土流失治理面积 16330.7 平方公里，使农业发展的生态环境得到优化。1995 年全地区的国内总产值已达到 50.01 亿元，其中农业总产值达到 17.1 亿元。从 1980 年起，全地区粮食产量平均年递增 4.3%，全区人均占有粮食 344 公斤。1995 年，全区农民人均纯收入达到 912 元。

延安地区的发展与发达地区相比，虽然还有一定的差距，但是当前改革发展的势头很好。我们相信，随着社会主义市场经济建设的不断深入，延安人民一定会继续发扬艰苦奋斗、自力更生的精神，把延安建设得更好。

二、几点启示

第一，改革开放，特别是社会主义市场经济为农村的现代化建设注入了强大的生命力。留印村、袁家村以及延安地区的发展变化充分证明，只要坚持改革开放，坚持"三个有利于"的目标，一切从实际出发，按市场经济的规律办事，就能够走出农村经济快速发展的路子。

第二，留印村、袁家村的成功之路表明，我国地域辽阔，各地农村发展很不平衡，差异性很大，广大农村进行社会主义市场经济建设没有现成的固定模式，各地不能搞大一统模式，而是要从自己的实际出发，因地制宜地探索适合自己情况的发展道路。

第三，农村进行社会主义市场经济建设，实现两个根本性转变，关键在于党的领导，根本在于劳动者素质的提高，最终要依靠大家的艰苦奋斗。留印村和袁家村能够成功的一个共同原因在于他们都有一个好的党支部，一个好的带头人，能够带领群众艰苦奋斗，真抓实干为群众谋利益。正如留印村党支部领导所说：任何果实都是劳动汗水换来的，只有付出，才有收获。

第四，农村经济要实现快速发展，必须走产业化的道路。留印村、袁家村以及延安地区的经验都表明，只靠发展传统的单一性农业生产，至多能够解决农民的温饱问题，而要实现农村的小康，就必须根据当地实际，进行较大规模的产业开发，走农业综合发展的路子，进而提高经济发展的规模效益。

第五，发展农村乡镇企业，必须按照可持续发展的战略要求，确定长远的规划。不能以牺牲环境、资源、土地为代价，换取经济上的眼前利益。

第六，农村建设必须坚持两个文明一起抓，在抓好经济建设的同时，要高度重视精神文明建设，特别是要以抓党风来促进民风的好转。留印村、袁家村的经验说明，抓好党风建设是搞好精神文明建设的关键。

第七，陕西农村在向社会主义市场经济转型的过程中，涌现出了留印村、袁家村这样一些好的典型。但就整体而言，陕西农村的发展还很不平衡。特别是在陕北地区，农村摆脱贫困的任务还十分艰巨。仅延安地区，仍有 8 个县市的 56 个乡镇，10 万农户、38.6 万人口生活在贫困线下（现价人均收入不足 500 元）。如果用可比价计算，陕北地区的贫困人口面会更大。因此，还必须高度重视现阶段相当一部分农民的脱贫工作。在向社会主义市场经济转型过程中，应当制定更加灵活、符合实际和便于操作的政策，以加快贫困地区的开发。与此同时，在扶贫方式上，也必须由过去的救助者扶贫转移到开发式扶贫的轨道上来，要充分调动当地干部和群众的内在动力，克服等靠要的思想。

深化农村教育改革与农村小康建设[*]

到 2000 年全国人民生活水平达到小康水平，是我国社会主义现代化建设的第二步战略目标。而要实现这一目标，农村是关键。没有农村的小康，就不可能有全国的小康，全国小康建设的难点在农村。农村教育发展既是农村小康建设的目标之一，又是小康建设的重要基础。因此，对农村教育在农村小康建设中的地位和作用进行理论与实践的探讨，具有重要的现实意义。

一、实现农村小康目标，必须重视农村教育的改革与发展

首先，改革与发展农村教育，是全面实现小康目标的重要基础。作为我国社会主义现代化建设的第二步战略目标——到 20 世纪末实现小康，有其特定的含义和内容。《中共中央关于进一步加强农业和农村工作的决定》（1991 年）在论述农村小康目标时指出："总的目标是，在全面发展农村经济的基础上，使广大农民的生活从温饱达到小康水平，逐步实现物质生活比较富裕，精神生活比较充实，居住环境改善，健康水平提高，公益事业发展，社会秩序良好。"国家统计局确定的小康综合评价体系包括了人均纯收入、基尼系数、恩格尔系数、人均蛋白摄入量、电视机普及率、人口平均预期寿命、劳动力受教育程度、安全卫生的普及率、万人刑事案件立案数等 16 项量化指标，可见，农村小康建设的总体目标涉及物质生活、精神生活、居住环境、人口素质、安全等各个方面，既包括了物质文明建设，也包括了精神文明建设。而无论是物质文明建设还是精神文明建设，都离不开教育。因此，要实现农村小康建设目标，必须以改革与发展农村教育作为基础。

＊ 本文刊载于《教育评论》1997 年第 3 期。

其次，改革与发展农村教育，是实施"科教兴农"战略，振兴农村经济的客观需要。农业是国民经济的基础。目前我国农业自身的基础发展十分薄弱，不适应人口增长、生活改善和经济发展的需要，主要表现：一是农业生产综合能力较弱；二是科技含量很低，大批农业科研成果得不到及时推广，我国农业科技的转化率仅为30%—40%，而发达国家在60%左右，科学技术在农业增产中作用较低，大量的农业自然资源未能得到充分开发和利用；三是抵御自然灾害的贡献份额只占35%左右，而发达国家在70%—80%之间；四是劳动生产率不高，粮食生产单位面积产量较低；五是农业发展速度缓慢，与工业发展速度比例失调；六是农村产业结构不尽合理，尽管近年来乡镇企业发展迅速，但很不平衡，有相当一部分乡镇企业管理较差，技术力量薄弱，效益较低。此外，农村计划生育、生态环境保护、社会治安等方面还存在许多问题。所有这些都直接影响农村小康建设的进程。造成上述问题的原因很多，如农村建设投入不足、政策不落实、经营方式落后等，但根本原因之一是农村劳动力的科学文化素质不高，农村缺乏足够的经济管理人员和技术人员。据统计，现有农村劳动力中，大学文化程度的仅占0.05%，高中文化程度的占4.45%；初中文化程度的占28.15%；小学文化程度的占45.1%，文盲半文盲占22.5%。显然，农村劳动力的文化素质状况远远不能适应现代化农业建设的需要。因此，要改变农业基础的薄弱现状，并在我国人口众多、可耕地少、资源相对不足的情况下实现农村小康目标，就必须大力发展农村教育，走依靠科技进步和提高劳动者素质的道路。只有不断改革发展农村教育，提高农村劳动者的思想道德和科学文化水平，把农村沉重的人口负担逐步转化为人力资源优势，我国农业和农村经济的可持续发展才能有保证。

再次，改革与发展农村教育，是全国实现"两基"，最终达到小康目标的必然要求。我国80%以上的人口在农村，全国近2.2亿在校生中也有80%左右是在农村。这一状况决定了我国国民教育的重头和难点在农村，同时也决定了农村教育在实现"两基"中的重要地位。可以预料，到20世纪末，如果广大农村基本普及九年制义务教育和基本扫除青壮年文盲这一历史性任务不能预期完成，要在全国实现小康目标也是不可能的。

二、农村教育在农村小康建设中具有重要功能

教育发展既是小康建设的重要目标之一，同时又直接影响小康建设的

进程。我国是一个人口大国，同时也是一个教育大国，拥有庞大的教育体系。目前全国有各级各类普通学校 96 万多所，在校学生 2.1 亿多人，其中农村中小学 70 多万所，农村的各级各类学校和在校生数约占全国的 80% 左右。教育特别是农村教育在农村小康建设中具有十分重要的功能。

（一）育人功能

首先，在培养农村建设者和提高年轻一代的基础文明方面具有重要的作用。新中国成立后，各级各类农村学校为农村培养了数以亿计的小学毕业生和近两亿的初高中毕业生；其次，教育在培养农业、农村科技人才方面具有不可替代的作用。新中国成立以来，教育部门培养了数百万农村各类专业人才，其中有专科以上专业技术人员 50 多万人，中专或职高学生 300 多万人；再次，是教育对于农村劳动者的技术培训、扫盲等发挥着重要功能。长期以来，已累计扫盲近 2 亿人；近年来教育部门对农民的技术培训每年都有 5000 多万人次。

（二）科技和经济开发功能

在农村小康建设过程中，高等院校和各类专业学校是直接参与农业科技和经济开发的一支重要力量。我国现有 1080 所高等院校，其中农林院校 68 所，拥有教学和科技人员 3 万多名；另外全国有各类中专 4000 多所，其中农林中专 428 所。长期以来的实践证明，高等院校和中专学校在农业和农村科技、经济的开发中发挥了重要的作用，作出了重要贡献。

（三）推广技术的功能

我国现有的各类高等院校、中专学校，特别是农村大中专院校和县、乡、村的各类职业技术学校、成人学校，包括部分普通中小学校在推广和普及科学技术特别是农业生产技术方面，具有重要的作用。近年来，全国 1080 所高校，4000 多所中专学校，县和县以下农村的 72000 多所职业中学和农民中专学校以及 32 万余所乡镇农民文化技术学校，在推广农业技术方面发挥了很大作用。尤其是近些年实施农科教结合以来，教育在推广技术方面发挥的作用越来越显著。在一些经济不发达的落后地区，普通中小学校在农业技术推广方面也发挥了重要作用。

（四）传播精神文明的功能

教育在农村小康建设中还具有加速精神文明建设的功能，对于传播社会主义思想和树立良好社会风尚，加强社会主义民主、法制建设，树立正确的理想、信念和价值观，抵制资本主义和封建主义腐朽思想侵蚀，促进农村劳动者身心健康发展等都具有不可低估的基础性作用。

三、从农村小康建设的实际需要出发，加大改革和发展农村教育的力度

到 20 世纪末，我国要实现小康目标，时间紧，任务艰巨，农村教育改革与发展面临着严峻的挑战。

一是农村小康建设迫切需要大面积提高农村劳动者的整体文化素质与当前农村教育普及程度不高的矛盾十分突出。目前我国农村人口中，文化程度在小学以下的占 67% 左右，文盲半文盲率高达 22%；特别是在一些贫困山区、民族地区，普及教育的难度很大。

二是农村小康建设迫切需要农业和农村经济开发专门人才，与目前农村专门人才缺乏、大批劳动者缺乏专业技能形成矛盾。

三是农村小康建设中，产业结构和技术结构的不断变化与当前相当一部分农村教育结构单一不相适应。第二、第三产业的发展，特别是各种类型的乡镇企业的迅速崛起，不仅需要大批的技术人才，而且也需要一定的管理人员。

四是我国现有农业教育的规模和专业设置与农村小康建设的要求不适应，表现在：第一，农林专业人才通向农村的渠道不畅。相当多的专业人才下不去，或下去了留不住。长期以来，农林高等院校培养了 100 多万名毕业生，但其中只有 40% 仍在农业系统工作，在乡村工作的就更少。第二，当前农村的农林专业职业学校招生有一定困难，生源不足，缺少激励措施。据统计，农科专业招生数占农村职业学校的招生总数的比例已由 1984 年的 62.7% 下降到 1994 年的 18.6%，招生人数由 1992 年的 25.13 万人，下降到 1994 年的 15.49 万人，下降了 38.3%。第三，地、县特别是贫困地区和边疆地区尚未形成为当地培养农业专业人才的能力。

五是不少地方农村学校的办学思想还不适应农村小康建设的要求，为

农村经济发展服务的主动性还不够，相当一部分农村普通中小学仍然以应试教育为主，致使大多数不能升学的农村学生缺乏建设农村的思想准备和劳动生产技能。我国每年回到农村的"三后生"约1100万（小学毕业生400万，初中毕业生600万，高中毕业生100万），他们虽有一些文化知识，但普遍缺乏生产技能，不适应农村小康建设的需要。也有的地方，虽然注意到了在中小学教育中引进职教因素，但由于职业技术教育的师资缺乏，或因农业技术教育的实习基地无保证，效果并不理想。

六是农村小康建设迫切要求发展教育事业与农村教育总体投入不足、效益相对不高形成了一定的矛盾。

上述种种问题的存在，与农村小康建设的要求很不适应。目前，农村小康建设迫切需要加快农村教育改革与发展的步伐。

社会的需要是教育改革发展的动力，也是出发点。农村教育改革发展必须从农村小康建设的实际出发。当前农村小康建设对教育改革发展的需求主要有以下几个特点：一是紧迫性，农村小康建设迫切需要发展农村教育；二是多样性，农村小康建设要求农村教育能够培养和造就适应农村小康建设多种需要的各种人才；三是全面性，即农村小康建设需要全面发展的人才和劳动者，既要有一定的文化基础知识又要有实用的专门生产技能，同时也要具备良好的思想品质和行为习惯，以及改革开放的思想观念和大胆进取精神；四是动态性，随着农村小康建设的深入发展，对农村教育的需求会不断变化，必须根据这些变化不断调整农村教育结构，以适应农村小康建设的需要。

从上述需求特点来看，农村小康建设对农村教育已提出了较高的要求，而农村教育的现状与此要求还有相当距离，为此，必须加快农村教育改革的步伐。

第一，要进一步提高认识，切实把农村教育改革发展放在重要的战略地位。

邓小平同志早就指出，科学技术是第一生产力，农业问题最终可能要靠科学技术来解决。他还多次指出，建设现代化，科技是关键，教育是基础。各级政府应当把改革和发展农村教育作为农村小康建设的重要内容和基础加以重视，根据小康建设的需要不断加大力度，增加投入，切实加强指导，使农村小康建设真正转移到依靠科学技术进步和提高劳动者素质的轨道上来。

第二，必须加强农村教育的综合改革，努力形成农村教育与经济社会发展的"互促机制"。

农村小康建设是复杂、艰巨的社会系统工程，小康建设对农村教育改革和发展的挑战和要求是多方位的、复杂的。因此，农村教育必须进行综合的系统的改革。改革开放以来，特别是从1987年开始，国家教委有计划地进行了农村教育综合改革实验，中央和地方共建立了540个实验县，30个地区联系点，目前已有近8000个乡实施了"燎原计划"，分布在1550多个县。近10年的农村教育综合改革探索了我国发展农村教育的新路，丰富了社会主义教育事业的实践理论，积累了非常宝贵的经验。当前，要在"点上深化，面上推广"的原则指导下，继续深入推进农村教育综合改革。一是农村各级各类学校应当进一步端正办学指导思想，切实纠正片面追求升学率的不良倾向，使农村教育的办学方向由应试教育逐步转移到主要为当地经济建设和社会发展服务兼顾升学的轨道上来，努力为农村小康建设培养技术人才和具备良好素质的劳动者。二是要从农村小康建设的实际出发，改革和完善农村教育结构。要在加强基础教育的同时，大力发展多层次、多种形式的农村职业技术教育和成人教育，形成农村普通文化基础教育和各类专业技术教育两个系列。三是在农村要努力搞好基础教育、职业教育和成人教育"三教统筹"，以提高农村教育的办学整体效益和质量，促进农村各类教育的协调发展，加速农村技术人才的培养和劳动者素质的提高。四是要大力推进农科教结合，形成"科教兴国"的合力，加快"科教兴农"的步伐。五是应继续实施"燎原计划"。六是要继续动员高等院校、科研院所以及大中型企业积极参与农村教育的改革和发展。

第三，全面贯彻教育方针，充分发挥农村教育在农村社会全面进步中的作用。

一是农村教育要在农村的精神文明建设中担负起光荣而艰巨的使命，各级各类农村学校都要为培养农村建设的四有新人作贡献。二是农村各级各类学校要积极传播现代文明和改革的思想观念，积极推动农村社会生活的变革。要在提倡文明健康的生活方式、移风易俗、抵制封建迷信、消除传统观念、搞好计划生育、环境保护、社会治安综合治理等方面发挥积极作用。使农村教育真正成为建设农村社会主义精神文明的重要阵地，促进农村社会的全面进步，从而加快实现小康目标的步伐。

农村教育综合改革的形势和任务[*]

国家教委于 1987 年组织实施了农村教育综合改革，1988 年国务院批准实施"燎原计划"。认真回顾农村教育综合改革这十年的历程，全面评估农村教育综合改革的地位和成效及其在中国社会发展中的作用，直接影响到今后这项工作的发展。特别是当前在机构改革过程中，对这项工作的客观正确评价具有重要的意义。

一、农村教育综合改革的十年历程

农村教育综合改革，作为党的十一届三中全会以后我国农村农业和教育改革的重要组成部分，走过了一条曲折道路。

农村教育综合改革提出的三个重要背景：第一，党的十一届三中全会以后，农村实行联产承包责任制，这对我国农业生产来讲，是一次重要的变革。它极大地调动了农民生产的积极性。有人把它概括为我国农业生产力的一次大解放。农民的积极性提高以后，他们的最主要目标是增产粮食，增加收入。而要增产粮食，增加收入，就需要有知识。因此面对这样一个现实的需要，广大农民迫切希望学到能够增产的知识和技术，这使传统农村教育遇到了前所未有的挑战。第二个背景是与 20 世纪 80 年代国家改革的形势有关。1949 年中华人民共和国的成立，实现了人民当家做主，社会制度发生了根本性变化。但是"左"的思想长期影响了我国社会生产力的发展。党的十一届三中全会以后，特别是 20 世纪 80 年代初，我们国家进入全面改革的时期，1983 年中共中央国务院作出了关于经济体制改革的决定，

---

* 本文曾在《农村教育》1998 年第 5 期发表。

1984 年中共中央作出了关于加强科技体制改革的决定，1985 年中共中央作出关于教育体制改革的决定，中共中央还作出了关于政治体制改革的决定。由此可以看到，从 20 世纪 80 年代初期到中期，改革进入了快车道，改革成为中国的主旋律。对于教育来说，最重要的就是《中共中央关于教育体制改革的决定》（以下简称《决定》）。邓小平同志曾认为这个文件是教育改革和发展的蓝图。文件的主要内容包括：（一）中国教育改革和发展的根本目的是提高整个中华民族的素质，多出人才，快出人才；（二）中国教育改革和发展的指导方针是社会主义建设必须依靠教育，教育必须为社会主义建设服务；（三）要大力改革教育思想、教育内容、教学方法；（四）要大力普及九年义务教育，分步骤，分阶段，在 20 世纪末实现这个目标；（五）大力发展职业技术教育，改变我们国家教育长期以来以普通学校教育为主的教育结构状况。《决定》还提出基础教育，实行分级办学，地方负责的原则，要扩大高等院校的自主权等。第三，农村教育综合改革是历史的产物。早在"五四"运动前后，中国共产党的早期领导人和一些进步知识分子，就提出了应对中国的农村教育进行改革，毛泽东、陶行知、蔡元培、陈独秀都提出过一系列农村教育改革的思想。新中国成立以后，党和国家领导人也提出了农村教育改革的思想。比如，毛泽东同志 1957 年提出了教育与生产劳动相结合，刘少奇同志 1965 年提出了"两种教育制度"，此外，"文化大革命"中提出的半工半读，面向农村开门办学等等。所以说，农村教育综合改革的产生，是社会政治、经济、文化教育自身发展的必然，也是教育思想发展的继续。

农村教育综合改革经历了三个阶段。第一个阶段，从 1987 年到 1988 年，是农村教育综合改革的提出和工作的启动阶段。在这个期间，国家教委召开了一系列的研讨会，比如在辽宁海城召开的研讨会，在山东省平度召开的研讨会，都是进行宣传、动员。第二阶段，从 1989 年到 1994 年，是全面实施的阶段。这个阶段的重要标志是 1988 年、1989 年间国家教委正式成立了农村教育综合改革领导小组及其办公室，确定了全国 116 个农村教育综合改革实验县。与此同时，从 1989 年至 1994 年，短短的五年时间里，国家教委召开了 10 次农村教育综合改革的工作会、研讨会、现场经验交流会。主管教育的中央领导、国家教委领导作了大量指导工作。第三个阶段，从 1994 年到 1997 年，是农村教育综合改革的深入发展阶段。这个阶段以 1994

年9月10日在河北唐山市召开的全国农村教育工作会议为标志。唐山会议对1987年以来的工作进行了全面的回顾，总结了农村教育综合改革的主要经验。这次会议是一个重要的里程碑。唐山会议确定的深化农村教育综合改革的一个重要指导思想是"点上深化，面上推广"，另外提出了分类指导、因地制宜的工作方针。从1994年到现在，国家教委综改办按照唐山会议的精神召开了各类地区，各不同经济发展地区的农村教育综合改革的现场会、研讨会、工作会。同时，组织有关报刊，对取得的经验进行了宣传，编辑了有关的资料。

农村教育综合改革的10年，主要成效，有以下几个方面。

第一，农村教育综合改革促进了农村教育事业的整体发展。这里所讲的整体发展，就是促进了农村基础教育、职业教育、成人教育以及相关的教育整体协调的发展。过去农村教育主要是普通学校教育，职业教育很薄弱，成人教育也很落后。经过改革，这三项教育能够相互协调的发展，应该说综合改革的思路的影响和贡献是很大的。

第二，农村教育综合改革促进了农村教育思想的转变，使广大的农村教育工作者，特别是教改实验地区的教育工作者，在指导思想上由过去的主要为升学服务，转移到了主要为当地经济建设服务的轨道上。

第三，农村教育综合改革锻炼、培养了一批干部。在广大的实验地区，很多教育行政管理干部，过去不懂经济，不懂农业，不懂农村的生产，通过农村教育综合改革，使他们不仅了解了教育的规律，也了解了农村经济。

第四，加强了教育与农业、科技的联系，也就是加强了农科教相结合。过去的学校，关起门来办教育，与现实的农村生活、农业生产和农民的需求的距离比较远，通过改革这个情况发生了很大变化。

第五，通过农村教育综合改革，调动了高等院校参与农村改革的积极性。高等院校大多数都在城市里，过去高等院校的学生、老师很少去想农村的事情，我们在改革过程中，提出了高等院校要参与农村教育综合改革，所以有些高校，比如说河北农业大学、黑龙江农业大学、甘肃农业大学，在这些方面都作出了突出的成绩。

第六，农村教育综合改革促进了中国教育科学研究事业。过去的教育科学研究对农村教育关注得不够，师范院校的教育学教科书也大部分不讲农村。通过农村教育综合改革，教育部门的行政干部，科研院所的同志对这项工作有了更多的了解。全国教育科学从"七五"到"八五"和"九五"规划，都有重大的科研课题立项，而且出现了一批有价值的科研成果，受到了国际上的关注。由于农村教育综合改革成效非常显著，联合国教科文组织于 1992 年在中国举办了国际农村教育研讨会，联合国教科文组织总干事马约尔亲自到会。与会的很多国家代表认为应该在中国建立面向国际的农村教育研究与培训中心。这样一个提议，得到了联合国教科文组织的支持，并于 1994 年 11 月在我国河北省保定市建立了全世界第一个面向国际的农村教育培训中心，这在世界上是唯一的。通过这些，我们能更加感觉到这项工作的意义和成效是显著的。

除此以外，开展农村教育综合改革的地方，经济发展的速度加快。如呼兰县，过去在黑龙江县域经济排在全省中间水平，现在已进入全省的十强。用他们的话来讲，十年的发展，农科教结合，农村教育综合改革功不可没。他们不仅向重点大学包括清华、北大输送了 1000 多名大学生，与此同时，他们为自己县里培养了成千上万的懂生产、懂经营的劳动者。

农村教育综合改革积累了很多重要的经验。一是政府要统筹；二是教育内部三种教育要统筹；三是教育外部农科教要结合；四是高等院校要参与；五是要加强"燎原计划"的实施。

通过以上情况可以得出结论，农村教育综合改革是一次成功的变革。

第一，农村教育综合改革是建设有中国特色社会主义教育体系的重要组成部分和积极探索。这样的一个探索，是中国特色教育的一个重要方面。因为中国是农业大国，如果中国的教育不讲农村、农业教育，就有可能谈不到是中国特色的教育。

第二，农村教育综合改革是中国实施"科教兴国""科教兴农"战略的重要实践。1994 年党的十四届五中全会提出两个战略，一个是可持续性发展战略，一个是"科教兴国"战略。实际上早在 20 世纪 80 年代末农村教育综合改革实验区有不少地方就提出了"科教兴市""科教兴县""科教兴乡"的口号。可以说为党中央国务院提出的"科教兴国"战略提供了丰富的实践经验。"科教兴国"，要从省、从县、从乡、从村抓起，只有所有的省、县、乡村实现了科教兴省、兴县、兴乡，全国的"科教兴国"才能实现。

第三，农村教育综合改革是对中国几千年旧传统教育思想的深刻的挑战。大家知道，中国历史上的孔夫子，他在国际上影响很大，但他的教育思想中最落后的是"读书做官论"、"学而优则仕"。孔子看不起学农的人，他的学生问他怎么种菜，被他臭骂一通，说自己不如老农民，让学生去问农民吧，并认为这个学生没有出息。从孔子开始，我国的教育深深打上了"读书做官"的功利烙印，一直发展到科举制度。现在我们"追求升学率"状况的存在，多多少少同我们传统思想教育中的观念有关系。所以农村教育综合改革中提出"不求人人升学，但求人人成才"，提出"农村教育主要为当地经济建设服务，兼顾升学"，这些思想符合我国国情，也符合现代化的发展，它是对传统教育思想非常深刻的挑战。

第四，农村教育综合改革凝聚了亿万群众和广大教育工作者的大量心血，是劳动人民群众的伟大创造。农村教育综合改革最早不是政府官员在办公室里想出来的，它是基层教育工作者在实践中提出来的，并创造了好的典型，创造了成功的范例。我们算一下，全国116个实验县，每个县按20~30万人计算，我国30个地区联系点，每个联系点按200万人算，全国有8000多个"燎原计划"示范乡，这些乡按1000到1500人计算，总计超过1亿人，所以说这是亿万群众参与的一项事业。

第五，农村教育综合改革，包括农科教相结合，是我国农村生产力解放的第三次革命。我国农村第一次生产力解放是1949年新中国的成立，农民有了自己的土地，第二次解放是党的十一届三中全会以后，农民再次得到自己的责任田，第三次解放就是农民获得了科学知识，从传统的生产方式中被解放了出来。

总之，农村教育综合改革是我国教育史上一次深刻的变革。回顾几千年教育史，农村教育综合改革值得大书特书。

二、我国农村教育综合改革工作面临的挑战和机遇

农村教育综合改革已进行了十年多的时间，但仍面临着许多问题和挑战，应该说现在是挑战与机遇并存，挑战是严峻的，机遇也是丰富的。

挑战主要来自以下几个方面。

第一，首先是国际间的高科技竞争异常激烈，中国与国际上科学技术水平的差距在拉大，如果继续发展下去，将直接影响国家的经济安全乃至社会安全，这是最严峻的挑战。我国与整个世界科技发展水平差距表现在，

从生活用品到工业制造、航天技术、生物工程、信息产业的各个方面。家用电器、汽车、飞机质量好一些的大多是进口的，尤其是这些年进口的手机、传呼机垄断了中国很大的市场。像精密的计算机，美国的产品功能要比我们强好多。再比如工业，高科技产业只占我们国家整个工业的10%，中国所有的出口产品中高科技产品只占6.8%，而且主要是农产品和纺织品。1997年我国国民生产总值人均只有6050元，按市场外汇比价只有730美元，仍然属于低收入的发展中国家，中国的人均劳动生产率相当于中等发达国家的四十分之一，相当于发达国家的六十分之一。这些给我们整个社会生活，给我们教育带来的挑战是严峻的。现在发展中国家和发达国家之间的差距，主要是知识的差距，科学技术的差距。这是1994年《世界科学报告》已经讲过的，这个报告的核心思想是强调知识的地位，认为知识的差距造成了发达国家与发展中国家的差距，也造成了发达地区和不发达地区的差距。科学知识和技术的传播依靠什么呢？主要依靠教育，因此科学技术的差距、知识的差距，最终是教育的差距。这就对我们的教育，提出了严峻的挑战。到21世纪的30年代到40年代，中国的人口增加到16亿，16亿人口比现在多4亿人口，粮食从哪里来，粮食怎样增产，"两高一优"农业如何实现都是非常现实的问题。现在我们每年通过专家鉴定的农业科技成果是6000多项，但真正推广的不到40%，国外科学技术在农业生产中的贡献率已达到70%—80%，1994年中国只有35%，到1997年是37%。如果科学技术在农业发挥不了作用，一个国家的农业就没有确保地位的可能性。总之，从科学技术水平的差距来看，我们的农村教育面临着为农业发展，为社会发展培养人才的挑战。

第二，知识经济的时代即将到来，或者说，已出现端倪。在知识经济的时代，知识是社会生产发展的支柱，掌握知识的人是载体。把中国的情况和国际情况进行一下比较就能感到压力。目前，我国平均每万人中，科技人员的数量只有200人，中等发达国家是2000人，发达国家是4000人，这个差距是触目惊心的。第二，我们农村中的问题更为突出，现在农村人口中，还有1.35亿文盲。青壮年的文盲还有3000万。整个国家受过高等教育的人数仅占同龄人口的5%，而中等发达国家是20%，发达国家占40%，这个差距是可想而知的。农业部农村固定观察站对297个村的2万农户进行12年之久的跟踪调查研究，发现教育和人均收入是制约农村发展的两大难题。而劳动力受教育的平均水平只有 5.7 年，还到不了小学毕业。文盲和半文盲占了劳动力的 13%，小学文化占了 41%，这样的劳动力知识状况，怎么能够建设现代化的农业呢？显然是不可能的。知识经济的时代支撑经济的是知识，支撑农村经济的是农村劳动者的知识，因此不具备农业生产的专门知识，我们要实现农业现代化，实现农村知识经济的发展是不可能的。

第三个挑战是我国现有的农业教育的状况与我们国家经济发展的需要不相适应。就是说农村教育、农业教育很薄弱。从农业高等教育来看，1997年底，全国有高等院校 1020 所，其中农业院校只有 50 所，只占二十分之一。而且真正的农学专业不多。全国大学生学农学的比重占学生总数的 3.53%，具体数字 111800 人。高等教育农业人才的培养显然不能适应我国现代农业发展的需要。再看一下农业中专的情况，1997 年，全国中专学校有 4143 所，农业中专只有 357 所，占了 8.62%，学生占了 3.84%，比例太少了。这种结构，不适应广大农村实现"两高一优"农业的农业人才的需求，反差太大了。农村普通学校教育目前的问题也很突出，就是农村教育综合改革最早提出来的，农村中小学传授的主要是一般的数理化和文化知识，没有教给农村的青少年生活和生产所需要的足够的农业生产的知识。

第四，党的十五大提出，面向 21 世纪的教育要培养高素质的劳动者和数千百万的专业技术人才。现在我们农村教育和农业教育，不仅是数量达不到，而且质量上达不到中央所要求的高素质。我们农村的很多孩子不愿务农，甚至学农业的孩子也不愿务农，这就说明培养的人才的质量尚存在问题。也就是说我们培养人才的效益有问题。

第五个挑战，就是东南亚金融经济风波带来了市场的波动，我们的市场已经受到了这场风波的影响。商业市场疲软，带来了对广大农业市场需求的降低，农产品销路发生了问题。猪肉降价，有的同志讲猪肉降价主要是我们的猪养得太多了，政策导向不够，这恐怕只是其中的一个原因。另一个方面就是市场疲软，一些乡镇企业本来技术含量就不高，产品销量不大，又由于这样一个经济形势，一些地方出现农村企业劳动力的下岗，这都是连锁反应。这是当前我们农村教育面临的最直接的挑战。

再一个严峻挑战来自我们整个农村教育投入不足，国家对农村教育的投入没有达到农村教育本身发展所需要的数量，影响了我们农村教育的办学条件，影响了我们农村教师的工作和生活待遇，也影响了我们教育质量的提高。现在还有不少农村学校的教师和校长，主要精力还不能完全放在教学上，还要考虑学校的生存。还有的地方工资不能按期发放。特别是在经济上东部和西部、中部的差别很突出。上海市农民人均纯收入已经达到5000元，而全国贫困县人均收入1997年是1115元，与上海的差距是5倍，山西是1748元，与上海的差距是3倍。沿海发达地区和中部、西部地区差距越来越大直接影响了农村教育投入的不平衡性。邓小平同志20年前就讲过，我们宁可在别的地方忍耐一点，甚至牺牲一点速度，也要发展教育。各级党委和政府都应高度重视农村教育的投入问题。

虽然面临这么多的挑战，但是我们也要看到农村教育改革特别是综合改革也面临着许多良好的、丰富的机遇。

第一是党中央国务院确定了"科教兴国"战略，这一战略的确定，是教育与科学事业发展的一个很好的机遇，特别是为农村教育综合改革提供了良好的机遇。在第九届全国政协会议上，有300多位政协委员提案涉及"科教兴国"。党中央、国务院、全国政协都能够认识到"科教兴国"的重要性，是农村教育改革发展的一个难得的机遇。

机遇的第二个方面，党中央和国务院长期以来十分重视农业、农村、农民的问题。把农业作为国民经济的基础，每一年开一次中央农村工作会议。特别是中共中央政策研究室1997年花了近一年的时间，对农村教育综合改革进行了全面系统的调查，总共调查了15个省市，并且已把材料报到了中央。这充分表明了党中央和国务院对这项工作的支持和重视。

机遇的第三个方面，是广大的基层教育工作者对农村教育综合改革的热情长期不减。许多农村党政干部对农村教育综合改革工作始终如一地给予支持，群众和广大农村教育工作者对这项工作也十分关注。有大家的支持，这项工作是很有前途的。现在有的实验县领导讲，不管教育部今后抓不抓这项工作，我们自己也要抓。大家有这个积极性，这个事业就会继续下去。

第四个机遇是我们应该看到，整个世界对教育的重视程度都在加强。教育部今年上半年发了几期简报，其中有一份美国总统克林顿谈教育改革，一份是德国总统谈教育改革，还有一份是澳大利亚总统谈教育改革，可见教育事业在全球范围内越来越被人们关注。现代社会的竞争是知识和科技的竞争，归根到底是人才和教育的竞争。

总之，农村教育综合改革虽然道路曲折，但前途光明。

三、今后的工作和任务

第一，要坚持不懈地贯彻农村教育综合改革的指导思想。

这个指导思想就是我们长期以来所提出的，教育必须为社会主义建设服务，社会主义建设必须依靠教育。具体到农村来讲，就是农村教育一定要坚持主要为当地经济建设服务兼顾升学的办学方向。这不是说不要升学，而是既能让孩子们升学，也能保证经济的发展，就是说要努力做到"升学有门，致富有路"。农村教育综合改革的实践证明，开展农村教育改革并不影响农村青少年的升学，反而充分调动了大家的积极性，使那些不能升学的孩子更好地为当地经济建设服务。今后我们还要继续坚持这一指导思想，要增强改革的紧迫性。从实验县来讲，我们的改革够不够呢？从长远发展来看，我们的改革还远远不够。那些没有开展改革的地区就更要增强紧迫感。农村教育综合改革的核心是综合，这个主旋律不能变。所谓综合，就是要政府统筹，面向科技和农业的发展，面向经济主战场，统筹安排农业、科技、教育工作，在教育内部三种教育要协调，要提高教育的整体效益。现在，有些同志提出农村教育的现代化，也有人提出了农村素质教育等。这些口号，这些概念，都不能简单替代农村教育综合改革的内涵。上海的同志发言，我很赞同，农村教育综合改革和素质教育不是一个概念，不是一个层次上的问题。农村教育综合改革面向的是整个教育的宏观改革，它解决了农村教育培养什么人，为谁服务的问题，而素质教育是学校内部培养什么样的学生的问题，不能简单地用素质教育代替农村教育综合改革。我记得1996年在山西农村教育综合改革培训班上，汨罗教育局局长罗泽南讲过，没有农村教育综合改革近十年的探索，就不可能有素质教育的成果，他是把素质教育作为农村教育综合改革的一部分来看的，而不是用素质教育代替农村教育综合改革。也不是像有些人讲的，农村教育综合改革就是素质教育。所以，我希望同志们做领导工作，在这些概念理论问题上思考得深一些。也有的同志用农村教育现代化来替代农村教育综合改革，也不合适。

第二，农村教育综合改革要继续坚持三项原则。

第一个原则，就是在唐山会议上提出的，加强"点上深化，面上推广"。有的代表提出，综合改革116个国家级实验县不应该是终身制的，这个观点很正确，我们应该根据事业的进展，不断调整。同时我们要不断地扩大国家实验县的范围。

第二个原则，也是唐山会议提出来的，就是要继续按照"因地制宜，分类指导"的原则，做好农村教育综合改革工作。我们国家有960多万平方公里，56个民族，31个省市自治区，每个地区都不一样，所以说各地进行农村教育综合改革一定要探索出自己的道路。

第三个原则，就是要面向市场经济，面向农村和全社会办好农村教育。因为我们已经进入了一个市场经济时代，我们的农村教育也要面对市场经济。农村教育作为生产精神产品的场所，精神产品和我们市场经济中物质产品有什么区别呢？我们要研究这个问题。过去计划经济是不讲市场的，我们培养的人才有时是盲目的，这是一个致命的弱点。第二个弱点是不讲成本，没有考虑市场，没有考虑农村的教育市场，没有考虑教育的投入成本，有的钱白花了。

第三，要深化四个领域的改革。

首先要深化教育思想领域的改革。农村教育面对的是农村的孩子，面向的是农村的生产和生活。因此在培养农村青少年的过程中，有几个重要的观念需要解决。首先就是要树立正确的人才观。现在社会上有一种导向，博士生、研究生是人才，大学生是人才，而农村的能工巧匠就不是人才。很多地方招聘人才，标准定得很高，最少起点在大专以上，非大专水平不要，不管有没有真才实学，这种导向对我们教育的危害是很要命的。我们应该转到注重真才实学上来。其次，要有正确的育人观。就是我们要明确培养什么样的农村青少年，培养什么样的人。小平同志讲了我们要培养四有人才，这是非常正确的。但在贯彻当中，最首要的问题没有解决好。比如道德教育中，过去比较重视的是政治教育，把道德教育和政治教育等同起来。认为学了政治课本，政治表现好，就说是道德品质好，似乎过于简单和片面，忽略了我们对青少年品德的教育，做人的教育。在具体的思想品德教学中，对表面上的东西重视的多，具体实际操行重视的少，这是我们在道德教育中薄弱的环节。现在搞素质教育提倡要学会做人，联合国教科文组织也提出了学会做事，学会做人，学会合作，学会生存，这些都反映了我们的教育思想在进一步深化。农村的青少年应该成为身体健康，有着良好的思想品德和科学文化知识的农村建设者，应该正确地了解社会、正确地对待社会，应该正确地了解人生、正确地对待人生，应该正确地了解自己、正确地对待自己，应该正确地了解别人、正确地对待别人。这样才能对社会作贡献，使自己的生活过得更好。现在很多青少年接受挫折的能力很差，很多独生子女很脆弱，有的农村青少年小农意识很强烈，这些问题不是一天两天能够改变的。总之要培养造就一批先进的农民，使他们目光远大，志向高远。中国人常讲，三百六十行，行行出状元，但是现在不少农村的青少年不愿作农业状元，他们认为社会看不起农业，看不起农民，自己也就看不起自己，因而不去积极进取。有的高中毕业生甚至在农村自暴自弃。实际上农村成才的道路是非常宽广的。因此要注意对学生进行志向的教育和自信心的教育。在育人方面，我们还有一个问题要注意，就是需要加强劳动教育。教育和劳动生产相结合，这是马克思主义教育思想的一个基本原理，新中国成立以后讲了很多，教育方针中明确指出教育要同劳动生产相结合。但是在现实教育中对这个教育思想落实得不够理想。我们很多青少年现在害怕劳动，不愿做艰苦的劳动。很多人做生意，投机取巧，为什么呢？他不愿通过劳动致富。这和我们社会的思想品德教育落后有关系。这恐怕不仅仅是在农村了，整个社会都有这个问题。我们到过一些发达国家和发展中国家，对劳动教育看得非常重。比如瑞典过去是一个很落后的国家，现在很发达了，人均产值在世界名列前茅。我曾经看到，在他们学校小学一年级教室的墙上挂有镰刀、锄头、钳子、银头等一些劳动工具。校长说，瑞典很多人过去是靠当雇佣军生存，现在国家富强了，而富强是靠劳动创造来的，因此要让孩子们知道，劳动是我们赖以生存的基础。讲得非常生动。

其次要深化教学领域的改革。农村学校教学现在存在两个突出问题，一个很突出的问题就是很多农村教师在教学方法上不够理想，按照传统的方式满堂灌，照搬书本，不能适应我们现代化教学的需要。再一个方面就是我们的教学观念问题，我们不少老师把学生当做机械的、被动的受教育者，而不是把学生当做主动的学习参与者，忽略了学生个性的创造。中国的学生刻苦是世界闻名的，但创造性不够，追根溯源和我们的教育方式有关，也和我们的考试制度有关。我们没有把我们学生的创造性充分地调动出来。最近，美国出了一本书，很有影响，书名叫《学习的革命》，我想很多同志已经看到了。这本书就揭示了一个问题，在信息时代，学习方式要发生变化，我们教育的方式正在发生什么样的变化呢？像这些问题，都应该引起我们教育工作者的思考。

再三是要加强管理和师资队伍建设。管理，很多人认为就是把别人管住，校长把教师管住，局长把校长管住。有人曾经讲，新中国成立以来没有产生大教育家，为什么？这和我们的管理方式有关。因为按照人才学的研究，所谓的教育家，必然是当过教师，当过校长及自己办过学校的人才能称之为教育家，否则不能叫教育家，或者只能叫教育理论家，真正的教育家都是在学校产生的。比如苏联的马卡连柯、赞科夫、苏霍姆林夫斯基等，都当过教师当过校长。在今后的教育工作中，充分调动学校领导和教师的积极性创造性很重要。另一个很重要的问题是需要加强科学的管理。所谓科学管理，就是"道理"的管理。管理，一定要把"道理"搞清楚，让你的部下知道你讲的道理是正确的。另一方面，就是师资队伍建设。教师对孩子们的影响是终身的，仅仅是文化知识不够还可以提高培训，如果有的老师品行很差，那么他将影响孩子的一生。各级县、乡学校的领导都要重视师资的培养，不光是文化知识的培养，更要注重思想品德的培养。

又次要加强农村教育管理体制的改革。1985 年发布的《中共中央关于教育体制改革的决定》中提出农村教育要实行地方负责，分级办学，分级管理的体制。现在看来，还存在不少新的问题。特别是在乡一级财政很困难，自己没有财力直接管理的情况下，今后怎么办，都需要研究。还有就是农村教育经费的筹措。义务教育应该由国家来负担，在当前情况下，不可能一步做到。这种情况下，应该怎么办，也需要大家来认真探讨。

最后一点是希望大家继续抓好"燎原计划"和"燎原计划百、千、万工程"，"燎原计划"和"燎原计划百、千、万工程"是落实农村教育综合改革的一个组成部分，也是一种方式。这项工作，现在来看对农村科学技术的推广产生的作用是非常突出的。有些省区推动比较快，效果比较好。

总之，希望大家把农村教育综合改革工作推向一个更高的水平。

中国农村教育综合改革研究
Study on China's Rural Education's
Comprehensive reform

第五部分

附　录

农村教育综合改革宏观决策

中共中央、国务院《关于加强和改革农村学校教育若干问题的通知》

文号：[83] 教职字 003 号

发文时间：1983 年 5 月 6 日

文件主要内容：

一、近几年来，我国农村普遍实行了多种形式的农业生产责任制，农村经济迅速发展，传统农业向现代农业转化的过程加快，广大农民迫切要求掌握文化科学知识。这种形势向农村学校教育提出了新的更高的要求。

提高劳动者政治、文化素质，造就农村需要的各种人才，是农村社会主义建设的一个重要方面。各级党委和政府必须充分认识加强和改革农村学校教育、提高农村文化水平的重要性和紧迫性，认清教育在农村现代化建设中的地位和作用。教育的周期较长，必须早作准备。在制定国民经济和社会发展计划时，一定要根据当前与长远需要，把人才的培养规划作为其中的一项重要内容。各级党政领导要以对国家和民族的未来着想的高度责任感，切实把农村学校教育工作抓紧抓好。

二、农村学校的任务，主要是提高新一代和广大农村劳动者的文化科学水平，促进农村社会主义建设。一定要适应广大农民发展生产，劳动致富，渴望人才的要求。一定要引导广大学生热爱农村，热爱劳动，学好知识和本领。必须通过宣传教育，采取切实措施，纠正目前社会上片面追求升学率的倾向。

我国农村情况千差万别，农村教育一定要从实际出发，因地制宜，适应农村居民劳动、生活的特点，适应不同地区、不同民族的需要，适应当地的财力物力条件、经济发展特点和文化教育的基础。据此，办学应当坚持多层次、多种规格和多种形式。学校教育的改革必须坚定而有秩序地进行，经过试点，有计划有步骤地前进。

三、普及初等教育，是培养现代化建设人才的奠基工程，必须坚决贯彻执行 1980 年 12 月《中共中央、国务院关于普及小学教育若干问题的决定》，力争 1990 年前在我国除少数山高林深、人口特别稀少的地区外，基本普及初等教育。普及初等教育的规划和措施，要落实到县和区乡、社队。省、市、自治区应当参照教育部制定的基本要求，结合本地区实际情况，确定普及的具体标准。对已经达到普及标准的县（市、区），应由省、市、自治区检查验收，对普及工作成绩显著的地区、学校和个人，应予表彰奖励。

农村小学的办学形式要灵活多样。学制五年、六年并存，并可实行高低年级分段。要办一部分按教育部规定教学计划开课的全日制小学，特别是认真办好区、乡中心小学；也可办只开设语文、算术、常识、思想品德课的小学；还可以开办多种形式、主要学好语文、算术的简易小学或教学班组，包括半日制、隔日制、巡回教学，等等。在人口稀少、居住很分散的少数民族地区，边远的山区、林区、牧区，除适当增加教学点外，还应办一些寄宿制学校。各类小学的教学内容，都要注意联系农村生产、生活的实际，考虑学生的接受能力和多数教师经过努力所能达到的水平，进行必要的调整和修改。高年级应适当增加农村应用知识和技能的内容。教学应讲究质量，注意学生的全面发展。教学方法要力求形象、生动，实效良好，条件允许时还要尽量运用现代化教育手段。

要积极创造条件，把农村没有读过或没有读完小学的 15 岁以下少年儿童，吸收到学校中来。也可以采取灵活多样的形式，让他们较快地学完小学的主要课程，防止新文盲的产生。县、乡、社应对此作出规划。有条件的地区还应积极发展幼儿教育。

四、改革农村中等教育结构，发展职业技术教育，是振兴农村经济，加速农业现代化建设的一项战略措施。各地要根据本地区的实际需要与可能，统筹规划，有步骤地增加一批农业高中和其他职业学校。除在普通高中增设职业技术课，开办职业技术班，把一部分普通高中改办为农业中学或其他职业学校外，还要根据可能，新办一些各类职业学校。力争1990年，农村各类职业技术学校在校学生数达到或略超过普通高中。农业中学和各类职业学校的毕业生，主要回农村参加工作，农村有关单位应优先从中择优录用，也可以对口升学。

农村各类职业学校要以教学为主，对文化科学基础知识、专业知识和技能都要认真教好，还要讲授农村经济政策和科学管理知识。要把教学、生产劳动与科学技术的推广应用等活动密切结合起来。农村高中和各类职业学校，办学应当不拘一格。学习期限长短结合，一般为二、三年，也可以为一年。职业技术课的比重不少于30%，也可以更大一些。农村应保持一定数量的普通高中（具体数字由各省、市、自治区确定），并切实办好。农村普通高中也要进行教学改革，开设必要的职业技术课和劳动课，有关课程要注意联系生产实际。

当前，初中主要是调整、整顿、提高质量。少数经济富庶、文化发达的地区可以适当发展，在普及初等教育的基础上，逐步普及初中。初中也要增设劳动技术课；或在三年级时，分为普通科和职业科；或试办农村初级职业中学，学习期限为三年或四年，文化课与职业技术课大致按三比一安排。

要重视对没有升学的高中、初中和小学的毕业生的职业技术教育，通过举办农民技术学校、短期培训、专题讲座等，使他们获得一技之长。

五、有关高等学校要为农村培养和输送专门人才，为农村各类学校培训师资。有关高等学校要加强农业科技的研究和推广工作，为农村提供更多的技术服务。

农、林、商、工等科院校在办好本科的同时，要注意发展专科。试办以农林为主包括工科、财经管理等的综合性专科学校，专业设置要与当地经济特点和建设需要相结合，为地、县、社培养各种专业人才。

改革高等学校的招生和毕业生分配制度，打开人才通向农村的路子。农村，包括林区、牧区、渔区、垦区的职业中学毕业生，报考专业对口的全日制高等学校，文化课要求可适当降低。报考专科的，可免试外语。在不影响国家计划的前提下，实行计划外的合同制招生。经省、市、自治区、中央有关部委的主管部门批准，由集体企事业单位、专业户同有关院校签定合同，采取推荐与统考相结合的办法，招收由集体负担学费和自缴学费的学生，毕业后回原地区、原单位工作。

中等专业学校的招生和毕业生分配制度，也要参照上述精神加以改革。今年可在少数学校或专业试行招收一部分农村学生，不包分配，毕业后仍回农村从事生产劳动及各项工作。中等专业学校增加这类招生任务所需的经费，可由当地政府酌情补贴。

六、建设一支稳定、合格的教师队伍，是办好农村学校的重要关键。必须及早抓好这项基本建设，教育投资要着重保证这方面的需要。

各级党政领导必须认真落实知识分子政策，以极大的热情关心教师，提高教师的政治地位、社会地位和工资待遇，注意改善其工作条件和生活条件，在全社会形成尊重教师的良好风尚。教育部应从速制定中小学教师的职称制度，在整顿教师队伍的基础上经过试点逐步推开。要采取措施，鼓励教师终生从事教育事业，由国家计委、财政部、劳动人事部会同教育部提出方案，先从小学教师开始，实行教龄津贴制度。为鼓励教师到农村，特别是到老、少、山、边、穷地区任教，除荣誉鼓励外，要适当增加生活补贴，还可保留城市户口，定期轮换。对坚持在上述地区任教 20 年以上、业务水平高的教师，各地在可能条件下，还可给予某些特殊照顾。对民办教师应逐步实行社队统筹工资制，有条件的地区还应建立民办教师的福利基金，解除他们的后顾之忧。根据国家财力物力的状况，每年安排一定的劳动指标，在考核合格的民办教师中，转一部分为公办教师。

要整顿教师队伍，各级党政领导应采取坚决措施，使合格教师进得来、留得住，不合格的另行安排。中小学教师和各级教育事业编制人员的管理、调配、自然减员的补充和高、中等师范院校毕业生的分配，应由县以上教育行政部门负责。要保证师范院校毕业生分配到中小学任教，不得任意截留。

要尽快把各类职业学校专业课教师队伍建设好。当前，可选调一部分科技人员担任专职或兼职教师；也可将部分教师经过培训，改任或兼任专业课教师；还可由学校教师与农村的能工巧匠结合起来进行教学。有关高等院校和中等专业学校，应分工承担农村职业教育的师资培训和教学辅导工作。还要从大专院校和中等专业学校分配一定比例的毕业生，到农村各类中等学校任教。

要加强师范教育，加强教师进修院校的建设。根据加强和改革农村学校教育的需要，制定师范教育的发展规划，在课程设置、教学内容、教学方法等方面逐步加以改革。高等师范院校应适当放宽专业口径，增强对农村教育工作的适应性。有条件的高师院校，还要增设一些农村教育所急需的专业。

七、办好农村学校教育，要坚持"两条腿走路"的方针，通过多种渠道切实解决经费问题。中央和地方要逐年增加教育经费，厂矿、企业单位、农村合作组织都要集资办学，还应鼓励农民在自愿基础上集资办学和私人办学。财政部要拨出一笔专款，为少数民族和边境地区建设一两所师资培训中心。中央财政中所列的有关少数民族、边疆建设的几项补助费，地方都应规定一定比例用于教育事业。为推动农村职业技术教育的发展，改办和新办农业、职业中学，开办费由中央和地方财政或有关业务部门给予补助。

校校无危房，班班有教室，学生人人有课桌凳，是最起码的办学条件。各地应定出切实的规划和措施，力争尽快实现。农村学校所需的劳动基地、实验场地，由县、社负责解决。职业技术教育所需的仪器设备、图书资料等，办学的各有关部门应切实予以解决。学校的校产要严加保护，不受侵犯。

八、办好农村学校教育，是落实党的十二大精神，抓好农业和教育科学这两个战略重点，促进四化建设的一件大事。各级党委和政府必须把它列入重要议事日程，加强政策思想领导，并从人力、财力、物力上切实予以支持。农村的职业技术教育涉及的部门很多，省、地、县各级党委、政府都要把教育、农业、计划、财政、劳动人事、科技、工业等部门组织起来，明确分工，齐心协力地抓好这项工作。要系统地总结农村学校教育的历史经验，研究农村新情况和新问题，制定切合实际的方针政策。加强各级教育行政部门和学校领导班子的建设，要选派一些热心并懂得教育的同志加强农村教育的领导，还应选派一些大学毕业生到县以下单位去工作。

各省、市、自治区将执行情况，于1983年年底前报告中央和国务院。

国务院办公厅批复国家教育委员会关于组织
实施"燎原计划"的请示的通知

文号：国办通〔1988〕年57号

发文时间：1988年9月30日

文件主要内容：

国务院原则批准国家教委"燎原计划"的总体设想。"七五"期间，"燎原计划"每年所需六千万元贷款额度，可纳入农业银行贷款计划，计入规模。

特此通知。

国家教委关于组织实施"燎原计划"的请示

国务院：

党的十三大和七届人大都着重强调了农业这一关系到我国建设和改革全局的重要问题。目前影响我国农业发展的一个突出问题是，农业劳动者文化技术素质不高，吸收和运用科学技术的能力以及经营管理水平低。据农业部门的资料介绍，有70%的现成农业科技成果得不到推广；全国仍有2/3的中、低产田；每年因防疫不好而病死的牲畜高达10%。因此，尽快采取有效措施提高农业劳动者的素质，是农业进一步发展的关键之一。

过去，由于教育在一定程度上脱离实际，特别是受片面追求升学率的影响，农村教育的潜力和社会效益没有充分发挥出来，亟须加快农村教育改革的步伐，使农村教育更好地为提高农业劳动者的素质服务。从我国的实际出发，农村教育应当在良好的基础教育的根基上，面向当地农村经济建设的实际需要，大力发展灵活多样的职业技术教育。使学生不仅学好文化科学基础知识，而且能够掌握一定的实用技术和经营本领，成为发展农村商品经济的骨干。同时，农村各级各类学校还应根据自己的特点，利用学校的技术和设施，积极开展多种形式技术服务，通过教师和学生把适用的科学技术推广到千家万户。现在包括县镇在内的我国农村教育已有了一定的规模。全国大多数地区的乡、村都有了中学或小学，不少地方还建立了农民中专和农民文化技术学校。农村各类专业技术学校的教师有27万多人，普通中学教师220多万人，普通小学教师480多万人。尽管这支队伍在拥有8亿人口的农村中数量并不大，但是他们是农村的一支重要的文化技术力量。特别是其中许多人已具有中专或中师以上的知识水平，更多的人只要经过培训就可以较快地掌握一定的专业技术。应当充分重视和努力发挥这支教育队伍在振兴农村经济上的作用。

几年来，各地农村已涌现出一批坚持教育为当地农业建设服务的先进典型。实践证明，这样做了不仅有利于提高农业劳动者的素质，促进农村的经济发展，也有利于推动学校教育的改革，提高教育质量，促进教育事业的发展。应当有计划有组织地总结推广这些成功的经验，把"教育必须为社会主义建设服务"的方针落到实处。经过同一些省市及农业部门较长时间的酝酿，以及在今年2月份召开的教委工作会议上广泛征求意见，我们拟制定一个深入进行农村教育改革实验，推动农村教育为当地农业生产和农村经济发展服务的"燎原计划"。

一、基本任务

"燎原计划"的主要任务是，在做好普及义务教育工作的基础上，充分发挥农村各级各类学校智力、技术的相对优势，积极开展与当地建设密切结合的实用技术和管理知识的教育，培养大批新型的农村建设者；并积极配合农业与科技等部门，开展以推广当地适用技术为主的试验示范、技术培训、信息服务等多种形式的活动，促进农业的发展。

"燎原计划"要立足于提高农业劳动者的素质，增强农村最基层吸收运用科学技术的能力。农村中、小学应改革教育内容，适当安排针对当地需要的劳动技能和技术的教育。在初中后、高中后，以及尚未普及初中的地方的小学后，都应逐步对毕业生进行一定的职业技术教育或培训，使他们掌握一种或几种实用技术和管理知识。职业技术教育和培训应注意因地制宜、灵活适用，时间要长短结合、以短为主。农村学校开展职业技术培训和多种形式的技术服务，重点是大面积推广当地现成适用的技术。开始阶段应以提高农牧渔业生产和改进农副产品初加工为主，力求做到见效快、收益大。要通过"燎原计划"的实施，切实建立一批真正依靠教育、科技促进农业发展，使农民致富的乡。

随着农村产业结构的调整，特别是沿海地区发展外向型经济战略的逐步落实，今后农村劳动力将有一大批转向非农产业，乡镇企业将有更大发展。农村教育要适应这一形势，在一些地区，可逐步把为农村劳动力转移而进行的技术培训的部分任务，纳入"燎原计划"。为乡镇企业培养、培训人才，只靠县和县以下教育的力量不够，需要城市的支持，这将牵动城市教育面向城乡经济一体化进行整体改革。教委将在调查研究的基础上，提出城市教育面向当地经济建设的改革方案。

"燎原计划"要与"星火计划"、"丰收计划"紧密配合。通过"燎原计划"的实施，在"星火"、"丰收"计划开发的新技术与农村经济之间，架起教育的"桥梁"，使科学技术大面积地得到推广应用，转化为生产力。在组织实施"燎原计划"时，还要充分发挥高等和中等专业学校对农村的支援作用，组织一些学校参加这一计划，承担一些任务。

二、主要目标

"七五"期间拟在全国 500 个县内建设 1500 个实施"燎原计划"的示范乡。主要布局在农业规模经营试验区、国家重点开发农业资源的地区和重点扶持的贫困区，其他地区可适当布点以取得经验。"八五"期间争取扩展到全国大多数县，使 1 万个乡达到示范乡的水平。

示范乡要在教育改革和经济发展上有明确的目标。示范乡要实现九年制义务教育。学校教育思想要端正，努力贯彻国家的教育方针，坚持教育与生产劳动相结合，建立稳定的生产劳动基地；教学内容要改革，适当增加乡土教学。示范乡还要做到扫除青壮年文盲，建立农民文化技术学校。对大部分在乡的初、高中毕业生要进行有效的技术培训。乡的教育设施要综合利用，促进基础教育、职业技术教育和成人教育的协调发展。有条件的乡，还应以学校为依托，建立技术培训中心，把培训人才、科学实验、技术推广等任务承担起来。示范乡要确定推广适用技术的具体计划，力求通过适用技术的运用，使乡的粮食生产和多种经营有明显的提高和发展，农民人均收入有较大的增长。

在建设示范乡的县，县政府要切实把教育纳入当地经济发展的总体规划，根据经济和社会发展的需要，全面统筹各级各类教育的发展。县里要努力办好一、二所综合性的中等职业技术学校和成人学校，并注意发挥学校的多功能作用，使学校成为培养人才、生产示范、技术服务的基地。同时，要统筹农业、工业、教育、科技等各部门的力量，逐步建立起技术培训和技术推广的网络。

三、实施办法

"燎原计划"的制定和组织实施主要由各省、自治区、直辖市负责。国家教委将会同有关部门和地方拟订"燎原计划"第一期工程（即"七五"期间的目标）的意见。有关省、自治区、直辖市可根据这一意见制定具体计划。有关县、乡政府应进一步提出具体目标和实施措施，并切实组织领导好。未列入第一期工程的地方也应积极进行农村教育改革，并可根据自己的实际情况制订"燎原计划"。

实施"燎原计划"应有必要的资金，主要用于培训基地的建设和师资的培养等。资金由各级地方政府通过多种途径解决。为保证第一期工程的实施，以及对地方给予一定的支持，我们建议在"七五"期间由中央财政每年拨专项费用3000万元，具体由国家教委负责安排使用；此外，请中国人民银行每年安排6000万元的贷款额度，由各地农行管理发放。

以上关于"燎原计划"的总体设想，已征求了各省、自治区、直辖市和农业部门的意见。一些省、市已开始着手制订"燎原计划"。我们希望国务院原则批准这个总体设想，以便我们和各地展开有关工作。

请予批示。

附：改革和发展农村教育对促进农村经济发展具有显著作用

1988年5月4日

附:

改革和发展农村教育对促进
农村经济发展具有显著作用

当前,要促进我国农村经济有一个大的发展,除了深化农村经济体制改革,完善政策,进一步增加物质投入外,关键在于提高农业劳动者的素质,增强农民吸收、运用新技术的能力,使农业科学技术得到普及推广,迅速转化为生产力。对此,农村教育负有重大的历史责任。

我国农业劳动力文化素质较低,缺乏吸收、运用新技术的能力,致使一些最基本的农业生产技术也难于普及,严重障碍了农村劳动生产率的提高。例如,我国农用化肥的利用率目前仅为30%,远低于较发达国家的水平。如果稍加努力普及使用化肥的基本知识和技术,使其利用率提高到40%,就相当于每年增施化肥近千万吨,可多增产粮食150亿公斤,农民可少支出20多亿元。同样,如果普及防疫技术,使生猪死亡率由每年的10%降到8%,就可增加30多万吨猪肉,相当于1987年京津沪三市猪肉调入量的总和。

提高广大农村劳动力的素质,普及农业科学技术,光靠农村现有的科技推广组织是不够的。目前专职的农业科技人员数量很少,农业科技推广网的覆盖面有限。特别是农村现在实行家庭联产承包责任制后,如何使新的技术迅速通向千家万户,是个亟待解决的问题。农村教育队伍分布很广,乡、村几乎都有学校。在经济水平还不高的广大农村,学校就是当地的"最高学府",智力和技术相对密集。如果能充分调动和发挥这支队伍的作用,通过教师和学生把科学技术送到家家户户,就可以大大提高科学技术的普及程度,使科技星火形成燎原之势。过去,农村教育脱离实际的问题比较严重,在片面追求升学率的影响下,没有很好地面向当地经济建设服务,绝大多数回乡务农的毕业生缺乏生产的实际本领。深化农村教育改革,就是要端正办学方向,使农村教育主要为当地建设服务。提高农村劳动者的素质,促进农村各项建设事业发展,是农村教育的根本任务。在这方面,各地已有不少好的经验。实践证明，改革农村教育，对促进农村经济发展有显著作用。

国家教委和河北省政府在河北阳原、完县、青龙三个县进行农村教育改革实验，依靠学校培训人才，引进和推广实用技术，加快了贫困地区脱贫致富的步伐。阳原县职业学校在骆驼岭村建立校外基地，引进推广养羊养兔技术，1987 年一年就使该村人均收入从上年的 150 元左右提高到 350 元。岳家庄村有 50 亩苹果园，树龄 17 年，年总产 15 公斤，基本不结果。1987 年 4 月，张家口农专和县职业学校教师来到村里，仅推广果树治虫一项措施，就使当年苹果产量达 3000 公斤，虽然距离一般果园的产量相差甚远，但引起了当地群众的深思，激发了农民学习技术的积极性。当年冬天，县职业学校在村里连续举办了 7 期技术培训班。辽宁海城市王家村，340 户人家长期以来靠"九山半水半分田"生活，十分贫困，1975 年人均收入仅 36 元。这个村从 1982 年开始兴办农校，大力开展实用技术培训，培养出各类技术能手 235 人，到 1986 年，全村人均收入超过千元。

沿海和其他经济相对发达地区的农村，要在经济发展上取得新的进展，各类学校也是一支重要的依托力量。山东平度县张戈庄镇为推广地膜种植技术，委托农民文化技校举办了 48 期培训班，使 200 多名初、高中毕业生和绝大多数青壮年农民较为熟练地掌握了这项技术，从而创造了万亩花生亩产超千斤的全国纪录。福建漳州农校 1982 年培育出两个早稻良种，1982 年至 1986 年在全省推广面积达 600 万亩，增产粮食 3 亿斤，经济效益在 5000 万元以上，目前推广成果还在继续扩大。湖南桃江县三官乡盛产南竹，近年来当地政府组织学校引进新的编织技术，并对青年妇女进行培训，使 800 多人成为编织能手，她们带动全乡 2400 多人从事竹艺加工，产品远销美国、西欧、日本，年产值达 300 万元。

河北省安平县北郭村，500 多户农民，2800 余亩耕地，1964 年时有 60% 的耕地是盐碱地，当年粮食亩产 76 公斤，人均收入 52 元。后来办起了北郭农中，20 多年来学校坚持为当地建设培养人才的方向，引导学生既学好文化课，也学习农业技术，同时开展科学实验、生产示范和农技推广。在这所学校的带动示范下，该村的盐碱地变成了高产田，1987 年两季粮食平均亩产 760 公斤，人均收入 650 元，比全县人均收入高出 200 元。现在北郭村已普及了初中，现有劳动力的 73% 是这所学校的毕业生，许多毕业生成了村里从事商品生产的带头人。留在村里的 800 名毕业生家庭，50% 存款在 6000 元以上，其余户存款也在 2000 元以上，有 110 户毕业生家庭人均收入超过千元。北郭村农中教育改革实践具体地表明，农村教育坚持正确的办学方向，不仅大大促进了当地生产力的提高，也有力地推动了教育自身的发展。

目前，我国农村独立设置的农业中专有 370 多所，职业中学 6000 多所，农民技术学校近 3 万所，再加上为数众多的普通中、小学，成为农村一支强大的文化、技术力量。当前的主要问题是要把这支队伍很好地组织起来，面向农村建设培养人才。通过深化农村教育改革，发挥学校的智力和技术优势，着眼于提高劳动者素质，必将大大促进农村社会主义现代化的进程。搞好这一系列改革，根据过去的经验，仅限于一般号召是不行的，要根据各地的实际情况，因地制宜地制定计划，首先在一批县、乡、村扎扎实实地推广先进典型的经验，建设一批改革的实验、示范县和乡。"燎原计划"的构想就是从这里形成的。它的基本出发点就是使中央提出的"教育必须为社会主义建设服务，社会主义建设必须依靠教育"这个根本方针在我国广大农村得到落实。

国家教育委员会《全国农村教育综合改革实验区工作指导纲要（试行）（1990—2000 年）》

文号：教燎字［1990］002 号

发文时间：1990 年 7 月 9 日

发文背景：

为了指导和推进农村教育改革、实施燎原计划，使农村教育综合改革实验区的教育改革有所遵循，国家教委在总结各地经验、征求各地意见的基础上，制定了《全国农村教育综合改革实验区工作指导纲要（试行）》。希望各地根据《纲要》的精神，结合当地实际，进一步修订规划，落实措施，使农村教育综合改革实验不断深化、健康发展，为全国的农村教育改革、实施燎原计划提供经验，作出示范。

文件主要内容：

全国农村教育综合改革实验区工作指导纲要（试行）
（1990—2000 年）

为了推进教育改革，为实施"燎原计划"提供示范，国家教委于 1989 年 5 月决定建立全国农村教育综合改革实验区。现制定本纲要，阐明农村教育综合改革的方针和任务。

一、指导思想与原则

1. 我国人口的 80% 在农村，农业是我国国民经济的基础。要改变我国农村落后面貌，加速农业现代化进程，根本的出路在于使农村建设真正转到依靠科技进步和提高劳动者素质的轨道上来。实现这一"转轨"的关键是要把农村教育搞好，我国中等及中等以下教育的大头和难点都在农村。各级政府必须把教育放在优先发展的战略地位，高度重视农村教育，制定配套政策，采取有力措施，调动各方面的力量，积极改革和发展农村教育。

2. 建国后，尤其是党的十一届三中全会以来，我国农村教育有很大发展。但目前仍存在不少问题，主要表现在教育的战略地位没有落实，学校轻视德育、片面追求升学率的倾向还较突出，教育结构不够合理，教育和当地建设与人民生活的联系不密切。因此，必须通过改革，使农村教育坚持社会主义方向，培养大批农村社会主义事业的建设者，以适应当地经济建设、社会发展和人民改善生活的需要。

3. 农村教育综合改革实验要全面贯彻教育方针，坚持教育必须为社会主义现代化建设服务，教育必须与生产劳动相结合，培养德、智、体、美、劳诸方面都得到发展的社会主义建设者。要把德育放在首位。要端正教育思想，改革管理体制，调整教育结构，改进教学内容和方法；坚持三教（基础教育、职业技术教育、成人教育）统筹，实行农科教统筹结合；逐步建立适应农村社会主义现代化建设需要的教育体制，逐步形成教育与经济和社会发展相互促进、良性循环的机制；提高教育质量和办学效益，使教育在农村社会主义建设事业中发挥较大作用。

4. "燎原计划"来自农村教育改革实践，是综合改革农村教育的社会工程，是农村教育改革的重要组成部分，是推进农村教育改革的重要措施。各实验县应逐乡、逐村地组织实施燎原计划，把实验县建设成实施燎原计划的示范县、农村教育改革的窗口。

5. 实验县要成为认真执行党和国家有关教育的方针、政策和法规的表率。提倡大胆革新，勇于实践，结合当地实际采取某些特殊办法，探索发展农村教育的新路子，使教改实验既有组织、有步骤地进行，又不拘一格，各具特色。在实验过程中，应坚持从实际出发，因地制宜，讲求实效，注意学习和借鉴全国各地以及国外的先进经验。

二、目标与任务

6. 各实验县应按上述思想、原则制订规划，开展实验。鉴于实验县间经济、文化发展水平的差异，分三类提出不同要求，确定具体目标。经济文化基础较好的为一类县，中等水平的为二类县，基础较差的为三类县。实验县类型由省、市、自治区划分。

7. 农村教育首先要端正办学方向，在指导思想上要由升学教育转到主要为当地经济建设和社会发展服务的轨道上来。要因地制宜，努力发挥农村各类学校的社会功能。培养、培训人才是学校的基本任务。但农村学校在培养人的过程，要结合当地的实际情况和学校的条件，开展社会服务活动，使学校成为传播文化、科技，移风易俗，建设社会主义精神文明的重要阵地。学校还要参与农村生活的变革。

8. 调整教育结构。把普及九年义务教育和发展职业技术教育与成人教育、搞好各类短期技术培训结合起来，逐步建立和完善三教并举、相互沟通、布局合理的农村教育体系。

一、二、三类县应在切实普及初等教育的基础上，争取分别于1992、1995、1997年基本普及九年制义务教育。1995年前，在乡镇政府所在地普及一年的学前教育。积极开展对在乡的不同文化基础的知识青年的实用技术培训，使他们尽快掌握一定的技能。到1995年，为每50户农户及乡镇企业的每30名职工各培养一名相当中专、职业高中水平的技术骨干。

9. 要认真贯彻《义务教育法》，切实加强基础教育，有步骤地推进九年制义务教育，努力提高教育质量。要全面提高学生的素质，加强教育同当地生产、生活的联系。普通中小学在学好文化基础课的同时，应在适当阶段、因地制宜地引进职业技术教育因素。要认真按教学大纲的要求，上好劳动课和劳动技术课，中学还可开设职业技术选修课。要积极开展课外科技活动。这些活动和各科教学都应注重联系实际。在经济条件较差的地区，要特别重视小学后的职业技术培训。有的特殊地区，在小学高年级就应重视与当地关系密切的生产技术和生活知识的教育。

实验县要积极开展"五四"学制（小学五年，初中四年）实验。实行"五四"制后，各地要因地制宜地在初中四年总学时内安排20%—25%技术教育的内容。

10. 要根据当地经济和社会发展的需求，积极发展职业技术教育。每个实验县首先要办好一所起骨干和示范作用的中等职业技术学校，坚持人才培养、科技试验、技术推广、生产示范与经营服务密切结合，发挥上挂（挂靠高校、科研院所等拥有较高技术的单位）、横联（与农业、科技等部门和单位密切配合）、下辐射（向乡、村、农户传播致富信息、推广实用技术）的作用。在农村职业技术教育的发展中，要重视办好直接为农、林、牧业服务的专业，特别是与发展粮、棉、油生产有关的专业。同时也要办好为发展乡镇、县办企业，第三产业服务的各类专业。各类专业的规模要根据当地经济结构决定，不能一刀切，而要坚持从当地实际需要出发。应在地（市）范围内规划面向第二、三产业和部分农、林、牧类的专业设置。专业教学内容要适当拓宽，以适应农民综合经营、脱贫致富的需要。

农村职业技术教育要增强灵活性、适应性和实用性，办学层次和形式要多样，长短结合，产学结合，校内外结合，发展联合办学。农村的中等职业技术学校招收初中生（及同等学历，适当放宽年龄），学制可二至三年。既可招收应届毕业生，也可招收已从业的工人农民。短期培训应按需要更加灵活多样。

11. 积极发展农村成人教育。要重点办好乡镇农民文化技术学校，积极发展村农民技术文化学校或利用现有村小办学。县办的农民中专要充分发挥骨干作用，既可招农民也可招初中应届毕业生。农村成人学校要与普通中小学、职业技术学校互相沟通、配合或联合。有条件的地方可一个实体、两块牌子。要充分发挥农村成人教育在实施燎原计划中的重要作用，积极实施燎原计划并主动配合"星火"、"丰收"计划。成人教育专职干部和教师的编制根据实际情况确定，一般可按当地总人口的万分之 1—1.5 人配备。同时，积极聘请有关业务部门的技术人员做兼职教师。

农村成人教育要面向发展农村经济、促进农民脱贫致富的需要。要积极开展对农村基层干部、农业技术人员和乡镇企业职工的技术培训和岗位培训。当前要结合科技推广项目，抓好对青壮年农民、特别是在乡初、高中毕业生的短期实用技术培训。

12. 要采取多种形式大力发展"三后"（小学后、初中后、高中后）职业技术教育和培训，如：小学五加一（或六加一），初（高）中三加一。这里所加的一，是指加一段时间的职业技术教育，时间长短要因地因项因人制宜。这类职业技术教育和培训可由普通学校、职业学校与成人学校配合完成。

13. 要坚持不懈地抓好扫盲工作。按照国务院颁布的《扫除文盲工作条例》的要求，要搞好规划，明确目标，建立档案，专人负责。建立县、乡政府对扫盲工作的责任制，并以村为单位逐个落实扫盲任务。扫盲工作要坚持"一堵、二扫、三提高"的方针，把学习文化和学习技术结合起来。要动员各类学校的师生，乡小学、初中、高中毕业生和一切有文化的人参加扫盲。实验县的扫盲工作必须抓紧并坚持高标准，扫除有学习能力的青壮年文盲，加快扫盲步伐。

14. 实验县所有学校要结合实际，认真贯彻《中共中央关于改革和加强中小学德育工作的通知》，贯彻国家教委制定的《中小学德育纲要》和《中小学日常行为规范》，加强思想政治教育，上好思想品德课和思想政治课，开展多种形式的思想教育活动。培养学生的劳动观点、群众观点、阶级分析观点、集体主义观点、实事求是和一分为二的观点。建立学校、家庭、社会教育网络，对少年儿童从小就进行爱祖国、爱人民、爱集体、爱劳动、爱科学，尤其是热爱中国共产党、热爱社会主义、艰苦奋斗以及发扬反帝爱国精神和优良革命传统的教育。德育应贯彻到各科教学之中，形成制度。在有条件的地方，提倡统一着装学生服，培养集体主义观念。

15. 各实验县组织力量编写乡土教材。其内容可包括：乡土地理资源和生产状况、历史文化、革命传统、农村生活、移风易俗、当地人口控制、环境保护、实用技术等。乡土教材主要在小学高年级和初中阶段采用。

16. 要在县、乡政府的领导下，加强农科教的统筹结合，使农、科、教等部门更紧密地配合，在项目、资金、人才、基地、设备等方面统筹安排、协调使用，充分发挥各部门的优势和特点，建立和完善农村生产社会化服务体系和人才培养、技术推广体系，共同促进农业和农村的发展，共同为科技兴农服务。农科教统筹先从乡、村基层抓起，逐步发展。一定要注意实效，发挥各部门积极性，形成合力，提高效益。

17. 要进一步完善"分级办学，分级管理"的办学体制。在充分发挥政府领导、统筹作用的前提下，实验县的县、乡两级可建立教育委员会，村可成立办学委员会。普通中小学及各类职业技术学校应积极创造条件，逐步推行校长选任负责制、教师定编聘任制和岗位责任制，并建立健全教职工大会或教职工代表会制度，加强民主管理与监督。

18. 各实验县要重视加强教育科学理论的学习与研究，综合改革必须依靠教育科研的指导。各级教育科研机构和教研单位，要积极参与当地的农村教育改革实验，加强对各项改革的理论指导，推广先进典型和行之有效的教学方法。各实验县要积极探索，作好规划，根据改革的要求确定一批密切结合实际的研究实验项目，动员学校承担研究实验任务，逐年检查落实，争取在三年内都有自己的典型，并在主要学科有试验推广先进教学方法的项目。

三、措施与条件

19. 多渠道筹集教育经费，教改实验所需经费要坚持由地方自筹。实验县应认真执行《中共中央关于教育体制改革的决定》，带头做到教育经费的"两个增长"。并按国家有关规定，多渠道筹措教育经费，使人均教育经费领先于同类地区，各类教育的办学条件都能得到改善。

要坚持发扬艰苦奋斗、勤俭办事业的精神，管好、用好教育经费，努力提高投资效益，杜绝铺张浪费，严禁挪用和挤占现象发生。

20. 加快师资队伍建设。实验县从开始就要抓紧文化课、专业课、劳动技术课等各类师资的培养、培训工作。积极创造条件，鼓励教师通过在职进修提高业务水平。到1995年，小学教师达到中师学历、初中教师达到专科学历、高中教师（职业高中的文化课教师）达到本科学历的人，应分别占教师总数的80%、60%、50%以上，其余人应达到岗位合格。同时，要认真做好职业技术教育专业课师资的培养、选聘工作；要特别重视技能教师的培养，要就地选聘一些能工巧匠，担任技艺指导，并经过多种形式的培训或实践，使各类教育的文化课师资也能掌握一定的专业技术知识和技能。经济较发达的地区可在充分准备的情况下，逐步提高小学、初中教师的学历资格。

各级政府要采取有效措施，提高教师的经济待遇和社会地位。要关心民办教师，除按规定标准如数兑现各项补助费外，在晋升职务、评选先进，以及其他福利等方面，逐步做到与公办教师一视同仁。社会各方面要努力创造尊师重教的良好环境。教师要教书育人，为人师表。教师的实际收入、住房应逐步提到当地各类行业的中等水平以上。

21. 加强学校的基本建设。1990年实验县要消灭现有危房，以后应及时维修，防止出现新危房。再用五年左右的时间，在校舍、体育运动设施、实验室建设、仪器设备、图书配备等方面达到国家规定的要求。

当地政府要划拨一部分土地、山林、水面给学校作劳动和生产实习基地，小学每班半亩左右，中学每班一亩左右（因土地资源紧缺划拨有困难的，须有固定挂钩的实习基地）。职业中学不仅要有与专业教学要求相适应的、较高经营管理水平的校内生产实习基地，而且要积极发展校外和学生家庭实习基地。学校要加强经营管理，充分利用基地培养学生的劳动观点和动手能力，掌握实际本领，开展科普实验，推广新技术，对当地生产起示范作用。

要积极发展和运用广播、电视等现代化教学手段，传播文化知识和生产技术。实验县应建立卫星电视收转站，乡设置接收站或放像点，形成电教网络。

各类学校都要植树、栽花、种草，积极美化绿化校园，并搞好环境卫生，建成文明学校。

22. 同步改革劳动人事制度。实验县内，国营、集体企事业单位关键岗位的职工，未达到技术工人等级标准的，必须抓紧进行培训。今后，企事业单位招工，必须提前做出计划，认真执行"先培训、后就业"，经过考核择优录用的政策，使劳动者在上岗前就接受一定的政治、文化和技能训练。要逐步推行绿色证书制度。在专业和工种对口的前提下，各单位招工应优先录用各类职业技术学校的毕业生。对回乡从事农业生产的职业技术学校毕业生，特别是获有绿色证书的毕业生，当地政府及财政、供销、科技、金融等部门，要在承包土地、山林、水面，提供贷款、化肥、农药、良种和技术项目等方面给予优惠。

23. 组织高校、中专和科研单位参与实验县的教育改革与经济开发。省、地应指定一些高校、中专和科研单位定点联系、支持实验县。高校和中专应把面向农村作为自身教育改革的一项重要内容，在培养师资和管理、技术人才，引进致富信息和技术，帮助县办企业和乡镇企业提高经济效益，选派科技副县长、副乡长，沟通城乡联系，指导教育改革等方面发挥作用。尤其要积极扶持县办职业中学等农村学校，再通过这些学校向农村推广辐射技术。对于参加实验区工作的教师和技术人员，在评定专业技术职务时，要把他们在实验区工作的表现和实绩作为重要依据。

24. 改革农业和师范教育。农业和师范院校要加强学生的思想教育工作，使他们树立热爱农村、建设农村的思想。要调整教学计划和教学内容，拓宽专业知识面，增加一些农村急需的技术内容，加强实际操作和动手能力的培养。要改革目前的招生、分配制度，对实验县及一些贫困地区实行定向招生、定向分配，解决"不下去、留不住"的问题。农业院校应主动与所在地区的职业中学挂钩联网。

四、领导与评估

25. 实验县的教育改革，在省（自治区、直辖市）的领导下，由有关地（市）、县负责组织实施。省要选派得力人员下去抓。实验县要把教改实验纳入全县经济、社会发展的整体规划之中，列入政府的主要工作日程。

政府各部门相互配合，密切协作，保证教育改革顺利进行。

26. 国家教委成立农村教育综合改革实验领导小组，以加强有关方针、政策上的指导。下设办公室处理日常工作。各省（自治区、直辖市）、地（市）可根据情况，设立相应的领导、办事机构。各实验县要由主要领导同志负责组织教育、计划、农业、科技、财政、劳动人事等部门，组成教改实验领导小组及办事机构。

27. 各级领导首先要提高认识，认真学习党和国家的有关方针、政策，总结当地经济和教育发展的历史经验教训，明确教育改革的方向、任务、目标和重大意义，不断增强教育改革的责任感和自觉性。要有组织、有计划地抓好干部、校长和教师的培训，并深入做好群众的宣传教育工作。要特别加强对老革命根据地和少数民族地区教育改革的指导与帮助。

28. 农村教育综合改革实验应坚持总体规划、分期实施、突出重点、先易后难、因地制宜、逐项落实的原则，扎扎实实地、有计划、有步骤地展开。要处理好长远目标与当前起步、点与面、改革与发展、宏观与微观等方面的关系。每个实验县要首先集中力量抓好一批乡、村、校的试点，取得经验后再向面上铺开。在实验过程中提倡互相学习，注意吸收各地先进经验。但是必须坚持从本地实际出发，提倡结合实际大胆创新，决不能简单照搬外地经验。

29. 实验区实行目标责任管理。各县、乡要制定改革规划，明确改革目标，提出改革措施，规定完成的时间。教改实验的实绩要列入有关干部的目标责任制，作为考核、晋升的重要依据。

30. 评估实验县的工作，不仅要考察教育本身的发展，而且要看对经济、计划生育、社会风尚及党的建设等所起的促进作用。评估工作原则上每两年进行一次。通过评估，表彰奖励一批在实施燎原计划，进行教育改革实验中做出突出贡献的单位和个人。奖励办法，另行规定。

国家教育委员会关于在全国建立"百县农村教育综合改革实验区"的通知

发文文号：[89] 教职字 009 号

发文时间：1989 年 5 月 23 日

文件主要内容：

为了推动农村教育改革，为实施"燎原计划"提供示范，国家教委决定会同各省，在实施"燎原计划"的县内重点抓好约 100 个县，作为全国农村教育综合改革的实验区。现将有关事项通知如下：

一、我国人口的 80% 在农村，教育的大头和难点也在农村。农业是国民经济的基础，在人口多，耕地、人均资源相对不足的困难条件下，改变我国农村落后面貌，加速农业现代化进程的根本出路，在于使农村建设真正转到依靠科技进步和提高劳动者素质的轨道上来，而实现"转轨"的关键是要把农村教育搞好。长期以来，我国多数农村地区的教育结构基本上是单一的普通教育；片面追求升学率的倾向比较严重；农村学校基本上照搬城市模式，缺乏地方特色。95% 以上不能升入大、中专学校的中小学毕业生回到农村，既缺乏建设农村的思想准备，又缺乏基本的生产技能。因此，农村教育亟需改革。要通过改革，解决好办学的方向和路子，使农村教育能适应当地经济建设、社会发展和人民改善生活的实际需要。

二、早在 1983 年中共中央《关于加强和改革农村学校教育若干问题的通知》中，就明确指出了农村教育的方向，1985 年中共中央《关于教育体制改革的决定》中又进一步指出了"教育必须为社会主义建设服务"。为了探索改革和发展农村教育的途径，1987 年 2 月，国家教委与河北省人民政府共同在阳原、完县、青龙三县建立了"河北省农村教育改革实验区"。两年来的教改实验既促进了当地经济和社会的发展，也增添了学校的活力，加速了教育自身的发展，取得了较为明显的社会效益。近年来，各省、自治区、直辖市也在不同范围内陆续开始进行农村教育的综合改革实验，涌现了一批教育、经济和社会协调发展的典型。1988 年，国家教委经国务院批准，部署实施"燎原计划"，其实质就是通过改革和发展农村教育，大面积提高农村劳动者的素质，增强农村吸收和运用科学技术的能力，提高农村经营管理水平，促进农业生产、农村经济的发展和社会主义精神文明建设。目前，全国已开始实施"燎原计划"的有 758 个县，2458 个乡。为了更好地指导农村教育改革，实施"燎原计划"，国家教委决定会同各省（自治区、直辖市），在实施"燎原计划"的县中首先重点抓好约 100 个县，作为全国"百县农村教育综合改革实验区"。这样，通过实验区为实施"燎原计划"提供经验和示范，又通过实施"燎原计划"推动全国的农村教育改革。

三、农村教育综合改革实验要围绕为当地培养合格劳动者这一主要任务，改革教育思想、结构、内容、方法和管理体制，使教育与当地建设和人民幸福更密切地联系，以提高地方办教育和群众送子女上学的积极性。改革的总体目标是建立教育与经济和社会发展互相促进的机制，使教育与经济、社会协调发展，不断提高办学效益和教育质量，使受教育者获得全面的发展。通过改革和发展教育，促进农村的物质文明和精神文明建设。当前，要着重抓转变教育观念、端正办学方向，使农村教育转到主要为当地经济建设和社会发展服务的轨道上来；要在县、乡政府的领导下，加强农、科、教的统筹协调，调动各方面力量，共同促进农村的人才开发和技术进步；要搞好农村各类教育的统筹，充分发掘教育的社会功能，一校多用，一校多能，提高办学的经济和社会效益；要调整教育结构，把普及义务教育和发展职业技术教育、搞好各类技术培训结合起来，要进一步办好各级农民学校，大面积地提高农村劳动者的素质，逐步建立和完善农村的教育和培训网络；要改革教学内容和教学方法，在普通中小学的适当阶段，因地制宜地引进职业技术教育因素，加强教学和实际的联系，积极吸收和推广国内外一些先进的教学经验和教学方法；要采取有力措施增加财政和社会对教育的投入，改善办学条件，搞好师资、生产实验基地、教材等基本建设；要重视电化教育，使其更好地为农村各类教育服务；要加强教育科学理论的研究，宏观改革与微观改革相结合，努力提高教育质量。

在实施教育综合改革的过程中，每个实验县首先要抓好一批乡、村和学校的示范点，使改革由点到面逐步推广和深化。师资是办好教育、搞好教育改革的关键，从一开始就要抓紧其培养、培训工作。我国农村地域广阔，经济和教育发展不平衡，各地要坚持从实际情况出发，因地制宜地确定改革方案和实施步骤。各实验县的改革方案、规划应报所在省（自治区、直辖市）批准，报国家教委备案。

四、实验区的教育改革，在所在省（自治区、直辖市）的领导下，由有关地（市）、县负责组织实施。省要选派得力人员下去抓，并动员和组织一部分高校和科研单位帮助实验区搞好经济开发和教育改革。实验县要把教改实验列入政府的主要工作日程，政府主要负责人要亲自抓教育改革。在政府领导下，要促使各部门密切配合协作，保证教育改革的顺利进行。为了加强对全国农村教改实验在方针、政策上的指导，国家教委拟会同农业部、国家科委等有关部委组成农村教育综合改革实验领导小组，下设办公室处理日常工作。各地可根据情况，设立相应的领导办事机构。

实验是为了探索改革和发展农村教育的可行途径，所需经费要坚持由地方自筹，这样取得的经验才有推广价值。

农村教育综合改革任务艰巨，意义深远，一定要做好长远安排，至少应计划到本世纪末，坚持不懈，逐步深化。为了推动实验区的改革，今年上半年国家教委将组织对实验区各县主管县长和教育局长的培训，下半年将召开"百县农村教育综合改革实验区工作会议"。希望各地在近期内将实验县工作的落实情况、有关领导小组成员名单及实验方案、规划，报国家教委农村教育综合改革实验办公室（"燎原计划"办公室）。

附件：全国"百县农村教育综合改革实验区"实验县名单

省别实验县名单

北京	昌平县					
天津	静海县					
山西	临猗县	壶关县	大宁县	代 县		
内蒙古	镶黄旗	奈曼旗	敖汉旗			
辽宁	海城市	黑山县	大连市	金州区	沈阳市	于洪区	凤城县
吉林	东丰县	蛟河县	农安县			
黑龙江	讷河县	桦南县	密山市			
上海	青浦县	嘉定县				
江苏	江宁县	丹阳市	宜兴市	昆山县	铜山县	大丰县	东海县

浙江	绍兴县	德清县				
安徽	休宁县	蒙城县	庐江县	金寨县		
福建	闽清县	晋江县	永安市	沙 县	建阳县	
江西	宜丰县	弋阳县	宁冈县			
山东	平度县	平邑县	平原县	肥城县	胶南县	梁山县	诸城县
	莱州市					
河南	栾川县	辉 县	淅川县	扶沟县	长葛县	
湖北	潜江县	南樟县	红安县	宜城县		
湖南	桃江县	汨罗市	郴 县	江永县		
广东	南雄县	从化县				
海南	琼海县	白沙县				
广西	横 县	博白县	浦北县			
四川	仁寿县	大竹县	叙永县	涪陵市	温江县	江北县	江油市
	简阳县	广汉市				
贵州	清镇县	黔西县	独山县	贵阳市	乌当区	
云南	禄丰县	陆良县	泸西县			
西藏	堆龙德庆县					
陕西	宝鸡县	合阳县	南郑县	洛川县		
甘肃	陇西县	合水县	武威市	清水县		
宁夏	盐池县	吴忠市				
青海	湟中县	乐都县				
新疆	轮台县	吐鲁番市	阜康县			
河北	阳原县	完 县	青龙满族自治县	获鹿县	丰南县	邱 县
	三河县	安平县	南宫市	任丘市	丰宁县	藁城县

国家教委办公厅关于实施"燎原计划百、千、万工程"的意见

发文文号：教策厅［1995］22 号

发文时间：1995 年 12 月 7 日

发文背景：

　　自 1988 年国务院批准实施燎原计划以来，各地和有关部门认真实施科教兴农战略，积极推广农村实用技术，加快培养农村实用人才，有力地促进了农业和农村经济的发展。实践证明，实施燎原计划，农科教结合，顺应了广大农民脱贫致富、发展经济的愿望和要求，是农业和农村经济发展以及科技、教育发展的客观要求和必然选择。为进一步贯彻五中全会关于进一步加强农业和全国科技大会、全国农科教结合工作会议精神，积极落实"科教兴国"的战略，加快科学技术在农村的普及和推广，促进农业生产和农村经济的发展，深入推进农村教育综合改革，推动燎原计划的实施，国家教育委员会决定组织实施"燎原计划百、千、万工程"。即在全国上千个乡、上万个村推广上百项农村实用技术。现对实施"燎原计划百、千、万工程"的有关事项提出如下意见：

一、指导思想

　　以"科教兴国"的战略思想为指导，以大面积提高农村劳动者素质，加快农村实用技术的推广普及、促进农村经济发展为目的，在积极抓好农村"两基"工作的同时，坚持从实际出发，因地制宜，讲求实效的原则，利用广播电视等多种教育手段，尽快把先进的农村实用技术送到乡、村、农户手中，促进农民致富。

二、活动方式

　　根据农业部有关部门的推荐，选择当前农村科技成果中实用性强、生产效益高、易推广的 100 多项农村实用技术为主要内容；以录音带、录像

带、科普教材为载体；以燎原广播电视学校、农村职业学校、职教中心、农民文化技术学校为阵地；利用广播、电视等现有各种教学手段，在广大农村广泛开展科技推广活动。各地可根据实际情况在100多项技术中确定本地区重点推广的若干项实用技术，并根据需要逐步扩大推广范围。

三、实施要求

1. 实施燎原计划的县、乡、村各级政府，要进一步提高对"科教兴国"战略思想的认识，切实转变教育观念，坚持"三教统筹"、农科教结合，组织好"燎原计划百、千、万工程"的实施，要制定相应的措施，落实负责此项工作的机构和人员，确保这项活动不搞形式、不走过场。全国农村教育综合改革地区（市）联系点要率先搞好"燎原计划百、千、万工程"的实施工作。

2. 中央电大中国燎原广播电视学校将按照活动的要求，在农业部要求推广的实用技术和中国燎原广播学校已有的近1700多个农村实用技术电视教学节目的基础上，吸收农业科研部门和各高等院校的研究成果，并按照地方需求组织、编制教材目录、制作与复制录音带、录像带，设计制作农村实用科技教学包，并根据各地实际需要做好教学包的发放工作。

3. 各地的燎原广播电视学校、职教中心、农村职业学校、农民文化技术学校，要充分发挥自身的智力、技术优势，积极配合农业与科技等部门，开展以推广农村实用技术为主的试验示范、技术培训、信息服务等多种形式的活动，积极做好宣传、普及、推广工作，使所推广的上百项农村实用技术能尽快被广大农村劳动者所掌握。

4. 各地应组织有关大、中专院校（特别是农业院校）主动配合和参与当地"燎原计划百、千、万工程"的实施，选择基础条件较好的乡、村进行实用技术现场示范和推广，同时对有关的乡镇企业进行技术指导和人员培训。大、中专院校要把这项活动作为参与社会实践的一个组成部分，促使科学技术尽快转化为现实的生产力，同时促进高校自身的改革和建设。

5. 广大农村的普通中小学，也要从自身实际出发，为实施"燎原计划百、千、万工程"做好力所能及的工作。

6. 我国大部分省区每年12月上旬至来年3、4月份为冬闲时节，各地要因地制宜地开展"燎原之冬"活动，把推广上百项农村实用技术作为重要内容。

各地要做好实施"燎原计划百、千、万工程"首批试点工作，及时总结经验，尽快在本地区推广。国家教委今后也将定时进行检查，总结经验，表彰先进。

"燎原计划百、千、万工程"由国家教委燎原计划办公室和中央电大燎原广播电视学校组织实施，有关司局和部门参与，同时请农业部、国家科委、全国农业技术推广站给予支持。这项活动体现了农科教结合，需要共同推动。各级政府在组织实施过程中，要积极落实所需资金，确保活动顺利实施，要争取农业、科技、财政等部门给予大力支持和协助，形成齐抓共管的局面，使这项活动取得最佳的整体效益。

农村教育综合改革大事记

（1986—1997 年）

1986 年

7 月

23 日至 30 日，国家教委副主任王明达由河北省教委副主任周治华陪同，到河北省完县等地调查研究。

9 月

2 日至 7 日，国家教委副主任杨海波到河北省完县等地调查研究。

9 月下旬至 10 月中旬，国家教委考察组先后到阳原县、完县进行考察。

10 月

6 日至 8 日，国家教委在涿县召开座谈会，就建立河北农村教育改革实验区的有关问题进行研讨。国家教委职教司、成人教育司，河北省教委、张家口和保定地区行署、教委，阳原县、完县政府、教育局和中央教科所等单位的领导同志及部分专家、学者共 35 人参加会议，中央教科所副所长滕纯主持会议。

21 日，国家教委副主任王明达在保定就建立河北农村教育改革实验区问题，同河北省副省长王祖武、省教委副主任周治华等同志交换意见。

11 月

24 日至 28 日，中央教科所副所长滕纯同国家教委职教司、成人教育司、河北省教委、张家口地区教委负责同志一行 10 人，到阳原县帮助修订教育改革实验方案。

12 月

16 日至 19 日，国家教委副主任王明达，由张家口地区行署副专员陈亮、河北省原教育厅厅长祝庆理等同志陪同，到阳原县调查研究。一同前往的有国家教委职教司司长孟广平、高教二司副司长杨金土、中教司副司长卓晴君等。

1987 年

1 月

6 日至 10 日，中央教科所副所长滕纯同国家教委职教司、成人教育司、河北省教委、保定地区教委负责同志一行 15 人，到完县帮助修订教育改革实验方案。

21 日至 22 日，河北省教委在石家庄召开河北农村教育改革实验区工作会议预备会。河北省副省长王祖武到会讲了话。

2 月

27 日至 28 日，国家教委和河北省人民政府在涿州市召开河北农村教育改革实验区工作会议。国家教委副主任、党组书记何东昌到会讲了话，国家教委副主任邹时炎、王明达、河北省副省长王祖武出席会议并讲话。

3 月

27 日，阳原县教育改革实验领导小组召开第一次会议。领导小组组长、张家口地区行署副专员陈亮主持会议。

4 月

5 日，国家教委高教二司副司长、中央讲师团团长杨金土到阳原县了解实验区工作情况。

14 日，完县教育改革实验领导小组召开第一次会议。

5 月

19 日，青龙满族自治县教育改革实验领导小组召开第一次会议。

31 日，国家教委初教司副司长陈德珍到阳原县调查初等教育改革情况。

6 月

4 日，中共河北省委书记邢崇智视察完县教育改革实验区工作。

26 日至 28 日，河北省副省长王祖武到完县视察教育改革实验区工作。

7 月

5 日至 7 日，《完县社会、经济、教育总体发展规划》工作座谈会在完县召开。

7 日至 9 日，河北省副省长王祖武到阳原县视察教育改革实验区工作。

31 日，河北省教委副主任、党组书记周治华到完县调查大专院校师生的社会实践活动。

8 月

5 日至 6 日，国家教委副主任、党组书记何东昌由秦皇岛市委副书记朱桂英陪同，到青龙满族自治县视察、指导教育改革实验。何东昌同志听取了县长董先的汇报，参观了县职业技术学校的实验基地和娄子店乡初中，并对县职校实验基地建设和娄子店乡初中的办学方向表示满意。

27 日至 29 日，国家教委副主任王明达由秦皇岛市副市长张玉书、河北省教委副主任陈逖先陪同，到青龙满族自治县视察、指导教育改革实验。

28 日，青龙满族自治县教育改革实验领导小组召开第二次会议。领导小组组长、秦皇岛市副市长张玉书主持会议。

9 月

1 日至 3 日，国家教委中教司副司长、中央讲师团河北团团长王文湛到阳原县了解教育改革情况。

4 日，根据何东昌同志的提议，在辽宁省海城市召开农村教育办学方向研讨会。

11 日，国家教委中教司副司长、中央讲师团河北团团长王文湛到完县了解教育改革情况。

16 日至 18 日，国家教委副主任王明达由河北省教委副主任陈逖先陪同，到完县视察、指导教育改革实验。一同前往的有国家教委职教司司长孟广平，中教司副司长、中央讲师团河北团团长王文湛等。

19 日至 21 日，国家教委副主任王明达在张家口地区行署专员王权、河北省教委副主任陈逖先陪同下，到阳原县视察、指导教育改革实验。一同前往的有国家教委职教司司长孟广平等。

22 日至 23 日，中共河北省委书记邢崇智到完县视察实验区工作。

26 日至 28 日，国家教委和河北省人民政府在保定召开河北农村教育改革实验区第二次工作会议。国家教委副主任王明达、河北省副省长王祖武出席会议并讲话。

10 月

9 日至 10 日，河北省副省长王祖武由省教委副主任陈逖先陪同，到青龙满族自治县视察、指导教育改革实验。

12月

18日，国家教委和农牧渔业部在山东省平度市联合召开全国农村教育为当地经济建设服务经验交流会。

18日至22日，中央讲师团总团负责人张玉基、国务院办公厅人事局局长张华林，分别到完县看望中央讲师团驻完县支队的同志，并听取了实验区的工作汇报。

30日，国家教委、农牧渔业部和财政部于1987年12月30日联合发布了《乡（镇）农民文化技术学校暂行规定》。

1988年

1月

5日，国家教委副主任杨海波，由中共保定地委书记乔世忠、副书记贾瑞增陪同，到完县看望中央讲师团驻完县教改实验区的同志，听取了工作汇报，并提出了指导性意见。

19日至23日，河北省教委召开深化农村教育改革座谈会。阳原、完县、青龙三个实验县的主要领导及国家教委、河北省政府驻三县工作的负责人参加了会议，中共河北省委书记邢崇智，省委常委、科教部长陈玉杰，副省长王祖武，国家教委副主任王明达等领导同志，分别在石家庄、保定、北京同与会人员进行了座谈。

11日至13日，张家口地区行政公署在阳原县召开全区教育改革专员现场办公会议。国家教委、河北省教委和有关高等学校的领导应邀出席了会议。

2月

20日，中共秦皇岛市委书记白芸生等，到青龙满族自治县视察、指导农村教育改革实验工作。

3月

8日，经法定程序，河北农业技术师范学院副院长傅兴国被任命为青龙满族自治县兼职副县长，分管教育、科技工作。

上旬，中央教科所所长吴畏等，到完县指导工作。

4月

21日，国家教委职教司副司长王文湛等，到青龙满族自治县考察实验区工作。

5月

5日至9日，完县教育改革实验领导小组召开第三次会议。领导小组组长、保定地区行政公署副专员王加林主持会议。

13日，国家教委在安徽省祁门县召开了农村普通中学教育改革座谈会。会议围绕农村中学如何明确农村普通中学的性质、任务、端正办学方向以及如何为当地经济建设和社会发展服务等问题进行了研究讨论。

7月

4日至6日，河北省教委在完县召开实验区1988年上半年工作交流会。阳原、完县、青龙三县及国家教委、河北省教委的有关负责人出席会议。

30日，国务院批准（国办通［1988］年57号）国家教委《关于实施燎原计划的总体设想》，并同意设立燎原计划专项贷款。

8月

17日至20日，国家教委副主任何东昌、王明达，由国家教委职教司副司长王文湛、河北省教委副主任陈逖先陪同，到青龙满族自治县视察农村教育改革实验工作。

29日至9月1日，国家教委在河北南宫市召开全国实施"燎原计划"工作会议。

9月

1日至3日，国家教委副主任王明达到完县视察农村教育改革实验工作。

3日至5日，国家教委副主任王明达，到阳原县视察农村教育改革实验工作。

15日至11月15日，国家教委举办农村职业教育研讨班。

10月

25日至26日，张家口地区行政公署在阳原县召开第二次全区教育改革专员现场办公会议，研究、部署推广阳原经验，深化全区农村教育改革和实施燎原计划工作。

11月

2日至3日，河北省副省长王祖武，由省教委副主任陈逖先陪同，到完县视察农村教育改革实验工作。

29日至12月2日，国家教委和河北省人民政府在石家庄市联合召开河北农村教育改革实验区第三次工作会议。国家教委副主任何东昌、王明达，中共河北省委书记邢崇智，省顾委主任杨泽江，省委常委、秘书长陈玉杰，省人大常委会副主任刘英，副省长王祖武等出席会议。

30 日，国家教委下发《关于"燎原计划"贷款问题的通知》，正式启动燎原计划贷款工作。

1989 年

1 月

根据中共河北省委书记邢崇智建议，并经国家教委副主任何东昌、王明达等领导同志同意，河北省人民政府研究决定，在与国家教委共同抓好阳原县、完县、青龙满族自治县农村教育改革实验的同时，扩大河北省农村教育改革实验区范围，将丰南、任丘、获鹿、藁城、三河、南宫、丘县、安平、丰宁 9 个县（市）增列为省农村教育改革实验县（市），以探索经济发展水平不同的各类地区进行教育改革的途径，加快全省农村教育改革的步伐。

3 月

7 日，河北省在石家庄市召开深化农村教育改革座谈会。阳原等 12 个农村教育改革实验县（市）和涉县等 10 个国家重点扶贫县的县（市）委书记、县（市）长参加会议。全国人大常委杨海波、中共河北省委书记邢崇智、河北省人大常委会副主任刘英、副省长王祖武、省政协副主席徐纯性、国家教委职教司司长杨金土等领导同志出席了座谈会。

8 日，全国人大常委杨海波由河北省教委副主任周治华陪同，到安平县北郭村农中视察。

9 日至 14 日，国家教委政策研究室副主任赵一兵，到青龙满族自治县草场村调查研究，考察了 38 个农户，对草场村的教改经验予以肯定。

27 日，中国联合国教科文组织全国委员会秘书长贾学谦，到丘县考察教育改革工作。

4 月

12 日，中共中央政治局委员、国务委员兼国家教委主任李铁映，到阳原县视察农村教育改革实验工作。随同李铁映视察的有：国务院研究室白克明，国家教委专职委员郭福昌、职教司司长杨金土，河北省教委副主任周治华、陈逾先，中共张家口地委副书记王树常、行署副专员陈亮等。

14 日，邯郸地委副书记王玉章等到丘县指导教育改革实验工作。

17 日，全国人大常委、教科文卫委员会副主任委员张承先，由中共河北省顾委委员臧振国、保定地区行署副专员王加林陪同，到完县视察农村教育改革实验工作。

28 日，国家教委成立农村教育综合改革实验领导小组，并设立农村教育综合改革办公室（燎原计划办公室）。

5 月

3 日，中共河北省委书记邢崇智，向河北省 12 个农村教育改革实验县（市）的书记、县（市）长发出公开信，要求他们把教育改革实验工作列入县（市）政府重要议事日程，明确目标，亲自动手，及时研究和解决有关问题，坚持不懈，抓出成效。

7 日，首都部分农业专家、教授座谈农业科学技术推广问题。

12 日，中共河北省委书记邢崇智视察安平县北郭村农中。

23 日，国家教委发出关于在全国建立"百县农村教育综合改革实验区"的通知。

24 日至 26 日，河北省教委在丰宁满族自治县召开实验区工作研讨会。

7 月

2 日，国家教委副主任滕藤视察青龙满族自治县的部分教育改革试点。

8 日至 10 日，国家教委副主任王明达、专职委员郭福昌等到丘县、曲周、鸡泽、永年 4 县考察农村教育工作。

11 日，王明达、郭福昌等由中共河北省委书记邢崇智，省委常委、石家庄市委书记李海峰陪同，前往获鹿县视察农村教育改革实验情况。

23 日，美籍华人、美国华侨滋根基金会成员董叙霖、杨贵平等，由国家教委副主任滕藤、专职委员郭福昌陪同，考察了青龙满族自治县部分教育改革试点。

29 日至 31 日，参加国家教委举办的全国农村教育综合改革实验区工作研讨班的 115 个教改实验县县长或教育局长及部分省、市教委职教处处长共 141 人，到河北省安平县和南宫市参观考察教育改革实验工作。

8 月

1 日，国家教委领导前往中央高级教育行政学院看望农村教育改革实验县工作研讨班的学员。

10 日，国家教委副主任朱开轩到获鹿县视察农村教育改革实验工作。

15 日至 17 日，国家教委副主任王明达、专职委员郭福昌视察了张家口地区农科教统筹工作。

18 日至 19 日，国家教委副主任王明达、专职委员郭福昌到阳原县视察农村教育改革实验工作，并提出指导性意见。

26 日，农业部、国家科委、国家教委、林业部、中国农业银行下发《关于农科教结合，共同促进农村、林区人才开发与技术进步的意见》（试行）〔1989〕农〔教宣〕字第 27 号。

28 日至 9 月 5 日，国家教委职教司司长杨金土率本司调研队一行 17 人，到获鹿、柏乡、永年、鸡泽、丘县、南宫、安平、任丘等县（市）考察了农村职业技术教育与农村教育改革工作。

31 日，中共石家庄市委、市政府在获鹿县召开科技教育工作现场会，向全市各区、县推广获鹿县发展科技教育，促进经济发展的经验。

9 月

6 日至 8 日，国家教委专职委员郭福昌等同志，代表国家教委到完县慰问遭受特大洪水灾害的教师、学生，视察了灾情，并就完县抗洪抢险救灾、恢复教学秩序、重建校园等事宜，同完县县政府领导同志进行了座谈。

18 日，国家教委发出通知，决定在全国百县农村教育综合改革实验区建立农村初中教育改革实验联系学校。

26 日至 29 日，河北省教委在丰南县召开农村教改实验县（市）农科教统筹研讨会。全省 12 个教改实验县（市）的教委主任（或教改办主任）出席了会议。

10 月

10 日，国家教委师范教育司司长孟吉平等一行 6 人，到完县考察教育改革实验工作。

11 日，承德地区职业技术教育现场经验交流会在丰宁满族自治县召开。16 日至 25 日，中共中央政治局常委宋平在安徽指出，要使农科教结合，挖掘农业潜力，造就人才，提高劳动者素质。

16 日，由河北农业技术师范学院承办的全国农村职业中学校长培训班第三期学员 80 多人，前往青龙满族自治县考察农村教育改革情况。

30 日，由国家教委主办、河北省教委承办的青海、甘肃、新疆、云南 4

省（区）职教干部培训班，在南宫市第二职业中学开班。学员受训期间，曾到获鹿县参观教育改革实验工作。

10 月 25 日，国家教委在湖南长沙市、郴县召开全国燎原计划与农村教育改革实验区工作会议，国务委员兼国家教委主任李铁映出席会议并讲了话。

11 月

15 日，河北省教委副主任陈逖先到完县考察农村教育改革实验工作。

20 日至 25 日，国家教委职教司司长杨金土率 7 省、市教委负责同志考察获鹿综合职业技术学校和栈道村，并在获鹿开会研讨和起草我国职教法规。

24 日，中华职业教育社主办的农村职业教育管理干部培训班学员（来自 18 个省、市）参观三河县高楼农中和马起乏乡服装职业学校。

26 日至月底，联合国教科文组织成人教育和扫盲科科长哈比卜·穆巴拉克先生，到获鹿、完县及涿州等县（市）考察农村教育改革情况。

12 月

26 日，河北省农村教育改革实验区第四次工作会议预备会在石家庄市召开。国家教委专职委员郭福昌、燎原计划办公室副主任陈德才出席会议。会后，郭福昌、陈德才、陈逖先同志考察了获鹿县和藁城市的部分教育改革试点单位。

1990 年

1 月

9 日至 12 日，国家教委和河北省政府在石家庄市联合召开河北省农村教育改革实验区第四次工作会议。国家教委副主任、党组书记何东昌，副主任王明达，专职委员郭福昌，中共河北省委书记邢崇智，省委副书记、省政协主席李文珊，省委副书记、省长岳歧峰，省顾委主任杨泽江，省委常委、石家庄市委书记李海峰，省人大副主任邹仁轲，副省长王祖武等领导同志出席了会议。河北省政府宣布成立"河北省农科教统筹领导小组"。

12 日，国家教委副主任王明达、专职委员郭福昌，由河北省教委副主任陈逖先陪同，到完县视察教育改革实验工作。

2月

6日至9日，国家教委向农村教育综合改革实验县赠送设备、图书仪式在保定举行。

6日至11日，河北省教委在保定市举办农村教改实验区小学自制教具培训班。

8日，国家教委副主任邹时炎到完县视察了农村教育改革实验工作。

3月

3日，国家教委职教司司长杨金土考察阳原县教育改革工作，并提出了一些建设性意见。

22日至28日，河北省教委副主任于春琛率全省12个教改实验县（市）党政领导及有关高等学校的负责同志共32人，赴湖南省参观学习农村教育改革经验。

30日，国家教委党组书记、副主任何东昌，副主任王明达，在国家教委听取了张家口地区教育改革实验规划的汇报，并就许多重要问题作了指示。

4月

1日，国家教委燎原计划办公室在广西蒲北县召开燎原计划专项贷款发放和管理工作研讨会。

13日，国家教委发出通知，决定在中央广播电视大学内设立中国燎原广播电视学校，以配合实施"燎原学校"向乡（镇）农技校、职教中心、农职中学提供教学服务。

21日至24日，河北省教委在涿州市召开全省第二次实施燎原计划工作会议。

21日，国家教委、河北省政府印发了《河北省农村教育综合改革实验区第四次工作会议纪要》。

5月

7日至10日，国家教委、农业部、国家科委、林业部等单位，在安徽涂县召开部分省市农科教结合工作座谈会。

6日至11日，国家教委、国家科委、农业部、林业部、中国农业银行联合召开全国十省市农科教结合座谈会。

12日至13日，国家教委党组书记、副主任何东昌，副主任柳斌、王明达、专职委员郭福昌等领导同志，到完县考察农村教育改革实验工作。

6月

3日，国家教委职教司司长杨金土到丰南县考察职业技术教育工作，并就县职业技术学校建设问题谈了指导性意见。

4日至5日，河北省教委在完县召开河北省农村教育改革实验区自制教具现场会。

7日，国家教委发出《关于动员农村中专和农村职业中学做好科技兴农工作的通知》。

29日，出席在石家庄市召开的晏阳初平民教育与乡村改造思想国际讨论会的中国大陆、台湾、香港，及美国、日本、菲律宾等国家和地区的代表共80多人，参观获鹿县综合职业技术学校和栈道村。

7月

2日至5日，国家教委副主任柳斌考察获鹿县石井乡、大河乡、寺家庄镇及县城的部分中小学和南宫市第二职业中学。

9日，国家教委印发《全国农村教育综合改革实验区工作指导纲要（试行)》。

18日，国家教委在北京举办全国农村教育综合改革实验县工作研讨班，115个实验县部分老区县的县长或主管教育的副县长，各省、自治区、直辖市和有关计划单列市教委（教育厅、局）主管农村教育改革的处室负责人参加了会议。

23日至24日，河北省教委在昌黎县召开部分地、县农科教统筹工作座谈会。张家口、保定、沧州、邯郸4个地区和唐山市教委，及阳原、完县、青龙、丰南、丰宁5县政府的负责同志参加了会议，并就有关重大问题进行了交流和讨论。

26日，联合国教科文组织官员、美国教授波拉先生赴获鹿县综合职业技术学校、大河乡和栈道村参观。

27日至28日，国家教委副主任邹时炎视察丰宁满族自治县和丰南县教育改革实验工作，并看望支教队成员。

8月

2日至5日，中国联合国教科文组织全国委员会秘书长曹元聚、国家教委人事司副司长宋承栋、国际合作司副司长王百哲、机关工会副主席高聚慧等同志，先后由河北省副省长刘荣惠、省教委副主任周治华、陈逖先陪同，考察了获鹿、南宫、安平等县的部分教育改革试点，并研讨了国家教委向河北省部分教改实验县继续派驻支教队问题。

17 日至 18 日，国家教委副主任王明达到丰宁满族自治县视察农村教育改革实验工作。

9 月

22 日，全国农民教育联系点协作会第三次会议在上海川沙县召开。

10 月

26 日，国家教委在四川温江、广汉市召开第二次全国农村教育综合改革实验县工作会议。

11 月

20 日，中央教科所所长吴畏到完县视察指导农村教育改革实验工作。

26 日，中国农业银行、国家教委发出《关于支持农、林中专和农村职业中学开展生产经营活动的联合通知》。

12 月

5 日至 8 日，国家教委少数民族教育考察团一行 15 人，到获鹿县和南宫市考察农村教育改革工作。

1991 年

1 月

15 日，国家教委作出《关于表彰科教兴农先进学校和回乡务农优秀毕业生的决定》。

16 日，国家教委发出《关于重申中国燎原广播电视学校办学宗旨和教学组织管理问题的通知》。

2 月

1 日，国家教委农村教育综合改革办公室在北京两次召开农村教育综合改革实验县工作评估方案研讨会。

10 日，中共河北省委书记邢崇智召集获鹿、丰南、藁城、南宫、三河、任丘、新乐、定州、涉县等 9 县（市）的县（市）委书记，在石家庄市召开农村教育改革座谈会。

23 日，农业部、国家教委、国家科委、林业部、中国农业银行等部委，联合召开第三次农科教结合协调领导小组会议。

3 月

13 日至 18 日，国家教委专职委员、国家教育发展研究中心主任郝克明，国家教育发展研究中心副主任蔡克勇等，先后由河北省副省长顾二熊、省教委副主任陈逊先陪同，到安平县、南宫市、获鹿县、完县考察农村教育改革实验工作。

22 日，中央广播电视大学副校长方和忠、杨群英等，到安平县北郭村农业中学及其所在的马店乡考察燎原广播电视教育情况。

4 月

11 日至 12 日，国家教委和河北省人民政府在石家庄市联合召开了河北省农村教育改革实验区第五次工作会议。国家教委、农业部、林业部有关司局或处室的负责同志，河北省政府有关委、厅、局，各地、市，各教改实验县（市）及部分非实验县（市）以及有关高校、科研单位的领导同志，共计 150 人参加了会议。国家教委副主任、党组书记何东昌，副主任王明达，专职委员郭福昌，中共河北省委书记邢崇智等出席了会议。

14 日，国家教委副主任王明达、职教司副司长陈德才、中央教科所所长卓晴君等，到南宫市第二职业中学考察指导。

5 月

9 日至 13 日，全国人大常委会副委员长孙起孟、国家监察部副部长冯梯云、民主促进会中央副主席葛志诚，及中华职业教育社总干事陈一如、国家教委职教司副司长王文湛、农业部教宣司副司长孙翔等，先后到河北省任丘、南宫、获鹿、霸州、定州 5 县（市）视察农村职业技术教育与农村教育改革工作，并与中共河北省委、省顾委、省人大、省政府、省政协的领导同志进行了座谈。

9 日至 10 日，国家教委副主任王明达陪同孙起孟副委员长一行，考察了河北省霸州市和任丘市的农村职业技术教育与农村教育改革工作；之后，王明达到完县视察指导了农村教育改革实验工作。

26 日至 6 月 4 日，中央教科所所长卓晴君、副所长潘仲茗，率本所教育科研人员一行 30 余人，到河北省完县、获鹿县、南宫市、南皮县、青县考察了农村教育改革工作。

6 月

3 日，国家教委农村教育综合改革实验领导小组召开第二次会议，国家教委办公厅印发了会议纪要。

6 日，国家教委发出《关于大力发展乡（镇）村农民文化技术学校的意见》。

18 日至 24 日，在联合国教科文组织和联合国儿童基金会的支持下，国家教委和中国联合国教科文组织全国委员会，在山东省泰安市举办了农村教育国际研讨会，联合国教科文组织总干事马约尔和联合国开发计划署、联合国儿童基金会、世界银行等 8 个国际组织，以及来自世界 5 大洲 24 个国家的代表参加了会议。

6 月 26 日，全国中专改革招生分配制度，为科教兴农服务座谈会，在浙江嘉兴市召开。

8 月

26 日，国家教委办公厅下发《关于对全国农村教育综合改革实验县进行工作检查的通知》。

9 月

16 日，中国职教学会农村教育改革研究会举行成立大会。

11 月

29 日，中共十三届八中全会通过《中共中央关于进一步加强农业和农村工作的决定》，《决定》第四部分强调"抓紧实施科技、教育兴农的发展战略"。

12 月

20 日，国家教委燎原办、中国科技财务公司联合发出《燎原计划专项贷款管理暂行办法》。

21 日，国家教委燎原计划办公室在苏州市召开燎原计划贷款工作会议。

1992 年

1 月

6 日，国家教委召开农村教育综合改革和"燎原计划"实施情况新闻发布会。通报了三年来的工作成效。

8 日，国务院办公厅和国务院研究室召开农科教结合工作座谈会。

2 月

12 日，国务院下发《国务院关于积极实行农科教结合，推动农村经济发展的通知》（国发［1992］11 号）。

3 月

6 日，国家教委燎原计划办公室下发《关于组织编纂〈中国农村教育年鉴〉的通知》（教燎办［1992］2 号。）

12 日，国家教委燎原计划办公室印发《燎原计划专项贷款管理暂行办法》（教燎办［1992］5 号）。

5 月

27 日，国家教委在北京召开了《中国农村教育年鉴》编纂出版工作会议。

9 月

26 日，国家教委和国务院扶贫办，在陕西省商洛地区联合召开了全国贫困地区农村教育综合改革工作会议。

11 月

22 日至 26 日，全国扫盲及农村成人教育工作会议在湖北宜昌举行。

1993 年

2 月

9 日，国家教育委员会、国务院贫困地区经济开发领导小组、财政部联合印发《关于大力改革与发展贫困地区教育，促进经济开发，加快脱贫致富步伐的意见》（教燎［1993］1 号）。

10 日，国家教委燎原计划办公室，在河北省廊坊市召开深化农村教育综合改革研讨会暨农村教育改革与社会全面进步课题开题会。

4 月

16 日，国家教委燎原计划办公室下发《关于认真学习贯彻〈中国教育改革和发展纲要〉精神，加快农村教育综合改革步伐的通知》（教燎办［1993］2 号）。

9 月

17 日，国家统计局复函，同意国家教委制发《全国农村教育综合改革实验县有关情况调查统计表》（国统字［1993］280 号）。

10 月

18 日，国家教委在江苏省昆山市，召开全国农村教育综合改革与实施燎原计划工作研讨会。

1994 年

1 月

30 日，国务院副总理李岚清在河北省对农村教育工作进行调查研究。

3 月

17 日，国家教委城市与农村教育综合改革办公室下发《关于做好全国农村教育综合改革实验县有关情况调查统计工作的通知》（教策燎〔1994〕6 号）。

6 月

8 日，国家教委下发《关于建立全国地区（市）农村教育综合改革联系点的通知》（教策〔1994〕7 号），决定在全国 28 个省、自治区建立 29 个全国地区（市）农村教育综合改革联系点（1995 年又增补了河北省保定市）。

15 日，国家教委成立"国家教育委员会扶贫工作领导小组"，办公室设在城市与农村教育综合改革办公室内（教策厅〔1994〕12 号）。

20 日，国家教委、农业部、林业部印发《关于进一步推进高等农村教育改革和发展的若干意见》。

9 月

15 日，国家教委下发《关于表彰全国农村教育综合改革先进集体的决定》（教策〔1994〕10 号），授予北京昌平县等 204 个单位为全国农村教育综合改革先进单位。

22 日，国家教委在唐山市召开全国农村教育综合改革工作会议，国务院副总理李岚清出席会议并作了重要讲话。农业部等国务院的一些部委，及解放军总政治部和部分省市的主要领导，各省、自治区、直辖市教委的主要负责人，29 个农村教育综合改革地区（市）联系点的党政负责人，11 所高等院校的负责人，参加了会议。

10 月

8 日，国家教委燎原办在天津市召开"燎原计划专项贷款工作研讨会"。

23 日，农村中、小学课程改革研讨会在武汉市举行。

11 月

4 日，国家教委燎原计划办公室下发《关于抓紧做好燎原计划专项贷款清查清收工作的补充通知》（教策燎〔1994〕42 号）。

8 日，国际农村教育研究与培训中心揭幕式在河北保定举行，联合国教科文总干事马约尔、国家教委副主任王明达和韦钰等领导出席了揭幕仪式。

2 日至 11 日，"紧迫需要地区农村教育国际研讨会"在保定举行。

1995 年

4 月

27 日，国家教委办公厅下发《关于办理 1988—1991 年度燎原计划专项贷款清理交接工作的通知》（教策厅〔1995〕5 号）。

5 月

国家教委城市与农村教育综合改革办公室副主任吴德刚考察阳原县和顺平县农村教改工作。

6 月

14 日，国家教委印发《关于深入推进农村教育综合改革的意见》（教策〔1995〕4 号）。

9 月

20 日，国家教委城市与农村教育综合改革办公室，在广西玉林地区举办南方 12 个省、自治区、直辖市所属实验县干部培训班，国家教委政策法规司副司长李连宁出席，教改办副主任吴德刚主持培训班。

10 月

5 日，国家教委、农业部、国家科委联合召开了全国农科教结合工作经验交流会，李岚清副总理出席会议并讲话。

14 日，国家教委民族司、城市与农村教育综合改革办公室，联合在湖南省凤凰县召开全国民族地区、贫困山区农村教育综合改革经验交流会。

19 日，国家教委城市与农村教育综合改革办公室，在湖南省怀化地区召开全国地区（市）农村教育综合改革联系点工作会议。

12 月

7 日，国家教委办公厅印发《关于实施燎原计划百、千、万工程的意见》（教策厅〔1995〕22 号）。

13 日，国家教委在北京举行实施"燎原计划百、千、万工程"座谈会。国家教委主任朱开轩参加了座谈会。李岚清同志批文支持这项工作。

1996 年

3 月

16 日，国家教委主任朱开轩同志考察了青龙满族自治县，专职委员张保庆、综改办副主任吴德刚陪同前往。

8 月

国家教委原党组书记何东昌、副主任王明达等一行，赴青龙满族自治县考察农村教育。

李岚清副总理在国务院听取了烟台教改实验区的工作汇报。王明达副主任及基础司、综改办负责同志参加了汇报会。

9 月

16 日，根据李岚清同志的指示，国家教委在山西省太原市举办全国农村教育综合改革干部培训班。

1997 年

2 月

国家教委副主任张天保分别考察了顺平县和阳原县。

3 月

国家教委燎原计划办公室在大庆市召开"燎原计划百、千、万工程座谈会"。

4 月至 11 月

国家教委综改办配合中共中央政策研究室，就农村教育综合改革的成就、经验和深化措施等问题，对十多个省、市、自治区进行调查研究，并向中央领导报送了调查报告。

6 月

国家教委在石家庄召开阳原、顺平、青龙三县定点扶贫工作会议，国家教委主任朱开轩、副主任张天保及有关司局的同志参加了会议。

8 月

国家教委副主任王明达同志及政策法规司司长王茂根同志赴河北阳原

县，出席该县农村教育综合改革十周年纪念会。

9 月

国家教委在甘肃省张掖市召开第二次农村教育综合改革地区（市）联系点会议。

10 月

国家教委综改办副主任吴德刚赴阳原考察农村教育改革和扶贫工作。

12 月

河北省人民政府在保定市举行河北省农村教育综合改革十周年纪念会。国家教委副主任张天保出席了纪念会。河北省政府及教委的主要领导参加了纪念会。

农村教育综合改革主要研究著作索引

·燎原丛书·

国家教委农村教育综合改革办公室（燎原办）编

（丛书主编王明达 顾问何东昌）

[1] 国家教育委员会农村教育综合改革（燎原计划）办公室. 全国农村教育综合改革实验县概览 [G]. 北京：教育科学出版社，1993.

[2] 国家教委农村教育综合改革（燎原计划）办公室. 农村教育改革大思路——农村教育综合改革、燎原计划文件资料选编 [G]. 北京：人民教育出版社，1991.

[3] 国家教委农村教育综合改革（燎原计划）办公室. 坚实的步伐——农村教育综合改革、燎原计划历次重要会议文献选编 [G]. 北京：教育科学出版社，1993.

[4] 国家教委农村教育综合改革（燎原计划）办公室. 中国农村教育综合改革经验选 [G]. 北京：教育科学出版社，1993.

[5] 国家教委、联合国教科文组织. 当代国际农村教育发展和改革大趋势——农村教育国际研讨会论文集（上、下）[G]. 北京：教育科学出版社，1993.

[6] 王明达. 中国贫困地区农村教育综合改革的探索与实践 [M]. 北京：教育科学出版社，1993.

[7] 国家教委农村教育综合改革办公室（燎原办）、上海市燎原计划办公室. 中国农村教育综合改革与燎原计划宣传纲要 [M]. 北京：教育科学出版社，1994.

[8] 国家教委农村教育综合改革（燎原计划）办公室，北京市教科所. 中国农村教育综合改革实验工作的检查与评估 [R]. 北京：教育科学出版社，1995.

[9] 国家教委农村教育综合改革办公室. 中国农村教育综合改革里程碑——全国农村教育综合改革工作会议文集 [G]. 北京：教育科学出版社，1995.

[10] 国家教委燎原计划办公室、中央电大中国燎原广播电视学校. 燎原计划百、千、万工程工作手册 [M]. 北京：中国农业出版社，1996.

[11] 国家教委城市与农村教育综合改革办公室. 开创农村教育综合改革的新局面——全国农村教育综合改革联系点实施方案汇编 [G]. 北京：中国农业出版社，1997.

[12] 国家教育委员会. 贫困地区农村脱贫致富的必由之路——民族地区贫困山区农村教育综合改革经验材料汇编 [G]. 延边：东北朝鲜民族教育出版社，1997.

·农村教育改革研究丛书·

（丛书主编滕纯）

[13] 农村教育改革文献和资料选编［G］．北京：教育科学出版社，1988．

[14] 改革中的昌平农村教育［M］．北京：教育科学出版社，1988．

[15] 海城农村教育在改革中前进［M］．北京：教育科学出版社，1988．

[16] 生机勃勃的山东平度教育［M］．北京：教育科学出版社，1988．

[17] 致富的金钥匙在这里铸成——全国农村职业技术学校办学经验选辑［G］．北京：
教育科学出版社，1988．

[18] 河北省农村教育改革十年［R］．北京：教育科学出版社，1988．

[19] 山西临猗农村教育——内地农业县农村教育改革之路［M］．北京：教育科学出版
社，1988．

[20] 培养农村人才的摇篮——辽宁省阜新市彰武县四合城四年级初中办学经验［M］．
北京：教育科学出版社，1988．

[21] 爱家乡教育——北京市怀柔县小学开展爱家乡教育综述［M］．北京：教育科学出
版社，1988．

[22] 普通教育的督导评价［M］．北京：教育科学出版社，1988．

[23] 建立农村教育体系的探索——北京市昌平县农村教育综合改革实验报告［R］．北
京：教育科学出版社，1988．

[24] 农村崛起的基础工程——湖南郴县教育综合改革纪实［R］．北京：教育科学出版
社，1988．

[25] 老少山边侨地区农村职教的研究和实验［R］．北京：教育科学出版社，1988．

[26] 农村教育综合改革之路——江苏宜兴市教育改革纪实［R］．北京：教育科学出版
社，1988．

[27] 中国农村教育改革之路［M］．北京：教育科学出版社，1992．

[28] 获鹿教改纪实［R］．北京：教育科学出版社，1993．

[29] 农村教育改革的理论与实践［M］．北京：教育科学出版社，1989．

·农村教育综合改革与社会全面进步课题研究丛书·

（丛书主编王明达）

[30] 游心超，俞恭庆．中国农村经济振兴的必由之路［M］．北京：人民教育出版
社，1997．

[31] 社会主义精神文明建设的基础工程［M］．北京：人民教育出版社，1998．

[32] 陆其兴，倪鼎金，张学玲．来自小康后地区的探索与实践［M］．北京：人民教育
出版社，1997．

[33] 丁日新，张秀岩. 来自小康地区的探索与实践 [M]. 北京：人民教育出版社，1997.

[34] 梁全进，张启瑞，郑欣春. 来自温饱地区的探索与实践 [M]. 北京：人民教育出版社，1997.

[35] 刘辉汉，裴树本. 来自贫困地区的探索与实践 [M]. 北京：人民教育出版社，1997.

·其他相关图书·

[36] 南京师大教科所，教育系. 农村教育学 [M]. 北京：人民教育出版社，1988.

[37] 叶立群. 中国农村教育的崛起 [M]. 北京：人民教育出版社，1991.

[38] 全国农科教结合协调领导小组办公室. 开创全国农科教结合新局面——全国农科教结合工作经验交流会文集 [G]. 北京：中国农业出版社，1996.

[39] 国家教委，河北省人民政府. 河北农村教育综合改革实验区资料选编 [G]. 石家庄：河北教育出版社，1997.

[40] 周治华，陈逊先. 三教统筹在河北 [M]. 石家庄：河北教育出版社，1994.

[41] 周治华，陈逊先. 农科教统筹在河北 [M]. 石家庄：河北教育出版社，1991.

[42] 陈逊先. 农村初中教育改革研究 [M]. 石家庄：河北教育出版社，1994.

[43] 周治华，陈逊先. 高校参与农村教育改革的认识与实践 [M]. 石家庄：河北教育出版社，1993.

[44] 田洪波，韩清林. 河北省农村教育综合改革十年探索与实践 [M]. 石家庄：河北教育出版社，1997.

[45] 李少元. 农村教育论 [M]. 南京：江苏教育出版社，1996.

[46] 张云间. 天津市农村教育综合改革理论与实践 [M]. 天津：天津人民出版社，1997.

[47] 马培芳，王琳. 农村教育综合改革研究 [M]. 兰州：甘肃教育出版社，1997.

[48] 吴畏，李少元. 农村教育整体改革研究 [M]. 太原：山西教育出版社，1990.

[49] 孙樵声，游心超等. 农科教结合研究——机理、模式与效益评价 [M]. 武汉：湖北人民出版社，1995.

[50] 梁全进，韦保中. 横县教育综合改革之路 [M]. 南宁：广西教育出版社，1996.

[51] 讷河市人民政府. 农村教育改革之路 [M]. 哈尔滨：黑龙江教育出版社，1996.

[52] 段丽卿. 农村教育综合改革资料选编 [M]. 太原：山西教育出版社，1991.

[53] 别景善，张秀华. 齐齐哈尔农村教改十年 [M]. 哈尔滨：哈尔滨船舶工程学院出版社，1993.

[54] 金和德，富维岳. 农村初中课程结构改革实验 [G]. 长春：东北师大出版

社，1994.

[55] 金和德，张忠文. 农村三教结合教育体系研究［M］. 长春：东北师大出版社，1993.

[56] 新疆教育科学研究所. 新疆农科教结合研究［M］. 乌鲁木齐：新疆人民出版社，1994.

[57] 熊华浩. 中国农村教育新发展［M］. 北京：中国城市经济社会出版社，1991.

[58] 李少元，伍宏. 社会主义初级阶段农村教育整体改革初探［M］. 成都：四川教育出版社，1997.

[59] 四川教育学会. 农村教育方向与结构改革［M］. 成都：成都电讯工程学院出版社，1998.

[60] 全国教育科学规划办. 农村教育整体改革［M］. 北京：教育科学出版社，1990.

[61] 沈培新，丁国华. 中国农业现代化与农村教育［M］. 北京：中国展望出版社，1990.

[62] 沈桂芳，饶用虞. 科教兴农的理论与实践［M］. 成都：四川大学出版社，1991.

责任编辑　何清萍
版式设计　宗沅雅轩　孙欢欢
责任校对　曲凤玲
责任印制　曲凤玲

图书在版编目（CIP）数据

中国农村教育综合改革研究/吴德刚编著. —北京：
教育科学出版社，2010.12
　（吴德刚中国教育问题研究系列）
　ISBN 978 - 7 - 5041 - 5411 - 8

　Ⅰ. ①中… Ⅱ. ①吴… Ⅲ. ①乡村教育—教育改革—
研究—中国 Ⅳ. ①G725

中国版本图书馆 CIP 数据核字（2010）第 231063 号

出版发行	**教育科学出版社**	
社　　址	北京·朝阳区安慧北里安园甲 9 号	市场部电话　010 - 64989009
邮　　编	100101	编辑部电话　010 - 64989257
传　　真	010 - 64891796	网　　址　http://www.esph.com.cn
经　　销	各地新华书店	
制　　作	北京大有图文信息有限公司	
印　　刷	保定市中画美凯印刷有限公司	
开　　本	169 毫米×239 毫米 16 开	版　　次　2011 年 1 月第 1 版
印　　张	15.75	印　　次　2011 年 1 月第 1 次印刷
字　　数	244 千	定　　价　35.00 元

如有印装质量问题，请到所购图书销售部门联系调换。